MARKUS WOLF

Freunde sterben nicht

DAS NEUE BERLIN

Inhalt

Leonard

DER VERGESSENE SOLDAT

Es muß September gewesen sein, als Leonard, irgendwann Mitte der siebziger Jahre, unverhofft in unserem damaligen Sommerdomizil an der Ostsee auftauchte. Ich liebe diesen Monat des Übergangs vom Sommer zum Herbst ganz besonders, und jedes Jahr versuchte ich einen Teil meines Urlaubs aufzuheben, um die Abgeschiedenheit der Ostseeinsel Usedom gerade zu dieser Jahreszeit zu genießen. Ich hatte Meni, seit unserer Kindheit der Kosename unserer Mutter, an diesem Tag nicht erwartet. Dennoch war ich kaum verwundert, den ihr annähernd gleichaltrigen Amerikaner an ihrer Seite zu sehen. Es bedurfte keiner Vorstellung. Ich wußte sofort, mit wem ich es zu tun hatte, obwohl wir uns seit fast vierzig Jahren nicht mehr begegnet waren. Ich erkannte ihn an seinem markanten Gesicht und jener hohen Stirn, die ihn schon in jüngeren Jahren auszeichnete, auch seine aufrechte, athletische Haltung hatte er sich bis ins hohe Alter bewahrt.

Unser Häuschen stand in unmittelbarer Nähe zur damals noch gesperrten Grenze nach Polen und gewährte über die Düne hin einen weiten Blick auf die See, der bei dem sich ständig verändernden Himmel die Phantasie beflügeln konnte. Der Wald nahebei mit seinen hochgewachsenen Buchen und die still hingebettete, weitläufige Wiesenlandschaft spiegelten die Schönheiten dieser Jahreszeit. Der nicht mehr von Urlaubern bevölkerte breite Sandstrand lud zu erfrischendem Bad und ausgedehnten Spaziergängen ein.

Leonard war seit langem ein enger Freund der Familie. Die Bekanntschaft mit ihm rührte von unserer Moskauer Zeit her. Unter welchen Umständen meine Eltern Ann, so hieß Leonards Frau, und ihn selbst kennengelernt hatten, weiß ich nicht. Es hatte aber mit den Vorbereitungen zur Aufführung des damals wichtigsten Dramas des Vaters, »Professor Mamlock«, am Moskauer Dramatischen Theater zu tun. Leonard nahm an vielen Proben teil. Der Vater reiste zu jener Zeit sehr viel, und er war damals gerade auf dem Weg über Skandinavien in die USA. Er machte sich große Sorgen, weil die Unvertrautheit der Moskauer Theaterleute mit der deutschen Wirklichkeit gewisse realitätsferne Entstellungen seiner Figuren und der Handlung befürchten ließ. Briefe der Mutter beschreiben, wie Leonards energisches Eingreifen die Situation gelegentlich rettete. Er war zwar Amerikaner, hatte aber in Deutschland studiert und sprach ein einwandfreies Deutsch. Für mich war es das erste Mal, daß ich ein Stück des Vaters in russischer Sprache miterlebte. Das Erlebnis prägte sich mir so tief ein, daß ich den Namen des Hauptdarstellers bis heute nicht vergessen habe: Ljubimow-Lanskoi.

Gelegentliche Besuche bei den »Amerikanern« sind mir gut in Erinnerung geblieben. Ihre Wohnung lag zehn Minuten von unserem Haus entfernt, schräg gegenüber vom Moskauer Haupttelegraphenamt in der Gorki-Straße, die jetzt wieder die Twerskaja ist. Es war eines der schönen, alten Jugendstil-Häuser, die damals in einer vielbeachteten bautechnischen Aktion einige Dutzend Meter von der Straße weggerückt werden sollten, um Neubauten der Stalinzeit Platz zu machen. Als ihr Haus umgesetzt wurde, waren Ann und Leonard jedoch schon nicht mehr in Moskau.

Mit zwölf oder dreizehn begann ich mich für Außenpolitik zu interessieren. Leonard beeindruckte mich durch sein profundes Wissen. Meist breitete er eine große Landkarte von Asien auf dem Eßtisch aus und erläuterte die Zeichen, mit denen er den Großen Marsch der chinesischen Volksbefreiungsarmee markiert hatte. Mich Jungen hat China schon damals fasziniert, und das ist bis heute so geblieben. Aber Leonard kannte zu jener Zeit nicht nur die Namen der Armeeführer Mao Tsedung und Tschu Deh, auch die schwer aussprechbaren Namen aller chinesischen Provinzen bereiteten ihm keinerlei Schwierigkeiten. Natürlich konnten wir beide nicht ahnen, daß ich anderthalb Jahrzehnte später dem dann schon legendären Mao persönlich begegnen und ihm sogar die Hand schütteln würde.

Leonard und Ann verließen Rußland, und ich hörte, daß sie meinem Vater bei seinem unfreiwilligen Aufenthalt an der französischen Riviera während des Spanischen Bürgerkriegs begegnet waren. Ein Photo bezeugt das. Inzwischen habe ich den intensiven Briefwechsel der Eltern mit Ann und Leonard vor und während der Zeit der Internierung des Vaters im französischen Lager Le Vernet nachgelesen. Damals jedoch waren die Spuren dieser Freundschaft langsam aus meinem Gedächtnis verschwunden. Nach dem Krieg erinnerten nur noch einige in den gesammelten Werken des Vaters veröffentlichte Briefe an diese Freunde aus der Moskauer Zeit.

Nachdem Leonard und ich uns nach so vielen Jahren herzlich begrüßt hatten, schickte uns Meni kurzerhand auf einen Spaziergang an die frische Seeluft, sie werde unterdessen etwas zum Essen vorbereiten. Erst später verstand ich, daß sie uns mit Bedacht die Gelegenheit zu einer abgeschiedenen Unterhaltung unter vier Augen hatte schaffen wollen.

Wir trafen am Strand nicht einen einzigen Menschen. Zunächst kam unser Gespräch, mit dem wir die vergangenen Jahre zu überbrücken suchten, nicht so recht in Gang. Leonard wußte von meiner Stellung innerhalb des Nachrichtendienstes, und er schien etwas auf dem Herzen zu haben. Also redeten wir zunächst über die Affäre, die zum Rücktritt des Bundeskanzlers Willy Brandt geführt hatte. Sie war ihm und mir in frischer Erinnerung.

Der ältere Freund aus längst vergangenen Zeiten tat sich schwer, über sein Problem zu sprechen. Er sprach in Andeutungen, statt mir direkt zu sagen, worum es ihm ging. Dann begriff ich aber doch, daß es sich um seine Arbeit für einen sowjetischen Geheimdienst handelte. Ich kannte diese Art Hemmungen auch von anderen ehemaligen Kundschaftern seiner Generation. Nach den ersten Veröffentlichungen über den legendären Richard Sorge, Anfang der fünfziger Jahre, hatte es lange Zeit gebraucht, bis sein Funker Max Christiansen-Klausen, der in Berlin lebte, über die gemeinsame konspirative Arbeit zu sprechen bereit war. Ohne den »Segen« des zuständigen Politbüromitglieds wäre ihm kein Wort zu entlocken gewesen. Bei der anderen Gefährtin unseres großen Vorbilds, Ruth Werner, waren all meine Überredungskünste und die Zustimmung Moskaus erforderlich, um sie zur Niederschrift von »Sonjas Rapport« zu bewegen. Zunächst nur für den internen Gebrauch verfaßt, wurden ihre Aufzeichnungen, von nicht freigegebenen Passagen gesäubert, zum jahrelangen Bestseller in der DDR. Ähnlich erging es mir mit Klaus Fuchs, der als anerkannter Physiker der Akademie der Wissenschaften der DDR unter uns lebte und dessen Rolle eines sowjetischen »Atomspions« nur Insidern im Westen bekannt war. Als wir für unseren internen Gebrauch ein Video-Interview mit Fuchs aufzeichnen wollten, mußte ich dazu die Genehmigung des ersten Mannes in der DDR einholen. Den »Illegalen« jener Generation war die einmal gegebene Schweigeverpflichtung Gesetz, und auch im engsten Freundeskreis sprachen sie nicht über diese Seiten ihrer Biographie.

Leonard hatte offenbar lange gezögert, ehe er sich zu dieser Europareise entschloß. In der Begegnung mit mir sah er die einzige Chance einer möglichen Auflösung seiner schwierigen Situation.

Die Offenbarung war kurz. Nach seiner Rückkehr in die USA während des Spanischen Bürgerkriegs hatte er einige Jahre Kontakt zu Mitarbeitern eines sowjetischen Dienstes unterhalten. Dann, in den fünfziger Jahren, waren bestimmte Verbindungen aufgeflogen, was bis zur Hinrichtung von Ethel und Julius Rosenberg auf dem elektrischen Stuhl führte. In dieser Zeit war die Zusammenarbeit mit ihm unterbrochen worden. Es wurde festgelegt, daß er abwarten solle, bis man wieder auf ihn zukäme. Darüber gebe es Vereinbarungen. Seitdem seien nun jedoch mehr als zwanzig Jahre vergangen, und nichts geschehe. Er habe in New York interessante Verbindungen zu Betrieben und Forschungsstellen des militärisch-industriellen Komplexes aufgebaut, erhalte laufend Informationen, insbesondere über den Flugzeug- und Raketenbau, werde sie aber nicht los. Was könne er tun?

Natürlich konnte ich seine Frage nicht sofort beantworten. Das verstand er gut. Schweigend spazierten wir den Strand entlang, nur vom Knirschen des Sandes, dem Sausen des Windes und dem Kreischen der Möwen begleitet.

Das Fatale an seiner Situation wurde mir sofort klar. Kam er doch aus der kleinen Veteranenschar tapferer amerikanischer Kommunisten, die besonders schlimmen Diffamierungen und Verfolgungen ausgesetzt gewesen waren. Seinem Auftrag entsprechend, hatte er seine Verbindung zu diesen Genossen unterbrochen und sich von allen politischen Aktivitäten zurückgezogen. Und das zu einer Zeit, da jeder gebraucht wurde. Die alten Freunde mußten ihn für einen Kapitulanten, vielleicht sogar für einen Verräter halten. Das war die Zeit, als die zivilisierte Welt unüberhörbar forderte: »Freiheit für Angela Davis!« Politische Aktivisten in den USA wurden Opfer eines Programms des FBI zur Liquidierung der politischen Opposition, ähnlich dem der Verfolgungen aus der McCarthy-Ära. Politische Häftlinge verschwanden wegen unhaltbarer Mordanschuldigungen auf Lebenszeit in den Gefängnissen, internationale Protestaktionen zu deren Befreiung blieben ohne Ergebnis. Untätiges Warten mußte für einen Mann seiner Überzeugung und seines Charakters am Abend seines aktiven Lebens eine beträchtliche seelische Qual bedeuten.

Meni hatte inzwischen einen ihrer berühmten vegetarischen Eintöpfe gezaubert. Vermutlich ahnte sie etwas von Leonards Problem. Schließlich mußte er ihr ja den Wunsch nach einer Begegnung mit mir begründet haben.

Die beiden Gleichaltrigen erinnerten sich an gemeinsame Bekannte aus der Moskauer Zeit, von denen schon viele nicht mehr am Leben waren.

Mich interessierte vor allem Leonards differenzierte Schilderung von Stimmungen in verschiedenen Bevölkerungskreisen der USA während der siebziger Jahre. Im Zuge von Aktivitäten der Nixon-Administration zur Beendigung des Vietnam-Krieges hatten die Proteste gegen dieses Verbrechen der NATO-Führungsmacht etwas von der Heftigkeit zurückliegender Jahre eingebüßt. Die Unruhen hatten allerdings vor allem bei der studentischen Jugend bleibende Spuren hinterlassen. Der Graben zwischen einem nicht unerheblichen Teil der Intelligenz und der etablierten Gesellschaft existierte weiter. Von der Anpassung der Regierung an die sich in Europa anbahnende Entspannung durfte man nicht zu viel erwarten. Der vor allem gegen die Sowjetunion gerichtete Antikommunismus bestimmte die Politik und wurde von der Mehrheit der

Wähler geteilt. Sehr stark wurde damals auf die chinesisch-sowjetischen Gegensätze gesetzt.

Nach dem Essen fuhren Meni und Leonard nach Lehnitz zurück, dem Wohnsitz der Eltern. Am folgenden Tag flog der Amerikaner zurück nach New York.

Gleich nach dem Ende meines Urlaubs setzte ich eine kurze Anfrage an meinen Amtskollegen in Moskau auf. Die Personalien Leonards verband ich mit der Darstellung seiner Situation und der Bitte um Antwort. Ich konnte nicht damit rechnen, daß die seinerzeit für die Zusammenarbeit mit ihm zuständigen Offiziere noch immer im Dienst waren. Und Uneingeweihte konnten Mißtrauen hegen. Für mich war aber jeder Zweifel an Leonards Integrität und Zuverlässigkeit vollkommen ausgeschlossen.

Es dauerte einige Wochen, bis mir der Verbindungsoffizier der sowjetischen Aufklärung die Antwort übergab. Sie bestand aus wenigen Zeilen. Die Angaben Leonards wurden bestätigt und lediglich mit dem lakonischen Zusatz versehen, die Zentrale stimme einer Aufnahme der Verbindung durch Genossen Wolf zu. Das war ungewöhnlich und klang fast wie ein Witz. Sollte ich nun die Verantwortung für die Fortsetzung der immer noch gefährlichen Aktivitäten eines hoch in den Siebzigern stehenden Mannes übernehmen? Das konnte nicht ernst gemeint sein, und darauf einzugehen, wäre mir nicht im Traum eingefallen. Ich legte also diese quasi formlose Übergabe als Zustimmung zur Lösung aller alten Verpflichtungen aus.

Mein Bruder Konrad plante zu dieser Zeit eine USA-Reise, um Material für seinen »Troika«-Film zu sammeln. Ich bat ihn, Leonard bei dieser Gelegenheit aufzusuchen und ihm in meinem Namen mitzuteilen, er sei in seinem Handeln von jetzt an frei. Und so geschah es.

Nun hatte Leonard seine Handlungsfreiheit wiedererlangt. Wenige Jahre danach wurde auch ich in meinem

Handeln freier. Nach dem frühen Tod des Bruders hatte ich um meine Pensionierung nachgesucht und begonnen, mich der »Troika«, der Geschichte des von Koni nicht mehr gedrehten Films zu widmen. Bei der Arbeit an dem Teil, der sich mit unserer Familie und ihren Freunden aus der Vorkriegszeit in Moskau beschäftigt, stieß ich auf Zeugnisse der Freundschaft zu Ann und Leonard. Zwischen der großen Anzahl von Briefen aus der Zeit nach ihrer Abreise aus Moskau bis zum Ausbruch des Zweiten Weltkriegs fand sich auch ein beeindruckendes Foto zweier halbnackter Männer im besten Alter.

Das Foto zeigt meinen Vater und Leonard, und es stammt aus jener Zeit, als unser Vater nach seinem vergeblichen Versuch, 1938 als Arzt über die Pyrenäen-Grenze zu den Internationalen Brigaden nach Spanien zu gelangen, an der französischen Riviera hängengeblieben war. In dem Ort Sanary sur mer und in der Nachbarschaft anderer Schriftsteller und Künstler, zum Beispiel Lion Feuchtwangers und Franz Werfels, hatte er sich eine Zuflucht gesucht. Auf der Ansichtskarte, die er Ann und Leonard geschickt hatte, ist das Haus an der Uferpromenade zu sehen. Ein Pfeil weist auf die Mansarde, Vater hat dazu geschrieben »mein Studio ...«

In dieser schöpferischen und produktiven Zeit hat Friedrich Wolf einige Erzählungen und vor allem das Drama über »Beaumarchais«, den Schöpfer des »Figaro« geschrieben. So wie Ann sich erinnert, habe Wolf vor allem die Morgenstunden und die Zeit bis zum Mittag zur intensiven literarischen Arbeit genutzt, da durfte er nicht gestört werden. Die Nachmittage hingegen verbrachte er in Gesprächen mit Freunden, beim Schwimmen und Sonnenbaden. Betrachtet man das Foto der beiden Männer, kann man den Vergleich mit den Makkabäern, den sich im Kampf behauptenden Juden, verstehen. Beide Männer waren Atheisten, standen aber trotzdem zu ihrem Judentum.

In dem kleinen französischen Urlaubsort gab es ständig Zusammenkünfte von linksorientierten Emigranten. Mein Vater hat es stets vorzüglich verstanden, seine Familie, Freunde und Bekannte für die Verbreitung seiner Werke einzuspannen. So auch dort. Ann hat »Professor Mamlock« ins Englische übersetzt, auch von Übersetzungen anderer seiner Werke ist ihr gegenüber die Rede. In jedem der zahlreichen in die USA geschickten Briefe von 1939 und 1940 erhält Leonard, wie ein Literaturagent, immer wieder Aufträge, die Vermittlung eines Filmvertrages zu dem gerade in Arbeit befindlichen Flüchtlingsdrama »Das vergessene Schiff« betreffend. Auch um einen »Beaumarchais«-Vertrag mit dem Schweizer Verleger Oprecht soll Leonard sich bemühen.

Liebevoll vertraut sind die Anreden »Leonardus« oder »Mein lieber Old man river« wie auch die Unterschriften »Dein oller Lupus« und »von old Wolf«. Die letzten Briefe des Vaters aus jener Periode sind 1940 bereits aus dem französischen Lager Le Vernet geschrieben, in dem er nach Kriegsbeginn interniert war.

Liest man diese Briefe heute, könnte man Leonards Aussagen vor den Ausschüssen des USA-Kongresses beinahe Glauben schenken, er habe sich ausschließlich mit schriftstellerischen Problemen befaßt. Sein antifaschistisches Theaterstück »Temper the wind« wäre ein anderer Beleg für diese Art Aktivitäten. Mit Sicherheit hat er meinem Vater, dem Freund, gemäß den eisernen Regeln der Konspiration kein Sterbenswörtchen von dem vermutlich bereits damals übernommenen Spionageauftrag erzählt.

Schon während der Arbeit am »Troika«-Buch bat ich jene Dokumentaristen, die für das Fernsehen einen Film über den Bruder drehten, bei ihren Recherchen in den USA verschiedene alte Freunde zu besuchen. Auch von Leonard und Ann wurden sie herzlich empfangen, und sie brachten eine Reihe bis dahin unbekannter Briefe der Eltern mit. 1988 wurden die Bestände des Archivs ein weiteres Mal ergänzt, nachdem ein Pressemitarbeiter aus der UNO-Vertretung der DDR die beiden auf meine Bitte hin noch ein paarmal besucht hatte. Die Freunde wohnten in einer Appartementwohnung in der 57. Straße, unweit der Carnegie Hall. Die Straße grenzt im Norden an den Broadway und liegt in unmittelbarer Nähe des »deutschen Viertels«, in dem die deutschsprachigen Zeitungen und Zeitschriften erscheinen. Die Besucher schilderten mir die Wohnung in der vierten Etage als sehr einfach eingerichtet. Zu ihr hätten nicht mehr als ein direkt hinter der Eingangstür gelegenes großes Zimmer, ein zweiter, eher an eine Rumpelkammer erinnernder Raum, eine Küche und ein Bad gehört. Das gleich einem Archiv mit Büchern und Papieren voll belegte Zimmer sei bei den letzten Besuchen bereits mehr zum Krankenlager umfunktioniert gewesen. Die beiden Bewohner hätten sehr blaß ausgesehen, klein und abgemagert, von der Statur des einst kräftigen Makkabäers war nichts geblieben. Leonard habe die meiste Zeit in einem Sessel oder Rollstuhl gesessen, und obwohl der Gesundheitszustand der beiden schon als sehr schlecht bezeichnen werden mußte und die Gespräche besonders ihn bis an die Grenze seiner Kraft gebracht hätten, seien sie geistig auf der Höhe und glücklich über die Verbindung zu uns nach Berlin gewesen.

Mein Wunsch, die beiden mögen mit ihren Erinnerungen und Briefen zur Arbeit an dem begonnenen Buch beitragen, erfreute sie sehr, er gab ihnen in ihrer gräßlichen Isolierung offensichtlich einen Auftrieb.

Leonard verließ das Bett nur selten, die Wohnung gar nicht mehr. Er machte sich Sorgen über das Schicksal der in seinen Bücherregalen noch übriggebliebenen Schätze, den größten Teil seiner Bücher hatte er der Gewerkschaftsbibliothek in New York übergeben. Aber da waren auch noch wertvolle Briefe interessanter Absender. Unter größten Anstrengungen hatte er einen Koffer hervorgekramt und ihm einige Stapel Briefe entnommen, vorwiegend Briefe von meinen Eltern, aber auch solche von Lion Feuchtwanger und Erwin Piscator. Ohne zu zögern gab er sie dem freundlichen Boten zur Weiterleitung an mich.

Zu dieser Zeit war ich bereits aus dem Dienst ausgeschieden und arbeitete an meinem Buch. Ich hatte Ann und Leonard gebeten, mir Fragen zu ihrem Leben und den Erinnerungen an unsere Familie zu beantworten. Beide waren schon nicht mehr in der Lage, selbständig ein Diktiergerät zu betätigen.

Am lebendigsten sind die Erinnerungen an meine Eltern. Den Vater hätten sie als liebenswerten, offenherzigen und kameradschaftlichen Menschen kennengelernt, dem, so Ann, »die Frauen zu Füßen gelegen hätten«, er sei ein »lady's man« gewesen. Des öfteren habe er sich nach ihren Sorgen erkundigt. Sie, Ann, sei allerdings nie in der Lage gewesen, sich ihm gegenüber zu öffnen. Dagegen habe sie zu meiner Mutter eine sehr vertrauensvolle Beziehung gehabt, und meine Mutter habe mit ihr auch über die Kapricen ihres Mannes mit anderen Frauen gesprochen. Else habe eine bewunderungswürdige Kraft gehabt, sie sei »sehr, sehr deutsch« gewesen.

Tatsächlich hatte unsere Mutter unsere Halbschwester Lena ohne zu zögern bei uns aufgenommen, als deren Mutter in den dreißiger Jahren in der Republik der Wolgadeutschen ein Opfer der Stalinschen Repressalien wurde. Wenngleich mir diese Haltung und der dazu notwendige Mut längst bekannt waren, bewegte mich die Schilderung der Amerikanerin sehr. Zeugte sie doch von der Nähe der beiden Frauen zueinander, aber auch davon, daß der Mutter die wirklich erstaunliche Toleranz nicht so leicht gefallen war, wie es uns Kindern stets scheinen wollte. Immerhin brachte sie mit dieser Haltung die feste Bindung der Eltern zustande, die bis zum Tod des Vaters im Jahre 1953 hielt.

Leonards Stimme ist auf dem Band schon sehr brüchig, sein Erinnerungsvermögen bereitet ihm große Probleme. Er erwähnt, in den sechziger Jahren begonnen zu haben, seine Familiengeschichte aufs Papier zu bringen. Über sein Elternhaus und seine Kindheit erzählt er einiges, doch dann sagt er: »Die revolutionäre Disziplin gebietet es, Begebenheiten aus dem Kampf nicht mitzuteilen.«

Mit diesem Satz, der unser beredtes Schweigen beim Spaziergang an der Ostsee bekräftigte, wäre das Ende der tragischen Geschichte vom vergessenen Soldaten eigentlich erreicht gewesen. Doch sein Schicksal gab mir keine Ruhe, und so habe ich weiter nachgeforscht und neue, mir bis dahin unbekannte Hintergründe erfahren. Sie machen zwar Leonards seltsames Los nicht verständlicher, öffnen aber bisher nicht bekannte Seiten des geheimen Krieges »an der unsichtbaren Front«.

Ich versuchte die Verbindungen zu alten und neuen Freunden zu nutzen, um aus den Archiven der Dienste mehr Wissen zu schöpfen. Die Verbindung zu zwei ehemals hohen CIA-Beamten war schneller hergestellt als die nach Moskau. In der russischen Hauptstadt sind die sprichwörtlichen Hürden der Bürokratie sowohl im Archivwesen als auch bei der Freigabe von klassifizierten Informationen kaum, jedenfalls nur mit einem riesigen Zeitaufwand zu überwinden. Es dauerte dagegen gar nicht lange, bis ich aus den USA regelmäßig Kopien freigegebener Dokumente erhielt. Sie enthielten präzise Angaben zu

Leonard und stammten aus Unterlagen des amerikanischen Geheimdienstes und von Senatsausschüssen, wo man sich wenige Jahre nach Kriegsende mit ihm beschäftigt hatte. Wären Moskau diese Angaben bekannt gewesen, hätte eine logische Konsequenz nicht nur die Abschaltung des Agenten sein müssen, sondern die Beendigung der Zusammenarbeit und ein Abzug aus den USA wären notwendig geworden. Dies geschah aber nicht, statt dessen erfolgte eine »Konservierung«, wie die vorübergehende Unterbrechung einer Verbindung mit unserem Vokabular bezeichnet wird.

Die brisantesten Dokumente entstammen »Venona«, einem der geheimsten Unternehmen der US-Abwehr. Es ist die Tarnbezeichnung für ein während des Krieges gestartetes Geheimprogramm des »US Army's Signal Intelligence Service«, aus dem später die »National Security Agency« (NSA) hervorging. Das Unternehmen diente der Entschlüsselung von Telegrammen sowjetischer Botschaften und anderer Institutionen. Ich weiß nicht, ob den Amerikanern bestimmtes Wissen über das Vorgehen der deutschen Funkabwehr zur Verfügung stand. Bekanntlich war es deutschen Stellen nach 1941 gelungen, Telegramme zwischen sowjetischen Agentenfunkern und der Zentrale in Moskau zu entschlüsseln. Die Folge war die Enttarnung jenes Agentennetzes in Deutschland und Westeuropa, das unter dem Namen »Rote Kapelle« in die Geschichte eingegangen ist. Querverbindungen brachten Todesurteile und Hinrichtungen für Hunderte Frauen und Männer des antifaschistischen Widerstandes.

1944 gelang dem zunächst in Arlington Hall stationierten Dienst der Einbruch in das KGB-Chiffre, 1945 wurde der erste Abwehrerfolg gemeldet, 1948 sollen bereits knapp dreitausend der seit 1939 abgesandten sowjetischen diplomatischen Funksprüche dechiffriert worden sein. Dabei handelte es sich vorwiegend um Telegramme der unter dem Dach der Botschaft und der Konsulate operierenden Residenten des KGB und des militärischen Nachrichtendienstes GRU.

Für Leonards Geschichte ist ein Telegramm des als GRU-Resident identifizierten Generalkonsuls in New York Pavel P. Mikhailov (Deckname »Moliere«) vom 12. Juli 1943 von schicksalhafter Bedeutung. Darin ist die Rede von der Quelle »Smith«, die seit 1942 als Russischdolmetscher im US-Geheimdienst OSS (Office of Strategic Services) tätig gewesen war. Das Telegramm gibt folgende Information der Quelle Smith wieder:

1. Er hatte ein Gespräch mit dem Stellvertretenden Leiter der russischen Sektion im OSS John A. Morrison, dem er folgende Angaben entnahm:

(a) Im War Department existiert eine Gruppe von Offizieren, die unter dem Namen ›die zwölf Apostel‹ bekannt sind. Die Gruppe besteht vorwiegend aus Offizieren der Intelligence Division (G2).

(b) Smith konnte über Morrison lediglich drei der Mitglieder dieser Gruppe identifizieren: Truman, Macguire, Clayton (alle aus G2).

(c) In dieser Gruppe wird die Idee eines Kriegs mit der UdSSR propagiert [26 folgende Gruppen nicht entschlüsselt] Morrison meint, die Vorbereitung eines Krieges gegen die UdSSR habe kürzlich begonnen; das unmittelbare Ziel sei, den Weg zum Fortbestand einer großen Armee der USA nach dem Krieg vorzubereiten, was den hohen Offizieren die Möglichkeit gebe, ihren hohen Dienstgrad, hohe Einkommen etc. zu erhalten.

(d) Nach Morrisons Meinung begründe diese Idee eine der Maßnahmen, mit denen die Militärclique den Weg zu einer Militärdiktatur im Lande pflastern wolle, [eine Gruppe fehlt]

daß Reibungen innerhalb der Roosevelt-Administration und zwischen dieser Administration und dem Kongreß [5 Gruppen nicht entschlüsselt] des Krieges und der Machtverhältnisse nach dem Krieg in die Hände der Militärs führen.

2. Später hatte Smith (gemeinsam mit Morrison) ein Gespräch mit Stuart Hayden (einem Mitarbeiter des Büros zum Erarbeiten von Plänen für die Verwaltung der befreiten Länder, ein prominenter Chikago-Korrespondent). Er sprach ebenfalls über gegenwärtige Tendenzen in Richtung Militärdiktatur, die von einem Teil der Großindustriellen unterstützt würden.

3. Herbert Wollner, ein Angestellter des Department of Finance sprach gleichfalls mit Smith über denselben Gegenstand. Er nannte diese Tendenz ›ein Streben nach einer Diktatur faschistischen Typs‹.

4. An einer der Universitäten hat eine Gruppe von 81 Armeeoffizieren die Sprachausbildung in Russisch abgeschlossen. Beabsichtigt ist der Aufbau einer General Staff special Cryptographic [69 Gruppen nicht entschlüsselt] [54 Gruppen nicht entschlüsselt.]«

Das Venona-Material enthält ein weiteres Telegramm des GRU-Residenten Mikhailov vom 16. August 1943 mit Bezugnahme auf eine Information der Quelle Smith über die fieberhafte Tag- und Nachtarbeit der russischen Abteilung im OSS an einem dringenden Bericht für Roosevelt zu einer Konferenz mit Churchill.

Am folgenden Tag, dem 17. August 1943, sendet Mikhailov ein Telegramm nach Moskau, das nach seiner Entschlüsselung verhängnisvolle Folgen für Leonard haben wird. Bei unserem Spaziergang am Ostseestrand und bis zu seinem Tode wußte er mit Bestimmtheit nicht, daß gerade dieses Telegramm zu seiner Identifizierung als »Smith« geführt hatte.

Der Resident meldet darin, Smith sei am Vortag wegen kommunistischer Verbindungen vom Dienst im OSS suspendiert worden. Am 16. August sei sein Fall vor dem Appeals Board of the Civil Service Organization gehört worden. Sechs Kollegen im OSS hätten zu seiner Verteidigung ausgesagt, darunter der Leiter der russischen Abteilung Robinson. Smith werde bis zur Entscheidung Ende August zwei Wochen Urlaub nehmen.

Mit den Angaben zu der Anhörung am 16. August war die Identifizierung des Agenten Smith jedoch ein Kinderspiel.

Leonard übte seine Tätigkeit beim OSS vermutlich noch einige Zeit aus, denn Smith erscheint noch einige Male in Telegrammen von Mikhailov.

Die Spitzenquelle des sowjetischen Dienstes im britischen Geheimdienst, Kim Philby, war von 1949 bis 1951 nach Washington abkommandiert und muß von den Ergebnissen des bereits damals gemeinsam mit dem britischen Dienst laufenden Dechiffrierprogramms gewußt haben. Mehr noch, ein unter dem Decknamen »Zhora« geführter Agent des sowjetischen Dienstes, William Weisband, der im Dechiffrierdienst der Army Signal Security Agency tätig war, soll bereits 1948 über die Erfolge des Venona-Programms dokumentarische Berichte geliefert haben. Solange die Akten der sowjetischen Dienste dazu nicht zur Verfügung stehen, bleibt vieles unklar. Wer hat was gewußt, was vermutet? Wurden die zahllosen Fälle und Vorgänge analysiert, die Anklagen, Urteile, Anschuldigungen vor den Untersuchungsausschüssen des Kongresses?

Der Personenindex der jetzt zugänglichen Venona-Unterlagen enthält Hunderte von Namen, darunter zahlreiche, die in den Nachkriegsjahren die Propagandabatterien des Kalten Krieges munitionierten und auch uns beschäftigten. Wer sich speziell für diese Zeit interessiert, mag die

Venona-Akten zum Ausgangspunkt seiner Studien nehmen. Mich interessiert an dieser Stelle nur das schwer zu verstehende Verhalten der sowjetischen Seite gegenüber Leonard.

Wahrscheinlich fällt es jedem Nachrichtendienst-Mitarbeiter meiner Generation schwer, nachzuvollziehen, weshalb ein kommunistischer Funktionär, der Hunderten von Personen bekannt war, auf althergebrachte Weise zum Agenten des Geheimdienstes gemacht wurde.

Natürlich kenne ich hervorragende Persönlichkeiten aus den Jahren der Auseinandersetzung der Sowjetmacht mit dem Faschismus, die aus den kommunistischen Parteien und der Komintern rekrutiert wurden. Für einen Kommunisten galt es damals als eine selbstverständliche Sache der Ehre, zum Schutz des »Vaterlandes aller Werktätigen« mit einem sowjetischen Nachrichtendienst zusammenzuarbeiten. Bei der Abwehr der deutschen, auch einer möglichen japanischen Aggression haben Kundschafter wie Richard Sorge, kommunistische Angehörige der »Roten Kapelle« aus vielen Ländern Europas mit den von ihnen unter Lebensgefahr beschafften Informationen Großes geleistet.

Wenn später bekannt wurde, daß Spione für die Sowjetunion selbst Kommunisten waren, so wurde dieser Umstand zum Beispiel in Großbritannien oft genug dazu benutzt, diese Menschen als Verräter abzustempeln und die Kommunistischen Parteien zu diskriminieren.

Daraus wurden auf unserer Seite natürlich Konsequenzen gezogen. Und so war für meinen Dienst die konspirative Arbeit mit Kommunisten in der Nachkriegszeit ein absolutes Tabu. Was im Krieg noch zu vertreten war, galt nun nicht mehr. – Konnten die für die Zusammenarbeit mit Leonard Verantwortlichen davon ausgehen, seine Vergangenheit würde nicht entdeckt werden? Natürlich nicht.

Mir liegt der englische Wortlaut der Anhörung Leonards

vor dem Committee for Un-American Activities des Repräsentantenhauses vom 8. April 1943 vor. Wie auch in Deutschland bei derartigen Verfahren üblich, wurde Leonard bei dieser Gelegenheit über alle Einzelheiten seiner Herkunft und seines Werdeganges befragt. Daraus konnte ich die mir bis dahin unbekannten Angaben über seine Familie und die Stationen seines Lebens entnehmen. Diesen Fragekomplex beantwortete Leonard vermutlich wahrheitsgemäß, weil es keinen Grund gab, etwas zu verschweigen. Dagegen sind seine Aussagen in den ganztägigen, äußerst strapaziösen Verhören zu den zahllosen Vorhalten über politische Aktivitäten, seinen Rußlandaufenthalt und über zahlreiche Personen, von denen man annahm, er würde sie kennen, die eines erfahrenen Revolutionärs. Es beginnt schon mit Fragen, ob ihm bekannt sei, daß die Werkstatt seines Vaters in New York ein Treffpunkt für geheime Zusammenkünfte der Kommunistischen Partei der USA in ihren Anfangsjahren war. Auch die Frage nach seiner Mitgliedschaft in der Kommunistischen Partei verneint Leonard konsequent. Es werden ihm Fragen nach seiner Lehrtätigkeit an der Workers' School nach der Rückkehr aus Rußland und seiner Zusammenarbeit mit der Parteizeitung »Daily Worker« gestellt, entsprechende Artikel werden ihm vorgehalten, die unter seinem Namen veröffentlicht wurden. Man stellt ihm eine große Anzahl von Fragen, denen er ziemlich genau das Wissen der Kommissionsmitglieder entnehmen kann. Das Telegramm des Residenten aus New York vom August 1943 belegt, daß der sowjetische Dienst Einzelheiten von dieser Untersuchung kannte, die weiterging, nachdem Leonard aus dem OSS entlassen war.

Vor einem Ausschuß des amerikanischen Senats wiederholte sich zehn Jahre später, am 11. Juni 1953, die Frage-Prozedur in verschärfter Form. Leonard wird von dem

Senatsausschuß direkt befragt, ob er für den sowjetischen militärischen Nachrichtendienst tätig gewesen sei und seinen bei der Einstellung im OSS abgelegten Eid verletzt habe. Diesmal verweigert er die Antwort und beruft sich auf das 5. Amendement der amerikanischen Verfassung, wonach keine Person Zeugnis gegen sich selbst ablegen muß. Die Frage wird von Kommissionsmitgliedern variiert, Leonard bleibt bei seiner Antwort. Das ereignete sich im Juni 1953, im Monat der Hinrichtung von Ethel und Julius Rosenberg, als »Venona« immer neue Erkenntnisse ausspuckte.

Es bleibt ein Geheimnis der amerikanischen Abwehr, wie einem Mann mit der Vergangenheit Leonards überhaupt die Gelegenheit zur Beschaffung von Staatsgeheimnissen gegeben werden konnte.

Eine Überläuferin und Zeugin des FBI gegen vermeintliche Sowjetagenten, Elizabeth Bentley (Deckname: Mirna), schrieb später, eine andere Agentin aus ihrem Netz sei im OSS unverhofft auf Leonard gestoßen und habe wegen seiner allgemein bekannten kommunistischen Vergangenheit befürchtet, mit ihm gesehen worden zu sein.

Ein anderer Illegaler aus ihrem Netz, Jacob Golos (Swuk), der gleichfalls sein Wissen preisgab, habe ihr zugestimmt: Es sei Blödsinn, in Leonard einen Spion zu vermuten. Er sei ein so offensichtlicher Kommunist, daß »er gleich mit Hammer und Sichel auf der Brust und mit einer roten Fahne herumlaufen könnte«.

Es bleibt ein weiteres Geheimnis, daß Leonard trotz der aus »Venona« gewonnenen Erkenntnisse ungeschoren in New York leben und weiter hochbrisante Verbindungen aufbauen konnte.

Wie ist aber zu erklären, daß ihn seine Freunde in Moskau so unerhört lange an die einmal eingegangene Verpflichtung fesselten und ihn dadurch lebensbedrohender Gefahr aussetzten?

Wäre mir dies alles damals an der Ostsee bekannt gewesen, hätte ich Leonard natürlich Fragen gestellt. Ob er mir allerdings mehr über sich selbst, seine Zweifel in all den Jahren gesagt hätte? Kaum. Kämpfer von seiner Art hatten unerschütterlich gelernt, innere Regungen zu unterdrücken und Konflikte zu beherrschen.

Ich muß mich angesichts Leonards Schicksals heute fragen, ob sich der Einsatz der mir im Kalten Krieg anvertrauten Soldaten in jedem Falle gelohnt hat, ob keiner von diesen Frauen und Männern nach Erfüllung ihrer Aufträge alleingelassen oder gar vergessen wurde und ob die Ergebnisse die geforderten Opfer stets rechtfertigten.

Wie viele vergessene Soldaten gab es während und nach den Schlachten und Kämpfen der Kriege des vergangenen Jahrhunderts, auch nach denen im Kalten Krieg? Die Legende berichtet von jenem japanischen Samurai, der Jahre nach Ende des Zweiten Weltkriegs, ohne vom Frieden zu wissen, auf einer Insel im Pazifik ausharrte.

Mußten und müssen sich nicht »Kämpfer an der unsichtbaren Front«, die mir und dem von mir geleiteten Dienst unter Gefahr ihr Leben anvertraut hatten, nach dem Scheitern unseres Staates DDR gleichsam als »vergessene Soldaten« fühlen?

Der Gedanke an diese Frauen und Männer bleibt mein Begleiter in all meinen Jahren. Gemeinsam mit anderen Gefährten aus meiner Dienstzeit war und bin ich bemüht, den Kontakt zu ihnen nicht abreißen, sie bis in ihre Gefängniszellen hinein unsere Verbundenheit spüren zu lassen. Bitter bleibt aber die Erkenntnis der Ohnmacht, ihnen in ihrer Not wirklich beistehen zu können. Mit dem Ende unseres Staates ist jede Möglichkeit verschwunden, Verhafteten durch den Austausch von Agenten die Freiheit wiederzugeben.

Ich kann und will mich nicht selbst aus der Verantwortung für diese Menschen entlassen, die das ungerechte Los erleiden, die einzig übriggebliebenen Geißeln des vergangenen Kalten Krieges zu sein.

Als ich diese eigentümliche Geschichte unseres Freundes Leonard aufschrieb, war mein Mitgefühl bei jenen Männern und der einen Frau in den USA, die dort als die tatsächlich letzten Soldaten des Kalten Krieges in Gefängnissen extrem harte Strafen verbüßen. Und die doch ihren nicht zu unterschätzenden Anteil daran hatten, daß dieser Kalte Krieg, jedenfalls was uns Deutsche betrifft, trotz vieler höchstgefährlicher Situationen, nicht zu einem heißen Krieg geworden ist.

Die zum Beispiel lebenslang verhängte Haft für einen hoch in den Siebzigern stehenden Mann, einen türkischen Staatsbürger, der nichts anderes getan hat, als jeder Agent im amerikanischen Auftrag – und von denen gab und gibt es in der Welt nicht gerade wenige –, ist inhuman und kann nicht anders denn als billige Rache des Siegers bezeichnet werden. Ich lasse keine Gelegenheit aus, mich bei den Behörden und auch bei dem höchsten Mann des Riesenlandes USA, das die Freiheit als höchstes Menschengut auf seine Fahnen geschrieben hat, wenigstens für diesen einen Akt der Humanität, für seine Begnadigung einzusetzen. Dieser alte Mann soll nicht im Gefängnis sterben, er darf nicht vergessen werden.

Der letzte Besuch bei Leonard in New York fand am 20. Januar 1988 statt, an seinem 88. Geburtstag. Der Jubilar war schon äußerst hinfällig, seine Erscheinung erinnerte in keiner Weise mehr an das am Mittelmeer aufgenommene Foto, das ihn mit meinem Vater zeigt, den er um fünfunddreißig Jahre überlebt hatte. Weniger als einen Monat nach diesem Besuch, am 16. Februar, war auch seine Uhr abgelaufen. Der Einladung zu einer Trauerfeier im Mai konnte ich nicht folgen. Den Gedanken, ihm an seinem Grab die letzte Ehre zu erweisen und immer weiter nach Spuren der Erinnerung zu suchen, will ich nicht aufgeben.

Ich sehe den kräftig ausschreitenden, starken Mann noch immer neben mir am Strand. Was gab ihm, was gab vielen Frauen und Männern meiner Elterngeneration die Kraft, all den unsagbaren Schwierigkeiten und Anfechtungen ihres Lebens standzuhalten? Hatte ihr Leben, auch das Leben des auf so tragisch-dumme Weise vergessenen Soldaten, überhaupt einen Sinn?

Leonard hatte eine Vision, die er mit meinen Eltern teilte und der er sein ganzes Leben mit aller Konsequenz gewidmet hat. Wie andere auch, führte ihn die widerspruchsvolle Geschichte des zwanzigsten Jahrhunderts an die Seite der Sowjetunion. Die Bindung an einen ihrer Geheimdienste war dabei sekundär. Er war kein Verräter an seiner amerikanischen Heimat, deren arbeitende Menschen er liebte und deren reaktionäre Machthaber er haßte. Er sah sich als revolutionärer Kämpfer einer Internationale, die der Menschheit die Befreiung von Ausbeutung und Unterdrückung bringen sollte.

Wenn ich sein Grab besuche, werde ich an die Gräber der gefallenen Kommunarden auf dem Pariser Friedhof Père-Lachaise denken, an viele der Gräber auf dem Roten Platz in Moskau und an den Gedenkstein für Rosa Luxemburg und Karl Liebknecht auf dem Berliner Friedhof der Sozialisten, wo auch meine Eltern und der Bruder beigesetzt sind.

Martin

Liebe Waltraut, eben habe ich von Martins Tod erfahren – es ist heute der 8. Februar 1993 – und sofort mit Eurer Tochter telefoniert.

Obwohl man jeden Menschen um ein so freundliches Weggehen aus dem Leben nur beneiden kann, hat uns die unerwartete Nachricht sehr getroffen und traurig gemacht. Gerade war er noch bei uns, und wir hatten, wenigstens im Ansatz, wiederum eines jener Gespräche, wie wir sie uns seit unserem ersten Wiedersehen nach so langer Zeit immer gewünscht hatten und zu denen es leider wegen des ständigen Drucks der Zeit und der großen räumlichen Entfernung zwischen uns viel zu selten gekommen ist.

Martin erzählte mir von der schönen Feier seines 70. Geburtstags, die Eure ganze, so interessant verzweigte Familie noch einmal um ihn versammelt hatte. Dabei sprachen wir auch über meinen Geburtstag, der seit Januar hinter mir liegt – wir beide sind gleichaltrig.

Mir bleiben seine schönen, anregenden und meist sehr ausführlichen Briefe, in denen er mir seine Gedankenwelt nahebrachte. Sie spannen den weiten Bogen von unserer gemeinsamen Schulzeit über fünf Jahrzehnte der Trennung bis hinein in die bewegten letzten Jahre ...

Lassen Sie bitte von sich hören! Sollten Sie in Berlin sein, würden wir uns sehr über Ihren Besuch freuen. Das gilt selbstverständlich auch für Ihre Kinder. Sobald es mir möglich sein wird, Stuttgart zu besuchen, werde ich mich bei Ihnen melden ...

Martin war mein allererster Freund.

Unser gemeinsamer Schulweg führte die Zeppelinstraße entlang, einer hoch über dem Talkessel von Stuttgart liegenden Stadtrandstraße. Von der ersten bis zur dritten Klasse besuchten wir beide eine Schule am Kräherwald. Daß ihr Begründer Friedrich Schieker ein besonderer Pädagoge war, der neue und unkonventionelle erzieherische Konzepte erprobte, und es sich deshalb auch um eine besondere Schule handelte, war uns kleinen Jungen damals nicht bewußt. Wie für jedermann hieß das Gebäude für uns einfach die Schieker-Schule.

Auf dem Heimweg blieb ich oft bis zum Abend im Hause von Martins Familie am Romingerweg. Der Garten, der Keller, das Spielen mit Martins älteren Brüdern, Kugellaufen und japanisches Fechten mit Bambusstöcken, alles war viel interessanter als nach Hause zu gehen. Was für Martin und mich Spaß und Abenteuer war, galt für die Brüder als Übung mit einem höheren Sinn. Von den beiden älteren Jungen habe ich nur ihre Kosenamen Gol und Dill in Erinnerung behalten. Der dritte von den vier Jungen hieß Axel und war ebenfalls älter als Martin.

Die etwas militanten Gepflogenheiten der Großen hatten mit ihrer Zugehörigkeit zu der irgendwie geheimnisvollen Jugendorganisation »D.J. 1.11.« zu tun, die gewisse Spuren in meinem Gedächtnis hinterlassen hat. Sportliche Ertüchtigung, Gemeinschaftssinn, Opferbereitschaft und persönlicher Mut gehörten zu jenen Tugenden, die der schwäbische Gründer verkündete – er trug den rätselhaften Namen Tusk –, und Martin und ich versuchten deshalb, unseren Mut zu demonstrieren, indem wir mit einem Regenschirm von der Terrasse des Hauses in den Garten sprangen. Gemeinsam härteten wir uns ab, und zusammen mit Martins Brüdern bereiteten wir uns ernsthaft auf eine von Tusk geplante abenteuerliche Zelttour nach Lappland vor.

Es hätte eine Freundschaft fürs Leben werden können. Doch mit Hitlers Machtergreifung 1933 trennten sich unsere Wege. Als die Schieker-Schule 1936 von den Nazis geschlossen wurde, waren mein Bruder Koni und ich mit unseren Eltern schon drei Jahre im Exil. Wir gingen längst in Moskau zur Schule, und jede Verbindung zu Martin war abgerissen.

1945, nach unserer Rückkehr nach Deutschland, lebten wir, statt wieder nach Stuttgart zu ziehen, im zerstörten Berlin. Von Anfang an stand ich vor ungewohnten beruflichen und politischen Aufgaben, die mich bald in den Sog heftiger Konflikte im geteilten Land zogen. Meine Erinnerungen an die ferne Kindheit in der schwäbischen Heimat und die Familie des Schulfreundes waren längst verblaßt und bald so gut wie vergessen. Vom Schicksal Martins und seiner Brüder wußte ich nichts. Natürlich waren mir die in Moskau gebliebenen Freunde näher, neue Freunde in Berlin und im Osten Deutschlands kamen hinzu, die eigene Familie, Kinder, Enkelkinder ...

Ein halbes Jahrhundert später holte jedoch ein winziger Knoten im Erinnerungsknäuel des Lebens die Freundschaft der schwäbischen Buben von einst wieder zurück. Ausgelöst durch den frühen Tod meines jüngeren Bruders 1982 und durch Fragen der Autoren eines Dokumentarfilms über sein Leben nach Zeugen unserer Kindheit in Stuttgart, fielen mir nicht nur unsere alte Adresse in der Zeppelinstraße und der Name unserer Schule ein. Ich erinnerte mich plötzlich wieder meines Kinderfreundes Martin und seines Vaters, eines seinerzeit bekannten Organisten und Musikprofessors.

Kurz darauf hielt ich Martins ersten Brief aus Stuttgart in den Händen. Er war an die Adresse des ehemaligen Wohnhauses meiner Eltern in Lehnitz bei Oranienburg gerichtet. Ich hatte damals meine Pensionierung zwar schon beantragt, war aber noch immer im Staatsdienst jenes Ministeriums, das jede Verbindung zum Westen Deutschlands meldepflichtig machte und zu unterbinden trachtete. Ich mußte davon ausgehen, daß meine Anschrift auch bei westlichen Diensten erfaßt war, und wollte Martin bei der Wiederaufnahme unserer Beziehung keinesfalls in den Verdacht der Nähe zu einem Spionagegeneral der DDR bringen. Weitere Briefe folgten, bis wir uns dann 1986 im Haus meiner Eltern gegenüberstanden.

Es ist seltsam, daß sich Verwandte und Freunde nach jahrzehntelanger Trennung oft auf den ersten Blick wiedererkennen und sich sofort wieder nahe sind. So ging es auch uns beiden. Ich meinte, in Martin seinen Vater, den Musiker, wiederzusehen. Der ovale Schädel mit der hohen Stirn, der aufmerksame Blick, vor allem aber die feingliedrigen Hände – war auch aus Martin ein Musiker geworden? So abwegig war diese Vermutung nicht, denn Martin hatte, wie er später erzählte, tatsächlich eine musikalische Ausbildung erhalten, und er spielte mehrere Instrumente.

Seine Haltung und seine Kleidung waren die eines Intellektuellen, schlicht und unauffällig. Ich meine, er habe damals, es war Ende Oktober, einen Anorak über einem Pullover getragen. Beim Gehen fiel auf, daß er mittels ungleich hoher Schuhe einen Schaden auszugleichen suchte, Folge einer Kriegsverletzung.

Während des gemeinsam verbrachten Tages lüfteten wir gegenseitig und ganz zwanglos den über den Jahrzehnten der Trennung liegenden Schleier. Martins Frau Trautel und meine Frau Andrea begleiteten uns, sie verstanden sich auf Anhieb und führten ihre separaten Gespräche, wenn wir gar zu tief in unseren Erinnerungen versanken. In einem Restaurant im Berliner Zentrum aßen wir zu Mittag, am Nachmittag sahen wir uns bei mir zu Hause jenen Dokumentarfilm über meinen Bruder an, der uns wieder zueinandergebracht hatte und in dem seltsamerweise mein in Amerika lebender Halbbruder Lukas dem Freund Martin mehr ähnelt als mir, am Abend besuchten wir eine Aufführung der »Zauberflöte« in der Komischen Oper.

Wie meist bei einer Wiederbegegnung nach langer Trennung drehte sich das Gespräch zuallererst um das Schicksal der Familien. Martin wußte mehr über uns als ich über ihn und die Seinen. Durch den Film über Koni und aus verschiedenen Publikationen hatte er manches über unsere Emigration und unsere Tätigkeit nach dem Kriege erfahren. Er berichtete davon, daß er vor ein paar Jahren in Stuttgart eine neue Aufführung von des Vaters Drama »Cyankali« gesehen habe, und erinnerte an das Aufsehen, das die Uraufführung während unserer Schulzeit damals in ganz Deutschland ausgelöst hatte. Das Haus der Eltern in Lehnitz, die Bibliothek regten ihn an, sich einzelner Episoden unserer Familiengeschichte zu erinnern. – Auf meinen Beruf eines Spionagechefs zu sprechen zu kommen, vermieden wir tunlichst.

Martin hat alle drei Brüder im Krieg verloren, und er selbst hatte nur dank seiner Verwundung überlebt. Das sei nicht die Folge einer Heldentat, bemerkte er beiläufig.

Martins Mutter war gestorben, als er gerade vierzehn war; mit der zweiten Ehe des Vaters habe er einige Halbgeschwister bekommen. Seine eigene Familie war inzwischen ebenso groß geworden wie die meine. Nur daß in ihr – leider im Unterschied zu uns – jeder musizierte, einige seiner Kinder bereits mit großer Professionalität und starkem beruflichen Engagement. Der berechtigte Stolz des Vaters und Großvaters war unüberhörbar.

Aber auch Martin selbst schien bei unserer ersten Begegnung noch immer voll in seinen Pädagogenberuf eingespannt und mit nicht nachlassender Begeisterung dabei. Er hatte damit begonnen, in Ludwigsburg eine neue Wal-

dorfschule aufzubauen, er sprach über Unterrichtsmetho-
den, über Probleme der Schulverwaltung. Auch Schwierigkeiten, die sich während des Baus ergeben hatten, erwähnte er im Gespräch.

Seinen Tagesrhythmus nannte er einen »pausenlosen
Lebenswandel« – ein Begriff, dem auch ich mich, auf mich
bezogen, durchaus anschließen konnte.

Ich war dabei, meine Amtsgeschäfte an meinen Nachfolger zu übergeben. Mit Herz und Verstand war ich schon
lange bei der Arbeit an meinem ersten Buchmanuskript. Es
sollte der Versuch sein, die letzte Filmidee meines Bruders
in anderer Form doch noch zu beleben und mit der »Geschichte eines nichtgedrehten Films« sein Vermächtnis zu
erfüllen.

Unser Gespräch sprang von einem Thema zum anderen. Martin erzählte von seiner in Berlin lebenden jüng-
sten Tochter, bei der Mutter und Vater ihr Quartier aufgeschlagen hatten. Sie war noch Studentin und wollte sich
dem ungewöhnlichen Beruf einer Musiktherapeutin zu-
wenden.

Vor allem standen beide Eltern jedoch noch stark unter
dem Eindruck eines Besuchs bei ihrer ältesten Tochter in
Brasilien, die dort einer nicht weniger interessanten Tätigkeit nachging: In einer ungefähr dreitausend Einwohner
zählenden Favela von São Paulo, einer Wellblechsiedlung
am Rande der Riesenstadt, half sie beim Aufbau und bei
der Betreuung von Kinderkrippen und Kindergärten, bei
der Ausbildung von Jugendlichen, bei der ärztlichen Betreuung der Bewohner, und sie leistete Geburtshilfe. Sie
folgte in ihrer Arbeit den Grundsätzen der Waldorfpädagogik.

Martin konnte sich von den Eindrücken dieser Reise gar
nicht lösen. Er beschrieb, wie er den von früheren Reisen
bekannten Kontrast zwischen der Armut der Slumbewoh-

ner und dem zur Schau gestellten Reichtum in den vornehmeren Vierteln, wie er alle ungelösten Probleme diesmal noch gesteigert vorgefunden hatte. Die enorme Auslandsverschuldung Brasiliens, die noch immer ungebremste Bevölkerungsexplosion, die hohe Inflation, die für die Landbevölkerung verheerende Industrialisierung der Landwirtschaft, die unbezwingbare Großstadtkriminalität: Es war nicht der unverbindliche Reisebericht eines Ferientouristen, den er uns gab.

Martins Frau machte einen ruhigen und sympathisch ausgeglichenen Eindruck auf mich, sie ergänzte die Worte ihres Mannes nur selten und beschränkte sich aufs Zuhören. Einmal, mitten im Gespräch, stellte sie fest, daß die Besuche in Brasilien eine große Wirkung auf Martin gehabt und sein Wesen und Denken sehr stark beeinflußt hätten. Er sei weicher, offener im Umgang mit anderen Menschen geworden. Die ungezwungene Freundlichkeit und Herzlichkeit der meisten Brasilianer, unabhängig von den vielfachen Schattierungen ihrer Hautfarbe, hätten sie beide tief beeindruckt.

Liebevoll beschrieb Martin seine Tochter und ihren schwarzbrasilianischen Mann. Mit bewundernswerter Ruhe und Zuversicht arbeiteten beide inmitten all des Elends, um den Frauen, Männern und Kindern ein wenig Hoffnung und Menschenwürde zurückzugeben, ganz im Sinne einer »Hilfe zur Selbsthilfe«.

Dieser Begriff hatte für Martin einen ganz grundsätzlichen Wert. Überraschend brachte er ihn mit dem in den zwanziger Jahren entstandenen und dazumal sehr erfolgreichen »Doktorbuch« meines Vaters »Die Natur als Arzt und Helfer« in Verbindung. Das großformatige Werk stand im Bücherregal meiner Eltern, wo er es entdeckt hatte. Er erinnerte sich, das Buch bei unserm Freund, dem Schuhmacher Sepp, gesehen zu haben, in dessen Werkstatt wir auf dem Weg zur »Flohkiste«, dem Stammkino unserer Kindheit, manchmal Halt machten, um einen Becher Süßmost und die halbe Mark fürs Kino geschenkt zu bekommen.

Sepp war ein guter Bekannter unserer Familie. Er fertigte nach Maß die besten Gesundheitsschuhe an, war aber oft auch der Hauptdarsteller in den Rollen jener Stücke, die mein Vater für die von ihm gegründete Arbeiterspieltruppe geschrieben hatte. Martin sah in den von meinem Vater propagierten Naturheilmethoden einen Weg der »Hilfe zur Selbsthilfe«, der heute für die Dritte Welt so entscheidend sei.

Unser Gespräch wandte sich immer wieder auch meinem eigenen Buchprojekt zu. Martin war berührt von der Geschichte jener drei Freunde, die das Leben weit auseinandergeworfen hatte und die trotz unterschiedlicher Gesinnung und geographischer Trennung immer wieder Brücken zueinander bauten und sie auch beschritten. Er sah die Tragik des älteren Freundes, der sich dem »Wirtschaftswunder« im Westen des geteilten Berlins verschrieben hatte und dessen Leben auf ungeklärte Weise ein viel zu frühes Ende fand. Martin meinte, die Ursache des tragischen Todes darin zu erkennen, daß dieser vom Leben schwergeprüfte Mann den Traum seiner Jugend verloren und kein Lebensziel mehr besessen hatte, für das sich zu engagieren lohnen könnte.

In den weltweit ungelösten sozialen Fragen sah Martin das Grundproblem unserer Zeit. Deren Bewältigung werde immer dringender, zumal im Zeitalter der Computer, in dem steigende Intellektualisierung und der Verlust an Moral und Verantwortung Hand in Hand gingen. Nur deshalb stecke er seine ganze Arbeitskraft in die Pädagogik, die lebensbezogen sein müsse. Gleichzeitig baue er auf das seiner Meinung nach in der jungen Generation lebendige

Gefühl, das er mit diesen drei Grundsätzen charakterisierte: »Ich kann kein eigenes Glück aufbauen oder genießen, solange ich weiß, daß andere im Unglück leben. – Ich möchte völlige Freiheit in meinem Glauben, in meiner Moral, in meinem Denken, und gestehe diese Freiheit auch jedem anderen zu. – Ich möchte mit anderen Menschen auf der Basis des Vertrauens zusammenleben, das heißt, Gemeinschaften bilden, die nicht aus der Tradition, aus konfessionellen und anderen Bindungen hervorgehen, sondern aus gegenseitiger Verläßlichkeit.«

Martin brannte offenbar darauf, mir seine Lebensphilosophie ausführlicher darzustellen. Eingedenk meines marxistischen Weltbildes war er jedoch nicht davon überzeugt, von mir richtig verstanden zu werden. Dies sollte ich erfahren, als er mir am Tage seiner Abreise auf einem großen, zusammengefalteten Bogen Packpapier noch einmal die zusammenfassende Darstellung seiner Gedanken aufgeschrieben hatte. Später gestand er mir, diese Übersicht auf einer Parkbank gleich in der Nähe unserer Wohnung angefertigt zu haben.

Im Mittelpunkt seiner Ideen stand sein spezieller Freiheitsbegriff. Martin hatte ihn mit der Waldorfpädagogik verbunden, die seiner Ansicht nach leider in der DDR verboten sei. Er habe sich intensiv mit den marxistischen Vorstellungen vom Sozialismus beschäftigt, den er für eine historische Notwendigkeit halte. Bei uns komme aber, milde gesagt, die persönliche Freiheit im geistigen Leben zu kurz. Unser Problem bestehe darin, individuelle Initiativen nicht genügend zu fördern, geeignete neue Ideen nicht umgehend zu verwirklichen und für das Ganze nutzbar zu machen. Die vielzitierte Definition »Freiheit ist Einsicht in die Notwendigkeit« erschöpfe das Problem nicht wirklich.

Der Westen dagegen gewähre zwar ein bestimmtes Maß an individueller Freiheit auf wirtschaftlichem Gebiet. Das gehe aber zu Lasten von Gleichheit und Brüderlichkeit. Die kapitalistische ökonomische Freiheit mache die Menschen leider nur egoistisch und unsozial.

Die Ideale der Großen Französischen Revolution seien seiner Ansicht nach historisch noch immer notwendige Forderungen. Freiheit müsse in bezug auf alles, was der persönlichen Fähigkeit, Phantasie, Initiative, Ideenwelt entspringt, weitestmöglich gewährt werden – jedem Menschen jeweils auf dem Feld, auf dem er tätig sei. Aus diesem Geistesleben, das eben nicht nur ideologischer Überbau sei, entsprängen entscheidende neue Impulse für alle Bereiche des Lebens. »Denke an die Erfindung des Autos, an Mozarts Zauberflöte, an die Bilder van Goghs – Tausende Menschen leben davon und damit!« In Mitteleuropa fehle der Impuls, durch eine Neugestaltung des sozialen Organismus, in dem der Staat entflochten werden müsse und sich auf die Wahrung der Gerechtigkeit im Zusammenleben der Menschen zu beschränken habe, die heute scheinbar unversöhnliche Polarität zwischen Ost und West zu überwinden.

Die Wirtschaft müsse einen Sozialismus verwirklichen, worin keiner seine Arbeitskraft wie eine Ware zu verkaufen gezwungen sei, sondern in dem allein nach den wirklichen Bedürfnissen produziert werde. Der gesamte kulturelle Bereich gehöre in die freiheitliche Initiative derer, die hier produktiv sein können und wollen. Diese keineswegs utopischen, sondern vielmehr notwendigen Ideen habe Rudolf Steiner, der geistige Vater der Anthroposophie, schon 1919 dargelegt. Sie seien aber sowohl von rechts wie von links mißachtet worden.

Auch in den noch folgenden sechs Jahren unserer enger werdenden Beziehung kam Martin ständig auf die Elemente seiner Denkweise zurück, und er bemühte sich immer wieder, den Gedankenaustausch mit mir fortzusetzen. Seine Ideen basierten auf der Vorstellung, daß der Mensch die Fähigkeit besitze, in sich selbst höhere seelische Fähigkeiten zu entwickeln und seine Erkenntniskräfte zu entfalten.

Irgendwann schickte er mir einige der Schriften Steiners, die sich in wichtigen gesellschaftlichen Aspekten marxistischen Vorstellungen vom Sozialismus annähern.

Ich empfand es als etwas Eigenartiges, daß eine dazumal gewaltsam unterbrochene Kindheitsbeziehung und die Gedanken meines alten, neuen Freundes ausgerechnet in einer Zeit über mich kamen, als sich in meinem Leben mit der Entscheidung für Andrea eine tiefgreifende Veränderung vollzog und sich im erstarrten System unserer Gesellschaft ein frischer Wind erhoben hatte. Zwar dachte ich bei der Arbeit an meinem Manuskript in anderen Kategorien, aber trotzdem hatten sich meine Erkenntnisse und Einsichten über das Verhältnis von Freiheit und Notwendigkeit denen Martins ziemlich stark angenähert.

Eine Woche vor der ersten Begegnung mit Martin, am 20. Oktober 1986, dem einundsechzigsten Geburtstag von Koni, hatte ich in mein Tagebuch geschrieben: »Es ist wirklich das Thema der Zeit, in allen sozialistischen Ländern, so oder so, im Kleinen wie im Großen diskutiert von all jenen, denen die von den großen Vorkämpfern vorausgedachten Ideale Herzenssache sind: Wie kann der Widerspruch zwischen Ideal und Wirklichkeit beseitigt werden? Bei manchen nehmen Zweifel am System zu, einige verkraften es nicht, trennen sich von uns. Sicher gibt es viele objektive Probleme im System der Wirtschaft, im gesellschaftlichen System, mit der Demokratie, aber sehr vieles liegt am subjektiven Faktor, der menschlichen Schwäche derer, die mit der Verantwortung der Macht betraut sind.

Überall, in der Wirtschaft, in der Ideologie, in der Agitation, im Kunstbereich, wissen viele, wie das meiste besser und richtig gemacht werden könnte, wie man die Menschen erreichen, überzeugen und auch zu höherer Leistung, Qualität und, wenn nötig, zu Opfern motivieren könnte, wenn sie nach bestem Wissen und Gewissen am eigenen Abschnitt handeln könnten. Meist geht es dabei lediglich um die Benutzung des gesunden Menschenverstands. Das Schielen auf das Wohlwollen ›der da oben‹, der fünf oder zehn Zuschauer der ›Aktuellen Kamera‹ ist ein Grundübel.

Nach dem zwanzigsten Parteitag gab es Versuche, Mechanismen zu institutionalisieren, die eine Wiederholung der Auswüchse des ›Kults‹ unter Stalin verhindern sollten, zeitliche Begrenzung der Ausübung von Funktionen u.a., aber es klappt nicht. Sobald ein Führer längere Zeit die Fülle der Macht und die Einflüsterungen seiner Schmeichler in der Umgebung genossen hat, treten die negativen subjektiven Faktoren in den Vordergrund und werden zum Hemmnis für die sozialistische Demokratie, vor allem auch innerhalb der Partei. Das ›Ohr an der Masse zu haben‹ wird zur Phrase, es entstehen Zwänge wider besseres Wissen und Gewissen. Diese Fragen werden den Hintergrund der drei großen Themen bilden müssen, die ich mir vorgenommen habe. Ob und wie es gelingt, muß die Zukunft zeigen. Es ist die Grundfrage unserer inneren Entwicklung. Die großen äußeren Fragen sind klarer, hängen aber auch von der Attraktivität des Sozialismus ab. Der Kurs der KPdSU unter Gorbatschow ist eine große Hoffnung. Ein Anfang.«

Martin traf mich, trotz meiner Bedrückung über das Beharren unserer politischen Führung auf Positionen, die vom Leben bereits überholt waren, in einer Aufbruchstimmung. Beide waren wir für einen Gedankenaustausch offen. Wir konnten ja nicht ahnen, daß unser Traum von einem freiheitlichen Sozialismus auf deutschem Boden schon wenig mehr als drei Jahre später sterben, zumindest für lange Zeit ausgeträumt sein sollte. Während dieser Zeit kam es zu mehreren Begegnungen in Berlin und einem regen Briefwechsel.

Gleich nach unserem ersten Treffen schrieb mir der wiedergewonnene Freund am 9. November 1986: »Bevor mich der Schulbetrieb wieder ganz verschlingt, möchte ich Dir im Rückblick auf unsere Begegnung nochmals herzlich danken und hoffen, daß wir uns nochmals begegnen werden. Deine vielen Friedrich-Wolf-Bücher, auch den schönen Bildband über Konrad, gehe ich nach und nach durch. Es ist ein Stück zwanzigstes Jahrhundert, das sich darin spiegelt – nie zuvor gab es ein so dramatisches, entscheidungsvolles Jahrhundert mit so vielen Gesichten!«

Martin revanchierte sich mit einigen Büchern von Rudolf Steiner und Material über Tusk, der eigentlich Eberhard Köbel hieß. Tusk hatte, wie mein Vater und meine Mutter, dem Wandervogel und der Bündischen Jugend angehört, am 1. November 1929 seine »Deutsche Jungenschaft« gegründet und ihr kurzerhand den Namen »D.J. 1.11.« gegeben. Seinen Spitznamen soll er von seiner ersten Fahrt nach Lappland mitgebracht haben, als ihn die dort lebenden Ureinwohner in ihrer Sprache Tusk, den »Deutschen«, nannten.

Sein Ziel war die Schaffung einer gesamtdeutschen, autonomen Jugendbewegung. Ihre Mitglieder sollten sich zwar mit Geistigem und auch mit Politik beschäftigen. Im Vordergrund standen jedoch romantische Vorstellungen über ein »Reich der Jugend«, die Pflege eines »sportlichen und kriegerischen Geistes«. Zur »D.J. 1.11.« gehörten Fahrten, Zeltlager, Lieder am Lagerfeuer und all das, was uns Jungen damals anzog. Tusk behauptete später, Hitlers »Reichsjugendführer« Baldur von Schirach habe das abenteuerliche Brauchtum und sogar die uniformähnliche Kleidung der Jungen bei Gründung der Hitlerjugend einfach übernommen.

Tusk hatte sich schon vor 1933 der Kommunistischen Partei und der antifaschistischen Einheitsfront angenähert. Deshalb war es für mich als Junger Pionier in der Kommunistischen Jugendbewegung kein Problem, auch bei der »D.J. 1.11.« mitzumachen.

Nach Hitlers Machtantritt wurde die Bündische Jugend verboten beziehungsweise in die NS-Jugend übernommen. Martin und seine Brüder ließen sich nicht überführen. Sie wurden 1937 verhaftet und auf der Grundlage geheimer Stapoakten und nach Verhören angeklagt, »im Sinne der verbotenen Bündischen Jugend tätig gewesen zu sein«. Die Brüder kamen bald frei, Martin sprach mir gegenüber aber von bösen Erfahrungen, die er während dieser Zeit gemacht habe. In der Anklageschrift findet sich auch der Name von Hans Scholl, der nach seiner Freilassung den illegalen Kampf gegen die Hitlerherrschaft fortführte und 1943 zusammen mit seiner Schwester Sophie als Angehörige der Widerstandsgruppe »Weiße Rose« bei der Verteilung von Flugblättern verhaftet wurde. Wenige Tage danach starben die Geschwister in Berlin-Plötzensee unter dem Fallbeil.

Mit Eberhard Köbel, der nach England emigriert war, traf ich während meiner Tätigkeit beim Berliner Rundfunk nach 1945 einmal kurz zusammen, ohne mir bewußt zu werden, daß mit ihm jener legendäre Tusk, das charismatische Vorbild unserer Kindheit, vor mir stand.

Bis 1989 enthielten Martins Briefe meist sporadische Informationen über seine Lehr- und Reisetätigkeit, während ich über meine zurückgezogene Arbeit am Buchmanuskript berichtete. Dann war Martins Lehrauftrag erfüllt, den er mit mehreren Reisen in die USA, immer wieder nach Brasilien und in Europa mit Kursen und Besuchen neuer Schulinitiativen verbunden hatte.

Fast immer bildete eine musikalische Ausbildung die inhaltliche Grundlage seiner Arbeit. Auch wenn er seine Kinder und Enkel besuchte, war die Musik stets zugegen.

1989 – die meinen Start als Schriftsteller begleitende Krise der DDR spitzte sich in schnellem Tempo zu – stürzte ich derart heftig in den Strudel der Ereignisse, daß sich der Briefverkehr von meiner Seite auf kurze Grüße und Mitteilungen beschränkte. Um so regelmäßiger teilte Martin in ausführlichen Briefen seine Gedanken über die »Wende« mit.

Vom 19. Oktober, dem Tag, als ich mich, unmittelbar nach Honeckers Rücktritt, im überfüllten Audimax der Leipziger Karl-Marx-Universität den Fragen eines aufgewühlten Forums stellte, datiert dieser Brief: »Lieber Markus! Seit vielen Wochen denke ich täglich an Dich, ohne Dir zu schreiben. Ich habe Dein Interview mit der Süddeutschen Zeitung gelesen und daraus entnommen, daß Dein Buch Dir eine breite Möglichkeit eröffnete, mit vielen Menschen über die brennenden Fragen der Zukunft zu sprechen, Möglichkeiten, die Dir Dein früheres Amt nicht gestattete.

Einige Kollegen und Schüler meiner Schule waren zu freiwilligen Arbeits-Ferienlagern in der UdSSR und berichteten mit größter Sorge von der katastrophalen Versorgungslage, der Arbeitsmoral (Unmoral) und doch auch von tief anrührenden menschlichen Begegnungen. Keiner konnte bisher erklären, warum sich in den letzten zwei Jahren unter Gorbatschow die Lage so verschlechtert hat – ein gefährlicher Vertrauensschwund für ihn, auf den so viele hoffen und der im Außenpolitischen so viel in Bewegung gesetzt hat. Ich schreibe Dir das (für Dich nichts Neues), weil mir an dieser Entwicklung deutlich wird, daß dieses ganze brodelnde Chaos nur in menschenwürdige zukünftige Bahnen gelenkt werden kann, wenn sich der Gedanke der Notwendigkeit einer Dreigliederung im sozialen Organismus ausbreitet. Danach muß sich die Staatsgewalt – in Ost und West – nach und nach aus der Leitung und Lenkung des Wirtschaftslebens und des kulturellen Lebens zurückziehen, und sich auf Rechtsprechung und Sicherung des Rechtslebens (Polizei, Grenzschutz) beschränken. Dann könnten im freien Austausch der Ideen Initiativkräfte freigesetzt werden, derer wir alle bedürfen. Dann könnte durch eine wahre Demokratie ein Rechtsboden geschaffen werden, der verhindert, daß im Wirtschaftsleben nur deshalb produziert wird, damit einige Faulpelze (Aktionäre) ihre Profite einstecken, sondern damit der wirkliche Bedarf gedeckt wird.«

Martin greift die Ideale der Französischen Revolution von 1789 auf – es ist immerhin deren Jubiläumsjahr – und meint, »daß diese Ideale nur miteinander in Einklang gebracht werden können, wenn jedes von ihnen auf dem ihm entsprechenden Gebiet zur Geltung kommt. Die *Gleichheit* in bezug auf unser Rechtsgefühl. Jeder mündige Mensch soll demokratisch mitbestimmen, welche Rechte in dem Gebiet, in dem er lebt, gelten sollen. Jeder arbeitsfähige Mensch soll sich an der notwendigen Arbeit beteiligen, um die Bedürfnisse der Menschen zu befriedigen. Hier ist *Brüderlichkeit* (Sozialismus) gefordert und zwar durch die Sache: In unserer arbeitsteiligen Welt kann nur gemeinschaftlich produziert werden! Jeder Mensch soll seine individuellen Fähigkeiten in *Freiheit* in das Kulturleben einbringen dürfen. Wenn diese Freiheit fehlt, fehlt der Quellstrom der Innovation, die Erneuerung, die Weiterentwicklung. Der Rechtsstaat muß Gesetze finden, die es ermöglichen, daß das notwendige Geld aus dem Wirtschaftsleben ins Kulturleben hinüberfließt, ohne bestimmen zu dürfen, wie und was gemalt, geschrieben, komponiert, erzogen, geforscht, geglaubt wird.

Als ich Dir zum erstenmal von diesen Gedanken erzählte, sagtest Du, dies läge gar nicht entfernt von dem, was Ihr anstrebt. Ich bin bereit, zu irgendeiner Zeit zwischen heute und Juni 1990 nach Berlin zu fahren, um mit Dir über diese Dinge zu sprechen. Ich weiß, daß es dafür viel Berufenere gibt und würde gern anregen, ein Symposium mit zwei, drei Leuten aus der Dreigliederungsarbeit auf der einen und mit reforminteressierten Menschen bei Euch auf der anderen Seite zu organisieren. Vielleicht eine Illusion, denn der Graben zwischen Dialektischem und Historischem Materialismus und Steiners Geisteswissenschaft scheint zu tief.«

Martins Vorschlag war tatsächlich illusorisch – aber nicht wegen des von ihm benannten Grabens. Ich hätte für ein solches Gespräch schon eine ganze Reihe vor allem junger Wissenschaftler der Berliner Humboldt-Universität, zu denen ich gerade in jenen Wochen engen Kontakt hatte, benennen können. Die Dynamik des Geschehens hatte aber bereits ein solches Tempo erreicht, daß für theoretische Dispute keine Zeit mehr war.

Martin muß dies selbst gespürt haben, denn er fügte seinem Schreiben noch folgende Zeilen an: »Lieber Markus, ich habe den Brief angesichts der Ereignisse etwas liegenlassen. Nun sende ich ihn ab und möchte fragen, ob ein Zusammentreffen noch vor Weihnachten möglich wäre – falls überhaupt. Der Ablauf der geschichtlichen Ereignisse beschleunigt sich in einer atemberaubenden Weise. Ich verfolge mit größtem Interesse, in welchem Zusammenhang Dein Name immer wieder in der Presse auftaucht. Kraft, Mut und Geistesgegenwart – das wünsche ich Dir in diesen entscheidungsvollen Tagen! Herzlich! Dein Martin.«

Der Freund konnte nicht ahnen, wie sehr mich die mir von ihm zugedachten Eigenschaften in jenen Tagen fordern würden. Am 4. November 1989 sah ich mich als einer der Redner der Protestdemonstration auf dem Berliner Alexanderplatz einer halben Million entschlossener Menschen aus allen Teilen der DDR gegenüber. Zwar hatte ich in den zurückliegenden Monaten die Erfahrung vieler Lesungen vor Hunderten von Zuhörern, doch beim Anblick der unübersehbaren Menschenmassen mußte ich mein Herz in die Hand nehmen. Zumal eine Passage meiner Ansprache, in der ich mich zu meiner Verantwortung im Ministerium für Staatssicherheit bekannte, bei einem Teil des Publikums wütenden Protest auslöste. Als ich nach meiner Ansprache mit trockenem Mund von der improvisierten Rednertribüne herunterstieg, hatte ich dennoch das Gefühl, eine notwendige Pflicht erfüllt zu haben.

Damals war ich noch ein euphorischer Anhänger der von Michail Gorbatschow verkündeten Perestroika, die ich mit der Hoffnung einer demokratischen Erneuerung meines Landes verband. Erst im Rückblick, als weniger die von tonangebenden Medien gesteuerte Verteufelung als die eigenen Fragen nach den Ursachen unseres Scheiterns und der eigenen Verantwortung quälend in mir bohrten, verband sich die Erinnerung an den Pritschenwagen auf dem Alexanderplatz mit dem Bild einer Richtstatt, und zwar im Sinne des Romans von Tschingis Aitmatow nicht als Ort der Hinrichtung, sondern der Prüfung des eigenen Gewissens.

Natürlich versuchte Martin, die großen Ereignisse in Berlin mitzuverfolgen. »Du exponierst Dich mit großem Mut«, schrieb er am 7. November, »und – wie ich überzeugt bin – aus freier Initiative!« Der Begriff der »freien Initiative« war für ihn von grundlegender Bedeutung und kehrte in seinen Briefen immer wieder: »Diese freie Initiative, die sich mit anderen freien Initiativen verbindet, ist es ja, die Erneuerung schafft – nicht aufgestellte Programme, die pflichtschuldig erfüllt werden. Du bist jetzt im Streß, trotzdem – ein Gespräch wäre mir eine Berlinreise wert! Alles Gute für diese entscheidungsvollen Wochen! Ich denke täglich an Dich und Deine Situation!«

Zu einem Gespräch sollte es erst im folgenden Jahr kommen. Auch nach dem Fall der Grenzen im November verfolgte Martin das Geschehen bei uns immer noch mit der Erwartung, es könne gelingen, Sozialismus im Sinne eines humanen Sozialismus mit Freiheit zu verbinden. So verschieden unsere Positionen waren, so unterschiedlich die Einschätzung der Realität – unsere Hoffnungen ähnelten sich.

Am 20. November, als die Diffamierung meiner Person in den Medien bereits auf Touren kam, schrieb er: »Dein Interview mit dem Spiegel war eine mutige Tat! Ebenso Deine Rede auf dem Alexanderplatz! Du hast ja wirklich durch Deine gegenwärtige Stellung als freier Schriftsteller eine enorme Chance, eigene Initiativen zu entfalten und damit vielleicht mehr zu bewirken, als wenn Du ein Amt hättest.«

Seine Erwartungen an mich teilte er mit nicht wenigen Bürgern der DDR. Doch während er dabei auf die »freie Initiative« setzte, verbanden nicht wenige Sympathisanten auf unserer Seite ihre Hoffnungen, getreu unseren Denkstrukturen, mit der Übernahme eines gewichtigen Amtes im Staat oder in der Partei. Davon hatte ich mich jedoch endgültig verabschiedet und das Ausscheiden aus dem Dienst als innere Befreiung empfunden. Ich beließ es auch dabei, als ich mich Anfang Dezember nach dem Rücktritt des Zentralkomitees der SED unter Egon Krenz plötzlich im Präsidium des Außerordentlichen Parteitags der SED wiederfand und in den Vorstand der zur PDS umgeformten Partei gewählt werden sollte. Ich bat darum, mich von der Kandidatenliste zu streichen.

Martin hatte mir kurz vor meiner Entscheidung geschrieben: »Gestern abend hörte ich im Radio von den erregenden Ereignissen im ZK etc., und daß Du nun aktiv in der Vorbereitung des SED-Parteitages bist. Darauf habe ich die ganze Zeit gehofft, und nun wünsche ich, daß es auf diesem Parteitag gelingen möge, den Kurs in Richtung eines humanen Sozialismus festzulegen.«

In der Realität standen die Delegierten des Parteitags unter solchem Stimmungsdruck, daß es in Tag- und Nachtsitzungen um das Überleben und den Erhalt der Möglichkeit einer inneren Regeneration ging. Zunächst hatten wir uns vor allem bei den Bürgern der DDR für das in den Jahren der Führung des Staates durch die Partei begangene Unrecht zu entschuldigen.

Mit dem Jahreswechsel blieb unser beider Sicht auf die Realität des Landes weiterhin ziemlich unterschiedlich. Ich sah für mich die einzige Wirkungsmöglichkeit darin, meine Erfahrungen aus dem Jahr der Wende 1989 aufzuschreiben, und begann damit, Eintragungen aus meinem Tagebuch auf Kassetten zu diktieren. Die schon festgehaltenen Gedanken des lange geplanten Buchs über meinen eigenen »argen Weg der Erkenntnis« sollten in das Manuskript einfließen.

Nach dem Sturm auf die Zentrale der Staatssicherheit im Januar 1990 reiste ich für einige Monate zu meiner Schwester nach Moskau, um der zunehmenden Hysterie zu entfliehen und an dem Buchprojekt zu arbeiten. Mein Wissen über das Geschehen zu Hause beschränkte sich auf die Telefonate mit Andrea und verspätet eintreffende Zeitungen. Kurz vor den Märzwahlen hatte ich in Moskau eine Begegnung mit einer von Hans Modrow geleiteten Regierungsdelegation. Meine Rückkehr nach Berlin stand zwar bereits fest, die Begegnung mit dieser, zumeist aus Bürgerrechtlern bunt zusammengesetzten Delegation bildete im Grunde genommen für mich den Abschied von der DDR.

Martin stürzte sich dagegen ins sprudelnde Leben. Begeistert berichtete er von der Möglichkeit, vor interessierten Pädagogen in der DDR über Grundgedanken der Waldorfpädagogik zu sprechen. Am 31. Januar hatte er vergeblich versucht, in Berlin eine Begegnung mit mir zu erreichen, ich war schon in Moskau. Er sei übers Wochenende kurz in Leipzig gewesen, schrieb er mir auf einen Zettel, wo sich in der Karl-Marx-Universität das »Forum für freie Erziehung« mit 1200 Teilnehmern getroffen habe. Im März, als er von meiner Abwesenheit erfahren hatte, beschrieb er in einem langen Brief seine Erlebnisse in Halle und Leipzig auf überfüllten Foren und in kleineren Gesprächsgruppen.

Durch diesen Brief erfuhr ich mehr über seine pädagogischen Ansichten und Neigungen. Es kam ihm ganz besonders auf eine künstlerische Arbeit mit den Schülern an: Aquarell-Farbübungen, Formenzeichnen, Sprachgestaltung, Musik, Stimmbildung, Eurythmie. »Das ist ganz besonders wichtig«, schrieb er, »denn Erziehung ist eine Kunst, keine Wissenschaft, und neue Kräfte, neue Ideen kommen nicht durch Informationen, sondern durch neue Erfahrungen, die man im kreativen Bereich macht. Wir begegneten einem tiefen Hunger nach wahrer Menschlichkeit in der Erziehung, wo das Kind, das Wesen des Kindes und seine gesamte Entwicklung im Mittelpunkt steht und nicht ein Programm, das von oben verordnet und unten durchgeführt wird. Bezeichnenderweise stand ja am Berliner Haus des Lehrers jener Satz: ›Leben wird das Programm. Es wird die Welt der erlösten Menschheit beherrschen.‹ Ich habe natürlich alle Hochachtung vor dem menschlichen Einsatz und dem Idealismus für den Sozialismus von Karl Liebknecht, der diesen Satz kurz vor seiner Ermordung prägte. Aber was soll denn dann diese von Programmen beherrschte Menschheit sein? Ein Lehrer braucht in erster Linie Liebe zum Kind, zum werdenden Menschen, nicht zum Programm. Lieber Markus, ich schreibe all das nicht, um für die Waldorfschule zu werben, sondern weil ich zutiefst betroffen bin von der Notlage von Tausenden Menschen, die unter einem Menschenbild seelisch-geistig verhungert sind, das im neunzehnten Jahrhundert als Frucht der damaligen materialistischen Vorstellungen entstanden ist. Darüber schrieb ich Dir ausführlicher, und Deine Antwort darauf hat mich sehr gefreut.«

Martins Vorstellungen und seine Kritik an unserem System berührten mich bei meiner Suche nach den Ursachen unseres Scheiterns. Von seinem idealistischen Denken trennte mich vieles, andererseits gab es mir viele Anstöße.

Vielleicht von meinem Aufenthalt in Moskau angeregt, beschäftigte sich ein großer Teil seines Briefs mit Dostojewski, der seiner Ansicht nach, »die russische Volksseele in ihrem Kern erfaßt« habe. Martin bezog dies insbesondere auf die Gestalten seiner Werke, welche die »kindliche Reinheit und das Vertrauen in das Gute im anderen Menschen« bewahrt haben. Ausführlich zitierte er die bewegenden Sätze des Starez Sossima aus den »Brüdern Karamasow« über das Kind und den russischen Menschen, die ihm den Impuls gegeben hätten, mir zu schreiben. »Und so, wie wir in Mitteleuropa anknüpfen müssen an die fruchtbaren Keime, die Goethe, Schiller, Novalis, Herder, Jean Paul in unsere Kultur gepflanzt haben und die wir nicht genug gepflegt haben (mit Ausnahme der Musik, die heute über alle Rassen hinweg die Menschen beglückt und verbindet), so kann doch das russische Volk anknüpfen an jene, die die russische Volksseele in ihrem Kern erfaßt haben.«

Die Ruhe in der Abgeschiedenheit der Datscha meiner Schwester in der Umgebung von Moskau, die ich in Berlin gewiß nicht gehabt hätte, gab mir Gelegenheit, die Martin so beeindruckenden Kapitel nachzulesen. Ich muß zugeben, daß mich die »Legende vom Großinquisitor« auch diesmal weit mehr beeindruckt hat, als es die Erzählungen des alten Mönchs vermochten. Gewiß enthalten sie wunderschöne Sätze über die Liebe zum Tier und zum Kind, vieles, was die Seele des russischen Volkes kennzeichnet, wenn es eine »Seele des Volkes« überhaupt gibt. Ich meine jedoch nach wie vor, daß Appelle an das Gute allein die Gebrechen der Gesellschaft genau so wenig zu ändern vermögen wie die Alleinherrschaft der Gewalt. Als Zeuge des Scheiterns der Perestroika fand ich bei Dostojewski zwar manche Erklärung für den Zustrom zu den orthodoxen Kirchen, aber keine Antwort auf die mich wie viele meiner russischen Freunde bewegenden Fragen. Im Unterschied zu mir hegte Martin noch eine Hoffnung für die Zukunft der DDR. Den Weg sah er in der »Erziehung des Menschen zum Menschen«. Um so bitterer klangen die Schlußsätze seines Briefes: »Die Zeit drängt. Was die DDR betrifft, so fürchte ich, sie segelt blindlings hinein in den westlichen materialistischen Kapitalismus. Und leider muß es gesagt werden: Man kann es niemandem übelnehmen, wenn er fluchtartig zum Westen überwechselt. Es ist zum Heulen, wenn man die trostlosen, luftverpesteten Städte mit den zahllosen verfallenen Häusern sieht, Dächer kaputt, Fensterscheiben zerbrochen, Schutt auf der Straße ... So schlimm hätte ich mir das nie vorgestellt, und das alles im Namen der guten Idee!« Die Worte des Freundes versetzten mir einen tieferen Stich als manche der Anschuldigungen wegen meiner Tätigkeit als sogenannter Spionagechef. Sie forderten von mir eine Antwort auf die Frage nach der eigenen Verantwortung und der eigenen Schuld für dieses kägliche Ende eines so hoffnungsvoll begonnenen Versuchs und für das zu lange Ignorieren offensichtlich schlimmer Zustände in unserem Land.

Bei meiner Rückkehr nach Berlin im Frühjahr 1990 fand ich nur ein paar kurze Mitteilungen von Martin über seine pädagogische Arbeit in Halle und Leipzig vor. Er war immer noch voller Elan und machte sich Sorgen wegen meiner Zukunft: »Wird Rebmanns Haftbefehl aufgehoben oder auf die DDR ausgedehnt? Welche Formen wird die Jagd auf die Stasi-Mitglieder, vor der Du auf dem Alexanderplatz gewarnt hast, noch annehmen? Der Slogan ›Nie wieder Sozialismus‹ hat die Hoffnung auf einen humanen Sozialismus zerstört. Wer im Herbst dafür auf die Straße ging, ist heute schon fast mundtot gemacht, wenn ich die Nachrichten richtig deute. Hoffentlich ist Deine Rückkehr nach Berlin nicht eine Illusion.« Sarkastisch fügte er hinzu: »Wenn dieser Brief durch den jetzigen Überwachungsdienst registriert wird, werden Spekulationen über einen geheimen Konsens zwischen Kommunismus und Anthroposophie ins Rollen gebracht.«

In den folgenden Monaten, während die DDR mit zunehmender Geschwindigkeit auf ihr Ende zusteuerte, kam es zu keiner Begegnung. Ich war damit beschäftigt, mich der zahllosen öffentlichen Angriffe und Diffamierungen sowie mancher unsittlicher Angebote zur Preisgabe meines geheimen Wissens zu erwehren.

Martin war im Juni mit seiner Frau zu einer pädagogischen Tagung nach Lissabon und von dort bis Ende des Jahres nach Brasilien geflogen. So verfolgte er aus der Ferne, daß ich es vorgezogen hatte, am 3. Oktober, dem »Tag der deutschen Einheit«, nicht an dem von vielen sensationslüsternen Reportern und Fotografen erwarteten Schauspiel meiner Festnahme in Berlin teilzunehmen. In einem der großen deutschen Nachrichtenmagazine las er mein »irgendwo in einem fensterlosen Hotelzimmer« gegebenes Interview. Vor seiner Abreise aus Deutschland hinterließ er mir in einem längeren Brief seine Gedanken über die Ursachen unseres Scheiterns. Er habe »Die Troika« nochmals gelesen und dabei den Klimawandel seit dem Erscheinen des Buchs im Frühjahr 1989 extrem stark empfunden.

»Vielleicht kommt doch noch ein Regisseur, der den Film dreht, aber mit der ganzen, heute möglichen, rücksichtslosen Offenheit in der Darstellung der Charaktere, der Denkungsarten, der Lebensentwicklungen dieser drei Gleichaltrigen. Du hast zwar die Szenen der Begegnungen erwähnt und auf die Auseinandersetzungen hingewiesen, konntest damals aber noch nicht tief, gründlich, wahrheitsgetreu genug ausloten, was sich in diesen Seelen durch die getrennten Schicksale entwickelt und ausgeformt hat.«

Martin entwickelt zu einer möglichen tieferen Darstellung der Charaktere eine Menge Gedanken, denen ich nur zustimmen kann. Seine Schilderung der Atmosphäre in der DDR gipfelt in der Feststellung: »Vom Geist der Oktober- und Novembertage 1989 ist nicht mehr viel zu spüren. Dabei versuche ich nachzufühlen, was Du selbst jetzt in diesen Monaten erlebst, fühlst – falls Dir die harte Arbeit dazu überhaupt Zeit gelassen hat.«

Martin holt weit aus, wenn er seine Gedanken über das zu Ende gehende Jahrhundert mitteilt. Jeder Fortschritt der Menschheit bedinge den von alten Bindungen an die Kirche, an die Parteien und Ideologien freien, für sich selbst verantwortlichen Menschen. Die Vorstellungen des neunzehnten Jahrhunderts über das Wesen des Menschen, er sei allein durch Umwelt und/oder Vererbung erklärbar, seien überholt. Die Idee vom *an sich* guten Menschen habe sich als Illusion erwiesen. »Niemand hätte vor hundert Jahren geglaubt, daß sich Menschen gegenseitig im Bombenkrieg, im Konzentrationslager, im Straf-Gulag so quälen, foltern, töten würden. Den kommenden Lehrern sei gesagt: Kinder sind *nicht* von Natur aus kameradschaftlich, tolerant und mitleidig, sondern eher grausam; Moral kann nicht vorausgesetzt, sie muß erzogen werden; Rousseaus ›guter Wilde‹ ist einfach nicht wahr.« Deshalb komme der Erziehung (und der Selbsterziehung) eine enorme Bedeutung zu, es müsse »aber eine Erziehung in Freiheit, nicht eine *von oben* verordnete« sein.

Wenn sich unsere Ansichten zum Freiheitsbegriff auch nicht deckten, sie kamen sich dennoch nahe. Die Kritik Martins an dem Mangel an Freiheit für den Einzelnen in dem von uns fälschlich zum demokratischen Sozialismus deklarierten System, sein Credo der Freiheit des Individuums trafen sich mit vielen meiner Gedanken, wie ich sie in dem seit meiner Abreise aus Deutschland vergeblich auf Veröffentlichung wartenden Buch niedergeschrieben hatte: Der Bertelsmann-Verlag hatte den im Mai 1989 unterzeichneten Vertrag auf Weisung der Konzerndirektion lösen müssen.

Tagebucheintragungen über die traditionelle Liebknecht-Luxemburg-Demonstration am 15. Januar 1989 waren für mich Anlaß zu dem Versuch gewesen, tiefer in jenen Luxemburg-Text einzudringen, in dem die vielzitierten und der Partei immer wieder vorgehaltenen Worte von der Freiheit vorkommen, die immer die Freiheit der Andersdenkenden sei. Mich überraschte die Weitsicht der Revolutionärin, mit der sie, wenige Wochen nach Errichtung der Sowjetmacht in Rußland, in der Auseinandersetzung mit Lenin und Trotzki auf jene Gefahren hinwies, die daraus entstehen, wenn »einige Dutzend Parteiführer von unerschöpflicher Energie und grenzenlosem Idealismus dirigieren und regieren ... und eine Elite der Arbeiterschaft von Zeit zu Zeit zu Versammlungen aufgeboten [wird], um den

Reden der Führer Beifall zu klatschen, vorgelegte Resolutionen einstimmig anzunehmen, im Grunde eine Cliquenwirtschaft – eine Diktatur allerdings, aber nicht die Diktatur des Proletariats, sondern die Diktatur einer Handvoll Politiker« entsteht. Prophetisch erschien mir vor allem jener Satz, der sich der Forderung nach Freiheit für Andersdenkende anschließt und den ich in meinem Manuskript zitierte: »Nicht wegen des Fanatismus der Gerechtigkeit, sondern weil all das Belebende, Heilsame und Reinigende der politischen Freiheit an diesem Wesen hängt und seine Wirkung versagt, wenn die Freiheit zum Privilegium wird.«

Ich empfahl Martin, zu lesen, was zum Beispiel der Literaturprofessor Hans Mayer geschrieben hat, der sich zwar in den sechziger Jahren als Marxist von der DDR trennte, der jedoch trotz grundlegender Meinungsverschiedenheiten nicht bereit war, die Verunglimpfung des geistigen Lebens hierzulande mitzumachen. Wenn Mayer feststellt, der »reale Sozialismus« müsse unter anderem vor allem deshalb scheitern, weil er die Interessen der Gesellschaft über die des Individuums stelle, so stimmte ich inzwischen mit ihm überein: Humanismus ist nur denkbar, wenn er nicht nur ein Humanismus der ganzen Menschheit ist, sondern auch ein Humanismus, »der es selbst noch dem Außenseiter erlaubt, sein Außenseitertum als Humanist zu leben«.

Im Unterschied zu manchen der großen Aufklärungsphilosophen und vermutlich auch zu Martins anthroposophischem Lehrmeister versteht Hans Mayer sein Plädoyer für den Einzelnen keineswegs als eine Anerkennung eines absoluten Geistes. Wir kämen sonst »ins Spintisieren über irgendein Jenseits«. Wie schwierig es mit der »nicht von oben verordneten Freiheit« unter den Bedingungen des anderen Systems der »freien Marktwirtschaft« sein würde, das über den Osten zu kommen im Begriff war, ahnte Martin, als er mir jenen Brief schrieb, in dem er seine Abreise ankündigte. »Lag es nicht im Interesse des westlichen Kapitalismus, das ›sozialistische Experiment im Osten Europas‹ (von dem schon Ende des neunzehnten Jahrhunderts gesprochen wurde!) scheitern zu lassen? Und was wird jetzt daraus? Sind die Massenmedien (Kabelfernsehen, Presse, Konsumzwang) nicht darauf angelegt, den Menschen führbar zu machen? Ihm den Weg zur inneren Freiheit abzunehmen, wenn nicht sogar zu verbauen? Die Menschen haben die Bevormundung durch den Staat abschütteln wollen, – von wem lassen sie sich jetzt bevormunden? Ich glaube, daß die Hauptprobleme der kommenden Jahrzehnte darin liegen, die Spannungen in der Dritten Welt zu lösen. Aber auch dort wird man unlösbare Probleme lediglich vergrößern, wenn man nicht tieferliegende Sehnsüchte der Menschen berücksichtigt. Und die zielen auf Brüderlichkeit im Wirtschaftsleben, auf Gleichheit (Demokratie) im Rechtsleben, auf Freiheit im kulturellen, geistigen, religiösen, künstlerischen Bereich – auch in den Elendsvierteln von São Paulo, wo wir jetzt daran gehen wollen, eine vollwertige Waldorfschule aufzubauen. Sehr gern würde ich von Dir hören ...«

Wegen unser beider Abwesenheit von Deutschland traten nun aber längere Pausen zwischen unseren Kontakten ein. In einem Brief, der mich zum Jahreswechsel 1990/91 in Moskau erreichte, beschrieb Martin die Schwierigkeiten bei der Verwirklichung seiner pädagogischen Vorstellungen in Brasilien. Er betrachte die künftige Entwicklung Lateinamerikas nach wie vor höchst sorgenvoll.

In diesem Brief schrieb er nebenbei auch von einer Thrombose im linken, gesunden Bein, die er sich in São Paulo zugezogen hatte. – Mehr als zwei Jahre später, bei seiner letzten Reise nach Brasilien, sollte ihm diese Erkrankung zum Verhängnis werden.

Wieder in Deutschland, spiegelten Martins Berichte über die unermüdlich fortgesetzte pädagogische Arbeit erneut jene Hoffnungen, die er aus seinen Aktivitäten an Waldorfschulen in Ost und West gewann. Da war er in seinem Element. Voller Freude schilderte er ein Konzert im überfüllten Festsaal der Freien Waldorfschule in Stuttgart, in die alle seine Kinder gegangen waren: Mehr als hundert Schüler hatten dort Ravels Orchesterfassung der »Bilder einer Ausstellung« von Mussorgski aufgeführt. Martin schrieb, daß ein Beamter der Stadtverwaltung von Moskau, der als Gast im Publikum saß, zu Tränen ergriffen gewesen war. »Die Kunst, nicht als Selbstzweck, aber als ein wesentliches pädagogisches Mittel, um Kreativität und Solidarität (zum Beispiel im Theater, Orchester und Chor), vor allem aber Selbstvertrauen und Ideale zu stärken, wird immer wichtiger. Besonders in der Drogentherapie geht es gar nicht ohne sie.«

Die Realität brachte mir bei meiner Rückkehr nach Deutschland zunächst einmal die Einlieferung in das Gefängnis in Karlsruhe. Der Generalbundesanwalt ließ keinen Zweifel daran, daß er die Absicht hatte, mich im nunmehr vereinigten Staat, dem die neuen Länder beigetreten waren, nach den im Kalten Krieg formulierten Gesetzen der alten Bundesrepublik »wegen Landesverrats« zu einer hohen Haftstrafe verurteilen zu lassen.

Zwar hatte ich Disketten mit Auszügen aus meinen Tagebüchern und Gedanken über Schnittpunkte der Geschichte in meinem Gepäck aus Moskau mitgebracht, nach tieferem Nachdenken über die Freiheit im kulturellen Bereich war mir jedoch in den folgenden Wochen und Monaten der Vorbereitung auf meinen Prozeß nicht zumute.

Schon am vierten Hafttag erhielt ich einen Brief des Freundes. Unmittelbar vor seinem Abflug zur pädagogischen Arbeit in Madrid fragte er an, ob er mich nach seiner Rückkehr besuchen könne. Er fügte die Kopie eines Leserbriefs an den »Spiegel« bei, in dem er gegen einen Artikel protestierte, der dort im selben Monat erschienen war. In diesem Beitrag waren mir Feigheit und eine Betrachtungsweise unterstellt worden, den Vater »zur Lichtgestalt im Kampf gegen jedwedes Unrecht aufgeputzt« zu haben. Martin schrieb in seinem, von der Redaktion nicht veröffentlichten Brief: »Ich bin kein Kommunist, sondern Christ, kenne aber die Familie Wolf seit meiner Kindheit (Friedrich Wolf war vor 1933 unser Hausarzt), und ich weiß, mit welchem Idealismus diese Familie, wie Tausende anderer gutgläubiger Kommunisten, für die soziale Frage gekämpft hat. Es wäre eine Katastrophe, wenn mit dem Zusammenbruch des Bolschewismus (der zu Recht zusammenbricht!), die soziale Frage insgesamt im Kutteleimer landete!« – Ich muß nicht versichern, als einen wie starken Beweis unserer in ungewöhnlicher Zeit so ungewöhnlich wiedergewonnenen Freundschaft ich diesen Brief schätzte.

Nach seiner Rückkehr aus Spanien schrieb mir Martin nach Berlin, wohin ich aus der Haft entlassen war – mit strengen Auflagen freilich, die meinen Bewegungsraum auf das unmittelbare Wohngebiet beschränkten: »Herzlichen Dank für Deinen Brief! Unterwegs las ich Dein Buch, das mich noch mehr als die Troika fesselte, vielleicht, weil Du im Stil keine so große Vorsicht mehr walten lassen mußtest? Es ist ja im Hinblick auf unsere ganze Geschichte eigentlich erschütternd, wie viele Menschen und Menschengruppen mit größtem Idealismus sich für Ziele eingesetzt haben, die sich im nachhinein als Illusionen herausstellten. Ich erlebe dieses Vakuum unter den Menschen immer wieder. Und hier wie drüben hört man immer wieder die Sorge, daß mit dem Ruf ›Nie wieder Sozialismus!‹ eine der entscheidenden Zukunftsfragen eben einfach nicht mehr gefragt ist. ... Nun erlebten wir ja, daß Sozialismus *ohne* echte Demokratie und *ohne* humane Freiheit eben inhuman wird. Im Westen und überall, wo dieses andere System herrscht, sehen wir hingegen, daß Demokratie *mit* Freiheit aber *ohne* Brüderlichkeit eben auch inhuman wird. ... Man wird uns später fragen: Habt ihr das nicht gesehen? Nicht gewußt? Warum habt ihr so wenig getan? Darüber haben wir schon manchen Gedanken ausgetauscht, und mir wäre eine neue Gesprächsmöglichkeit eine sehr wichtige Sache. Ich verstehe aber, daß Du jetzt bis über beide Ohren in dem Prozeß steckst.«

Kurz vor dem ersten Advent kam es endlich wieder zu einem Treffen mit Martin in unserer Wohnung am Spreeufer in Berlin, und wir fanden die Zeit zu einem ausgiebigen Gespräch. Zuerst tauschten wir natürlich Familienneuigkeiten aus, Martin berichtete von einem Treffen ehemaliger Schiekerschüler, von dem er mir Grüße und gute Wünsche übermittelte, und wir erzählten uns gegenseitig, was wir seit unserem letzten Treffen Unterschiedliches erlebt hatten.

Endlich war aber auch Gelegenheit, daß Martin seine philosophische Weltsicht einmal ausführlich darstellen konnte. Obwohl er sich der Gesellschaft der Anthroposophen nicht im engeren Sinne zurechnete, bestimmten die Arbeiten Rudolf Steiners und seine eigenen Erfahrungen auf der Grundlage des nicht von der Amtskirche verformten christlichen Glaubens sein Denken in starkem Maße. Martin vermutete, mein Vater sei allein schon wegen seiner humanistischen Bildung und durch seine erste Ehefrau der Anthroposophie nahegekommen. Und das war wirklich so. Die Mutter meiner beiden Halbgeschwister blieb bis ans Ende ihrer Tage, die sie als Emigrantin in Großbritannien verbrachte, eine überzeugte Anthroposophin. Ich konnte Martin auch die Kopie eines

Plakates der Volkshochschule in Remscheid aus dem Jahre 1920 zeigen, auf dem gemeinsame Vorträge des Vaters und seiner damaligen Frau angekündigt sind. Zufälligerweise wird übrigens auf demselben Plakat auch zu Vorträgen von Dr. Richard Sorge eingeladen, dem 1944 in Japan hingerichteten Sowjetspion. Er ist aus meiner Sicht der bedeutendste Kundschafter im zwanzigsten Jahrhundert, und wir hatten ihn uns in meinem Dienst zum großen Vorbild gewählt. Meine Tante Grete, die Schwester meiner Mutter, hatte mir einst einen an sie gerichteten Brief der ersten Frau von Richard Sorge gezeigt, die nach dem Krieg in den USA lebte. Christiane Sorge schrieb: »Wäre Ika – so nannte man Sorge im privaten Kreis – Anthroposoph geblieben, wäre ihm das Schlimme erspart geblieben.« In dieser eigenartigen Verknüpfung von Lebensfäden erschöpfte sich allerdings die Beziehung meiner Familie zu Martins Weltanschauung.

Martin sah sich übrigens selbst mehr als Anthroposoph der Praxis, denn als Theoretiker. Trotzdem war bei ihm eine Neigung zum Philosophieren deutlich erkennbar. Seinen Antworten auf meine Fragen nach dem Schicksal seiner im Krieg gefallenen drei Brüder konnte ich entnehmen, daß die jungen Männer zwar von sehr verschiedenem Charakter waren, daß aber auch in ihrem Denken der Sinn und die Werte des Lebens eine große Rolle spielten. Martin erzählte mir von den Frontbriefen seiner Brüder, in denen auch die Musik eine nicht geringe Rolle spielte.

Als der Krieg schon auf Deutschland zurollte und die Bomben die Städte zerstörten, kaufte sich Martins Vater ein neues Cembalo, während Martin selbst im Lazarett zu komponieren begann.

Vielleicht vom bevorstehenden Weihnachtsfest oder meiner atheistischen Weltsicht angeregt, stellte Martin die von Jesus gepredigte Brüderlichkeit, eine Art »Idealkommunismus«, der in den christlichen Urgemeinden der ersten Jahrhunderte unserer Zeitrechnung auch gelebt wurde, bestimmten Gegenkräften, zum Beispiel der katholischen Kirche, gegenüber. Deren Bestreben sei es, zu verhindern, daß jene neue Stufe der Brüderlichkeit erreicht würde, und die im Gegenteil beharrliche Anstrengungen unternähme, die Menschen weiterhin in Abhängigkeit, Dumpfheit, Angst und Wunderglauben zu halten. Nach seiner Auffassung hätten in der bisherigen äußeren Geschichte diese Gegenkräfte stets das Übergewicht gehabt. Das eigentlich Christliche, das Esoterische sei noch Zukunft.

Der Sozialismus habe das Paradies auf Erden angestrebt, dabei jedoch das Menschlichste im Menschen, seine freie Entscheidung, vergewaltigt. Sollte einmal eine UNO-Friedenstruppe stark genug sein, um den äußeren Frieden zu sichern, dann wäre dies eine Voraussetzung, um zu einem anderen als dem von der Bibel verheißenen »Frieden auf Erden unter den Menschen, die eines guten Willens sind« zu gelangen. In jedem Menschen müsse ein innerer Friede lebendig werden. Wieder kam Martin auf die Musik, die über die ganze Erde hin Frieden stiften könne. Er erlebe sehr oft, daß viele Menschen in den Werken großer Meister, in den großen Messen, Oratorien, Sinfonien, Streichquartetten, eine Quelle der Hoffnung fänden, unabhängig von Rasse, Glaubensrichtung oder Nation. Deshalb gehöre für ihn die Musik zum Allerwichtigsten in der Welt.

Meine Zweifel, ob es ohne Veränderung der gesellschaftlichen Machtverhältnisse möglich sei, die »Gegenkräfte« zu bändigen, führten uns zum Zweiten Weltkrieg, den wir in unserer Jugend miterlebt hatten. Bei Martin war eher Zurückhaltung zu spüren. Er habe es sich nach dem Krieg nicht leicht gemacht und lange gebraucht, die deutsche Kriegsschuld zu akzeptieren und an die Greuel der

Konzentrationslager, die planmäßige Vernichtung der Juden zu glauben. Er stellte Fragen zum Nürnberger Prozeß, an dem ich als Reporter teilgenommen hatte, und besonders interessierte ihn, wie mein jüngerer Bruder Konrad als Soldat der Roten Armee die Kriegsjahre auf dem langen Weg vom Kaukasus bis Berlin durchlebt hat.

Es stellte sich heraus, daß einer der Brüder Martins, Gol, auf Seiten der deutschen Wehrmacht in den kaukasischen Bergen gekämpft hat. Auch der andere Bruder, Dill, war als junger Offizier der Wehrmacht im Süden der Ukraine stationiert gewesen, gerade zu jener Zeit, als mein Vater im Sommer 1943 als Frontbeauftragter des Nationalkomitees »Freies Deutschland« gemeinsam mit dem über Stalingrad abgeschossenen Urenkel des Kanzlers Bismarck, dem Fliegerleutnant und Ritterkreuzträger Graf Heinrich von Einsiedel, über Lautsprecher zur Beendigung des sinnlosen Kämpfens aufrief. Beide waren erschüttert über die von der Wehrmacht bei ihrem Rückzug zurückgelassene »verbrannte Erde«: mit Maschinengewehren niedergemachte Viehherden, gesprengte Fabriken und Gruben, unzählbare Tote, vor allem Zivilisten.

In den letzten Monaten jenes Rückzugsjahres waren diese beiden Brüder Martins gefallen. Martin selbst wurde fast zur gleichen Zeit verwundet, ebenfalls an der Ostfront. Ich verstand, daß ich mit meinen Fragen alte Wunden berührt hatte. Überraschend erzählte Martin jedoch, daß sich alle vier Brüder freiwillig zum Dienst an die Front gemeldet hatten: Jeder habe es als seine Pflicht angesehen, sich nicht in der Heimat zu drücken, sondern im Fronteinsatz das Beste zu geben. Martin bekannte, er habe als jüngster förmlich darunter gelitten, so lange auf seinen ersten Einsatz warten zu müssen.

Ich erinnere mich zwar der in der »D.J. 1.11.« praktizierten Erziehung zu Mut und Opferbereitschaft, wußte doch aber auch, daß Martin und seine Brüder, wie die meisten Anhänger von Tusk, den Nationalsozialismus abgelehnt und deshalb mit den Verfolgungspraktiken des Hitlerstaates Bekanntschaft gemacht hatten. Das brachte ich einfach nicht zusammen. Ganz besonders verstand ich den freiwilligen Opfertod des Bruders Axel nicht.

Obwohl dieses Thema unsere Stimmung nicht beeinträchtigt hatte und wir mit den besten Wünschen für ein frohes Weihnachten und ein gesundes Neues Jahr auseinandergingen, mußte Martin meine Gedanken wohl erraten haben. In seinem nächsten Brief versuchte er, den Bruder Axel als besonders dynamischen und prinzipienfesten Charakter zu beschreiben. Als der Vater nach dem Tod der beiden älteren Brüder mit Hilfe damals geltender Bestimmungen erreicht hatte, Axel von Kampfflügen freizustellen, setzte der Himmel und Hölle in Bewegung, um unter Lebensgefahr weitere Einsätze fliegen zu dürfen.

Vielleicht um mir Axels moralische Gründe und auch seine eigene Haltung von damals deutlich zu machen, zitierte Martin in einer, meiner Frage nach Jesus gewidmeten Passage, in seinem Brief dessen Worte: »Niemand hat größere Liebe denn die, daß er sein Leben läßt für seine Freunde.«

Das Jahr 1992 verging mit kurzen Grüßen und Berichten über den äußeren Lauf der Dinge. Martin dehnte seine beratende pädagogische Tätigkeit weiter nach Osten aus, war einige Wochen in Tschechien, verfolgte die Aktivitäten der Waldorfbewegung in Rußland und Georgien und verreiste wiederum für einige Monate nach Brasilien.

Zur gleichen Zeit mußte ich mich mit einer umfangreichen Anklageschrift eingefleischter Kalter Krieger auseinandersetzen, die mich nicht ungeschoren davonkommen lassen wollten. Einflußreiche große Medien begleiteten dieses Unterfangen mit einer Flut von Verleumdungen und

Diffamierungen. Finanzielle Auflagen und die Sperrung der Rente drohten uns die Lebensgrundlage zu nehmen.

Glücklicherweise war es meinem britischen Literaturagenten gelungen, einen großen amerikanischen Verlag für mein neues Buchprojekt zu interessieren. Angesichts des Boykotts vieler großer deutscher Verlage überließ ich den Amerikanern die Weltrechte, setzte mich aber damit selbst unter Druck, bis zu dem im folgenden Jahr beginnenden Prozeß ein fertiges Manuskript meiner Erinnerungen abzuliefern.

So kam es im Herbst nur noch zu einer Begegnung in Berlin, es sollte unsere letzte sein. Ich unterlag zu dieser Zeit immer noch polizeilichen Auflagen und mußte mich zweimal in der Woche auf dem für mich zuständigen Polizeirevier melden. Martin hatte Dias aus Brasilien mitgebracht, wir fanden aber keine Gelegenheit zum Anschauen. So blieb es beim Erzählen und meinem Bericht über die Arbeit am Buch. Ich versuchte zu erklären, wie ich die vom Verleger natürlich in erster Linie geforderte Schilderung meiner nachrichtendienstlichen Tätigkeit mit meinen Gedanken über den widerspruchsvollen historischen Hintergrund für diese Arbeit zu verbinden suchte.

Wir schieden nicht ohne die Zuversicht, uns recht bald wiederzusehen. Mit einem herzlichen Brief zum Jahreswechsel verabschiedete sich Martin dann für ein halbes Jahr nach Brasilien. Er schrieb: »Es hängen derart viele dunkle Wolken am Zukunftshorizont, daß man jedem einzelnen Menschen nur wünschen möchte, sich nicht täuschen zu lassen, die Dinge von höherer Warte aus richtig einzuschätzen, die Wahrheit mutig zu vertreten.« Martin fügte seinem Brief ein paar Gedanken über die Botschaft der Weihnacht hinzu. Zu seiner Neujahrsgratulation gehörte auch der Wunsch, daß sich wenigstens einige Knoten lösen mögen, um den Blick für Neues zu weiten.

Dann kam die Nachricht von Martins plötzlichem Tod in Brasilien. Er war am 3. Februar 1993 beim Lesen, auf einem Sessel sitzend, einen Bleistift in der Hand, ganz plötzlich verstorben.

Martin starb, meine ich, als glücklicher Mensch. Nicht alle seine Vorhaben hatte er vollenden können, aber sein Leben kann doch als erfüllt bezeichnet werden. Er hatte sich Sorgen um das Wohl aller Menschen gemacht, das kann ich bezeugen. Er hatte eine gütige Ruhe ausgestrahlt, die seinem Familienglück und seinem Weltbild entsprang. Sein pädagogisches und sein soziales Engagement befriedigten seinen Ehrgeiz und sein Streben nach menschlicher Toleranz gleichermaßen. Die Ideen des Sozialismus waren ihm nahe gewesen, die Garantie jedweder Möglichkeiten zur freien Entfaltung eines jeden Individuums schien ihm jedoch das Wichtigste zu sein.

Noch aus São Paulo beantwortete Waltraut meinen Beileidsbrief:

Es ist schon merkwürdig, daß Martin nach Brasilien fliegen mußte, um zu sterben. Aber ich bin sehr dankbar, daß er so völlig schmerzlos und friedlich einschlafen durfte. Für mich war es zunächst natürlich ein Schock, aber nun bin ich von so vielen lieben Menschen umgeben, die mir mittragen helfen, vor allem auch von unseren sechs prächtigen Kindern und ihren Familien, daß ich mich wie auf Engelsflügeln getragen fühle. Martin ist irgendwie noch um mich! Am letzten Samstag feierten wir hier in Südamerika eine Totenweihehandlung für Martin, und am Abend erlebten wir eine sehr bewegende Gedenkfeier mit vielen brasilianischen Freunden, die so genaue Erlebnisberichte gaben, daß ein wirklich gutes Lebensbild von Martin entstand. Wir haben den Abend mit einem Satz aus einem Streichquartett von Schubert eröffnet, und zum Schluß sangen wir mit allen Freunden den Kanon ›Dona nobis pacem‹.

Der Tod des Freundes und die Worte seiner Frau bewegten mich sehr. Ich erinnerte mich besonders eines seiner Briefe über »mehr persönliche und intime Dinge«, den er mir irgendwann inmitten all der politischen Hektik geschrieben hatte.

Da ich mir nicht darüber im klaren war, ob Martin an Seelenwanderung und Wiederkehr des Lebens glaubte, wie es praktizierende Anthroposophen wohl tun, hatte ich später darauf zurückkommen wollen. Dazu war aber nun keine Gelegenheit mehr.

»Du weißt ja«, hatte er seinen Brief begonnen, »daß ich auch ein großes Interesse an allen Weltanschauungsfragen habe, und da fällt mir hier auf, daß die ganze Kritik an der Vergangenheit sich im wesentlichen aufs Pragmatische bezieht und daß dabei bestimmte Grundfragen nicht berührt werden. Eine Erfahrung ist jene, die von vielen bezeugt wird, daß wenn enge vertraute Freunde oder Brüder oder Eltern sterben, davon gewisse Wirkungen auf uns Lebende ausgehen. Ich erwähne das, weil ich durch unsere Gespräche und durch Deine ›Troika‹ den Eindruck gewonnen habe, daß Dich der Tod des Bruders tief getroffen hat, mehr noch, daß daraus so etwas wie ein ›Auftrag‹ erwachsen ist, seine unvollendete Arbeit irgendwie zu vollenden, und daß Dein Bruder bei dieser Arbeit irgendwie mitgeholfen hat, Ideen gab, Kraft gab. Ich wage dies zu vermuten, weil eines meiner wichtigsten Erlebnisse eine solche Erfahrung war. Ich glaube, ich habe Dir noch nicht ausführlich davon erzählt. Wenn ich es jetzt tue, so nur, um zu verdeutlichen, warum ich diese Vermutung habe. Also denke Dir: April 1945. Seit Monaten funktioniert keine Post mehr. Ich liege im Lazarett irgendwo in Süddeutschland. Mein Flieger-Bruder Axel war zuletzt in Ostpreußen stationiert gewesen. Dann hatte ich nichts mehr von ihm gehört. In der Nacht vom 19. auf den 20. April, mitten in

der Nacht, erwache ich aus einem Traum: Mein Bruder
›kam‹, ›nahm Abschied‹ und sagte: ›Nun mußt Du für
mich tun, was ich nicht mehr tun kann.‹ Mir war klar, daß
dies kein Angsttraum, kein Wunschtraum, sondern ein
Wahrtraum war. Ich schrieb alles so genau ich konnte auf
und ›schmuggelte‹ den Brief aus der direkt folgenden Gefangenschaft hinaus. Er kam nie an, aber das Datum hatte
ich mir gemerkt. Ungefähr zwei Jahre später, als die Post
wieder sicherer war, erhielt ich von einem Freund meines
Bruders die Nachricht von seinem Fliegertod über der
Oder, übrigens ziemlich genau am selben Ort und zur selben Zeit, als Dein Bruder ›unten‹ die Oder überquerte. Für
mich ist dies Erlebnis kein Beweis, aber doch ein sicherer
Hinweis auf die Existenz einer Seele, die nach dem Tod
oder im Schlaf die Begrenztheit von Raum und Zeit über-
schreitet und sich bei denen meldet, die mit ihr verbunden
sind. Und da ich aus der Art, wie Du mir damals von Deinem Entschluß erzählt hast, das Werk Deines Bruders aus-
zuführen, die Vermutung ableite, daß Du ähnliche ›Einflüsse‹ Deines toten Bruders verspürtest, schreibe ich Dir
all dies und schließe die Frage an: Nachdem Hunderte und
Tausende in diesem dramatischen, die Seelen aufrütteln-
den Jahrhundert ähnliches erlebt haben – kann man, muß
man da nicht eine der Grundideen des Materialismus kritisch hinterfragen, nämlich jene, die besagt, daß Seele und
Leib eine untrennbare Einheit seien und mit dem Tod des
Leibes notwendig auch die Seele ihre Existenz verliert? Sind
nicht gewisse unmenschliche Züge am Faschismus und am
Stalinismus mit dieser nur diesseitigen Auffassung des
Menschenwesens in Zusammenhang zu bringen?«

Martin wiederholt auch in diesem Brief die mir aus unseren Gesprächen schon bekannte Ansicht, der weltan-
schauliche Materialismus sei ein antiquiertes Erbe des
neunzehnten Jahrhunderts. Martin schreibt, er rechne

damit, daß auch ich zu der Frage gelangen werde, »welche Art von Realität der menschliche Geist, die Seele hat, wie sich ihre Beziehung und Verflechtung mit dem Leib bildet und wieder löst. Alle diese Fragen stehen in tiefem Zusammenhang mit dem Umbruch dieser Wochen, mit den Greueln und Errungenschaften unseres Jahrhunderts, mit den Fragen, wie wir unser eigenes Sein innerhalb der Zeitereignisse sinnvoll begreifen können.«

Leider hat Martins plötzlicher Tod unser Gespräch über das diesseitige Sein und das Fortwirken des Geistes unterbrochen. Um so mehr verbinden sich für mich Gedanken an seinen Tod mit dem mir unbegreiflichen Tod seines Bruders. Dank einer Freundin der Familie durfte ich Axels letzte Briefe lesen, es sind besonders gefühlvolle, glückerfüllte Briefe. Seitdem kann ich Martin besser verstehen.

Mitte April 1945 stürzte sich Axel mit seinem sprengstoffgefüllten Flugzeug auf eine Oderbrücke, um die Durchbruchoffensive der Sowjetarmee aufzuhalten. Er mußte eigentlich wissen, daß diese Selbstaufgabe ohne jeden Sinn war. Das macht es besonders schwer, seine Motive zu begreifen. Zumal er in den Wochen vor seiner Tat in längeren Briefen an Martin das Wunder einer neugewonnenen Liebe beschrieb. Es war eine Liebe zu dritt, »eines vom schönsten, das ich bisher erlebte. Mein Freund und ich lieben sie beide, und sie liebt uns beide. Um unserer Freundschaft willen sind wir beide jeden Tag gezwungen, uns selbst zu überwinden, zu verzichten um der Gemeinsamkeit willen, und dieser Verzicht um des anderen willen gibt dem Ganzen eine heilige Weihe, ein stummes Gelöbnis der Unzerstörbarkeit unserer Gemeinschaft.« In aller Ausführlichkeit schildert Axel die Eigenschaften des Mädchens, die Begebenheiten dieser seltsamen Liebe. Eine Woche vor seinem Einsatz schreibt er: »Ich mache mir in den letzten Tagen so viele Gedanken über die deutsche

Menschenseele und die Äußerungen der verschiedenen Lebensarten jetzt in diesen Wochen höchster Spannung. Nicht nur in der nächsten Umgebung meiner Kameraden beobachte ich, nein, vor allem auch bei ihr, unserer gemeinsamen Freundin, um deren Inneres ich mich seit Wochen bemühe, erlebe ich diesen Kampf. Es ist überall das Erschauern und das Erschrecken vor der Konsequenz unserer nächsten Zukunft.«

Am 14. April schreibt Axel an Martin, er habe »einen der schwerwiegendsten Entschlüsse« seines Lebens gefaßt. Er habe vier Stunden Bedenkzeit gehabt, sich aber schon nach einer Stunde freiwillig gemeldet. Er habe die Notwendigkeit des Unternehmens eingesehen. Dazu kam der Gedanke, daß »die Möglichkeit, heute auf eine ganz lächerliche, blöde und unsinnige Art das Leben zu beenden – Fliegerangriffe, Genickschuß in der Gefangenschaft, Krankheit durch Pestilenz, Hungertod –, so groß ist, daß dagegen der Gedanke, hier eine Sicherheit gehabt zu haben, wirklich noch durch den Tod stark positiv gewirkt zu haben, sehr für das Unternehmen spricht.«

Mit den letzten, am Sonntag, dem 15. April, verfaßten Zeilen von Axel, des Bruders, will ich mich, selbst ratlos, von dem Kapitel »Martin« verabschieden. Axel schreibt: »Aus meinem übervollen Herzen möchte ich Dir gern noch recht viel in diesen Brief fließen lassen. Ich habe gestern Bescheid bekommen, mich heute bereitzuhalten, und habe diesen Abend ganz wunderschön, ganz unbeschreiblich schön verbringen dürfen. Sie hatte unseren alten trauten Tisch geschmückt und alles festlich geordnet. Bei einem Gang in den Abend sagte ich ihr alles und bat sie, mit Oskar und mir diesen letzten Abend in voller Lebensbejahung und ohne verzweifelte Trauer zu feiern. Sie hat zuerst tief erschüttert geweint, gab mir dann aber als allerschönstes Geschenk ein Beispiel solcher Kraft und Seelenstärke am ganzen Abend, daß ich mich selbst sehr daran stärkte. Dann saßen wir noch bis tief in die Nacht still beisammen und waren tief und restlos glücklich. Ein nie gekanntes ungeheures Lebensglück erfüllt mich. Alles Kleine und Schwache ist von mir abgefallen. Ich gehe glücklich und ohne Bitterkeit dem entgegen, was ich mir als Erfüllung all dessen ausgesucht habe, was uns heute das Leben gebietet. Sag ehrlich – bin ich nicht unermeßlich zu beneiden? Laß die anderen Phrasen dreschen von Volk, Sieg und Preußentum – mich berührt all dieser Firlefanz nicht mehr. Du kennst mich gut und meine Einstellung. – Lebt alle! Lebt für mich mit, und ich will mit euch allen leben, mit allen, die ich geliebt habe. Ich bleibe immer für dich bereit! Dein Bruder Axel.«

Helmut

Zuneigung – ist das ein Begriff, mit dem sich eine Freundschaft von Männern beschreiben läßt? Ich möchte ihn für meine Beziehung zu Helmut wählen.

Unter meinen Freunden war er derjenige, den ich am längsten kannte. Gemeinsam besuchten wir bald nach unserer Ankunft in Moskau ab 1934 dort die deutsche Karl-Liebknecht-Schule. Ein großes Stück weit hatten wir jeden Tag denselben Schulweg. Seiner begann in jener Gasse, wo das Kinderheim lag, in dem er wohnte, ich ging von unserem Wohnhaus zum Arbat-Platz. Wir trafen uns auf dem Weg über diesen Platz, der das geistige Zentrum der Stadt symbolisiert, die zu unserer zweiten Heimat wurde. Für Helmut war sie es bis ins Alter. Mitten in einer Schar lärmender österreichischer Burschen und Mädels zogen wir von dort über den Gogol-Boulevard zum Neubau unserer Schule an der Kropotkin-Straße. Wegen der Österreicher nannten wir das Internationale Kinderheim Nr. 6 der Einfachheit halber das »Schutzbundkinderheim«. In ihm lebten Kinder gefallener oder verfolgter Teilnehmer einer Widerstandsaktion von Arbeitern des sozialdemokratisch geführten »Schutzbundes« 1934 in Wien gegen den aufkommenden Faschismus, die blutig niedergeschlagen worden war. Mein Vater schrieb darüber mit heißer Feder sein Drama »Floridsdorf«, es erlebte am Moskauer Wachtangow-Theater seine Uraufführung.

Helmut war eines der wenigen deutschen Emigrantenkinder, die ebenfalls in diesem Heim lebten. Weshalb Helmut gerade dort untergebracht war, erfuhr ich wie fast alles aus der Geschichte seiner Familie erst viel später, bei unseren Begegnungen nach der sogenannten »Wende«, die 1989 das Ende der DDR einleitete.

Unter den Schutzbundkindern, auch den anderen Mitschülern, galt er als ein eher zurückhaltender Junge. In meiner Erinnerung gibt es keine gemeinsamen Erlebnisse aus der Schulzeit. Erst während des Krieges kamen wir uns an der Schule der Kommunistischen Internationale und nach deren Auflösung mit dem Ende der Komintern am »Deutschen Volkssender« um so näher und wurden zu Freunden. Dort arbeiteten wir als journalistische Eleven und Sprecher bis Kriegsende im Mai 1945. Sollte ich den ersten wie den bleibenden Eindruck von Helmuts Wesen charakterisieren, so muß auch ich ihn als einen stillen und nachdenklichen Menschen bezeichnen.

Zum Glück konnte ich, anders als bei anderen Freunden, mein Wissen über seine Geschichte noch von ihm selbst erfahren. Man lebt jahrelang Seite an Seite, spricht über Alltägliches und weiß doch wenig voneinander. Erst bei unseren Begegnungen Ende 1990 bis zum Spätsommer 1991 in der Enge seiner winzigen Wohnung erfuhr ich in stundenlangen Gesprächen das Wesentliche.

Als wir an der Kominternschule gemeinsam für den konspirativen Kampf gegen das Hitlerregime in Deutschland ausgebildet wurden, hatte ich keine Ahnung, wie sehr der Freund dafür durch seine Herkunft prädestiniert war.

Helmuts Mutter lebte in Königsberg, wo auch er geboren wurde. Die Großmutter war ihr Leben lang Reinemachefrau gewesen, sein aus Litauen stammender Großvater Tischler. Die Mutter gehörte der Kommunistischen Partei Deutschlands seit 1919 an, sie arbeitete bei deren ostpreußischer Bezirksleitung als Stenotypistin. Es war deshalb kein Zufall, daß sie den vermutlich schon in der Funktion eines Kundschafters für Sowjetrußland durchreisenden späteren Vater Helmuts kennenlernte. Es soll eine Liebe auf den ersten Blick gewesen sein, für die Jungkommunistin bildete die Begegnung auch den Einstieg in den Geheimdienst. Die Bindung an den Mann hielt einige Jahre, die an den Dienst, dem sie sich verpflichtete, auf Dauer. Der Vater muß ein erfolgreicher Aufklärer gewesen sein, neben Russisch sprach er Englisch, Französisch und Deutsch. Später erzählte er seinem Sohn, er habe sich während des Bürgerkriegs, im Auftrag und als amerikanischer Korrespondent getarnt, zu den »Grünen«, damals die fanatischsten Gegner der Sowjetmacht, durchgeschlagen.

Helmut erinnerte sich dunkel an einen halbjährigen Aufenthalt mit den Eltern in den USA. Nach der Rückkehr von dort fand die Beziehung der Mutter zum Vater ein Ende. Sie hatte einen deutschen Maler kennengelernt, der Helmuts Stiefvater wurde. Der Wechsel des Mannes bedeutete für die Mutter jedoch nicht die Trennung vom sowjetischen Dienst, sondern brachte diesem im Gegenteil einen neuen Mitarbeiter. Helmut hat eine Erinnerung an eine Begegnung mit dem Vater in Wien im Gedächtnis, wohin er mit der Mutter und dem Stiefvater gereist war. Offenbar fand die Reise auf Grund einer operativen Order statt, und es habe sogar eine gemeinsame Autofahrt durch Österreich gegeben. 1931 waren die Mutter und der neue Vater mit Helmut nach Basel in der Schweiz gegangen, um von dort aus eine schnellere und sicherere Verbindung in das für den sowjetischen Dienst in den Mittelpunkt des Weltgeschehens gerückte Deutschland erhalten zu können.

Helmut und ich hatten, ohne etwas voneinander zu wissen, ähnliche Neigungen. Wir konnten kein Ende finden, wenn wir in den witzigen Adamson-Geschichten des dänischen Humoristen Jacobson blätterten, beide schmökerten wir in den Kinderbüchern unseres Lieblingsautors Erich Kästner. Während ich mich schon damals für die

Fliegerei interessierte und den Zeppelin über Stuttgart beobachtete, saß Helmut am Radioempfänger, um den Start des belgischen Forschers Piccard zum ersten Stratosphärenflug zu verfolgen.

In dieser Zeit liegen für ihn die Anfänge seines politischen Denkens. Anders als für mich, der ich in Stuttgart mit dem vom Vater gegründeten Arbeiterspieltrupp und seinen politischen Agitationsstücken über Land zog und Geld für Streikende sammelte, war sein Wissen darum, daß die Eltern Kommunisten sind, mit den Regeln der Konspiration verbunden. Darüber durfte mit niemandem gesprochen werden. Manchmal kamen Kuriere nach Basel, die er abfangen und denen er den Weg zur Wohnung zeigen mußte. Helmuts Charakter erleichterte es ihm, sich schon früh an jene Verschwiegenheit zu halten, die anderen Kindern oft so schwer fällt. Vermutlich könnten über die geheime Tätigkeit seiner Eltern für den sowjetischen Nachrichtendienst nicht weniger interessante und aufregende Geschichten geschrieben werden, wie die noch lange nicht zu Ende erzählten über die Berliner Rote Kapelle und deren sowjetische Ableger in anderen Ländern.

Heute scheut man sich vielfach, jene Frauen und Männer, die im Kampf gegen den Hitlerfaschismus ihr Leben einsetzten, als Helden zu ehren. Viele Namen, viele aufregende Geschichten sind nie bekannt geworden oder vergessen. Leider wußte auch Helmut nur weniges über die Einsätze seiner Eltern; für gründliche Nachforschungen wäre der Einblick in schwer zugängliche Archive notwendig. Aus diesem Dokumentenstudium ergäbe sich eine andere, vermutlich umfangreiche Geschichte, die zur Vervollkommnung der »Ästhetik des Widerstands« dienen könnte. Sollte mir die Zeit dazu bleiben, will ich gegen das Vergessen anschreiben.

Ende 1932, als Hitlers Machtantritt zur realen Möglichkeit wurde, erhielten die Kundschafter Weisung, sich nach Berlin zu begeben. Helmut erinnert sich an die Pension, in der er mit den Eltern die Antrittsrede des zum Reichskanzler ernannten Adolf Hitler hörte, an die von Aufmärschen und Fackelzügen eskortierte Siegesfeier der Nazis. Kurz danach reiste die Familie nach Königsberg, wo vor allem die in Kisten sorgsam verpackten Bilder des Malervaters bei dessen Eltern verstaut werden sollten. Die Kisten erweckten den Verdacht der Polizei, die darin Waffen für eine kommunistische Verschwörung vermutete. Eine Durchsuchung der Wohnung und des Bodens blieb ohne das erwartete Ergebnis, und einer Abreise in die Sowjetunion stand nun nichts mehr im Wege.

Helmut war wenige Monate vor mir in Moskau eingetroffen, und er erlebte genau wie ich die Karl-Liebknecht-Schule noch vor deren Umzug in den Neubau. 1935 wurden seine Eltern zum nächsten Auslandseinsatz geschickt, und er kam auf eigenen Wunsch in das Schutzbundkinderkeim, dessen Bewohner er schon aus der Schule kannte.

Es war nicht außergewöhnlich, daß sich hinter fast allen unserer Mitschülerinnen und Mitschüler aufregende Familiengeschichten verbargen. Einige dieser Schulfreunde von damals haben ihre Erinnerungen inzwischen aufgeschrieben. Doch damals, als wir uns einfach bei unseren Vornamen riefen, Werner, Moritz oder Wolfgang, wäre keiner auf die Idee gekommen, darüber zu reden oder gar zu schreiben. Selbst die tragischen Vorkommnisse in unseren Familien oder in unserer unmittelbaren Umgebung waren nicht ungewöhnlich, sie gehörten zum damaligen Leben. Wir waren normale Kinder in einer unnormalen Zeit.

Wolfgang, der damals Wolodja genannt wurde, schrieb viel früher und als erster über unser aller Erlebnisse in der Sowjetunion.

Weder Helmut noch er gehörten zu meiner Schulclique, im Schutzbundkinderheim waren beide allerdings die besten Freunde. Die Wege von uns dreien sollten sich in den folgenden Schicksalsjahren auf unvorhersehbare und ungewöhnliche Weise kreuzen. Dabei veränderte sich das Dreieck unserer Beziehungen grundlegend. Ungewöhnlich war dies in jenen hinter uns liegenden Zeiten allerdings nicht.

Noch vor Gründung der DDR verließ Wolfgang 1949 unsere gemeinsame Vergangenheit und veröffentlichte im Westen ein Buch über sein Leben in der Sowjetunion, das bis heute eine Art Kultstatus genießt. Alle mir bekannten Mitschüler erinnern sich an die Schulzeit anders als in diesem Buch beschrieben. Wir hatten zum Beispiel keineswegs das Gefühl eines unerträglichen Leistungsdrucks, wir litten weder unter aufgenötigter Disziplin und dem Zwang zu selbstkritischer Rechtfertigung bei kleinsten Fehlern, noch hatten wir auf unser normales Jungenleben zu verzichten. Selbstverständlich waren auch wir an der Karl-Liebknecht-Schule Spielregeln unterworfen, so wie an jeder Schule überall in der Welt. Aber das hinderte uns nicht daran, ein munterer, die Lehrer manchmal zur Verzweiflung bringender bunter Haufen zu sein.

Helmut wurde damals »Helmerl« gerufen. Die wienerische Färbung seines deutschen Namens war wohl ein Tribut an die Überzahl der österreichischen Schutzbundkinder im Heim. Immer zu Streichen aufgelegt, ließen es sich die Österreicher nicht nehmen, vor dem unweit gelegenen Gebäude der deutschen Botschaft lautstark die verhaßte Hakenkreuzfahne zu schmähen. Dies war nicht Helmuts Art. Und auch wenn wir uns lärmend dem Völkerballspiel hingaben, war er in dieser Gesellschaft nicht zu finden. Entsprechend waren seine Freundschaften.

Im Kinderheim kamen er und Wolfgang sich nicht zufällig nahe. Beide schwärmten für Heinrich Heine und Kurt Tucholsky, sie kannten viele von deren Texten auswendig. Beide besuchten die Bibliothek für ausländische Literatur, wo sie neben den Klassikern auch die modernen Schriftsteller jener Jahre lesen konnten, Bücher von Heinrich und Thomas Mann, von Stefan Zweig und Arnold Zweig, von Lion Feuchtwanger.

In einer Mappe, die Helmut mir bei einem unserer letzten Treffen gab, findet sich eine Aufzeichnung über diese Zeit. Helmut schildert die oft überschwengliche Art, die Wolfgang schon im Kinderheim an sich hatte. »Wir waren wirklich dicke Freunde in unserer Kinderheimzeit, und so wußte ich, wie leicht er sich immer zu entflammen pflegte, zum Beispiel für die chinesische Rote Armee und ihren Langen Marsch nach Norden, für die spanischen Republikaner, besonders für die Anarchisten, die durch ihre Eigenwilligkeit imponierten. Ich erinnere mich, wie Wolodja mit rot-schwarzer Schärpe zu unserem Neujahrsmaskenball erschien.

Natürlich waren wir damals alle vom Spanischen Bürgerkrieg beeindruckt. An der Wand unseres Pionierzimmers hing eine große Landkarte Spaniens. Spanien war unsere Hoffnung. Wir imitierten Völkerbundsitzungen und Beratungen des Nichteinmischungskomitees, das Hilfeleistungen für das spanische Volk vereitelte. In Fürsprache und Gegenrede wurden die verschiedensten Meinungen geäußert. Und die Niederlage der Spanischen Republik empfanden wir als persönliche Niederlage. Wolodja war einer der aktivsten Mitwirkenden bei diesen Spielen. Was einte uns beide, die wir uns dem Charakter nach so sehr unterscheiden, vor allem was die Leidenschaftlichkeit anbelangt? Er ein Gefühlsmensch, ich eher ein Vernunftmensch. Vorwiegend müssen es die gemeinsamen Interessen für Literatur, Geschichte, Politik, die Veranlagung zum Schreiben, zur kritischen Überlegung, die Neigung zum Lesen, vielleicht auch einige Momente auf unserem Schicksalsweg gewesen sein. Störend empfand ich seine individualistische Einstellung und sein Geltungsbedürfnis, die sich manchmal unangenehm bemerkbar machten.«

Natürlich ging es nicht spurlos an uns vorbei, wenn Väter unserer Schulkameraden, Lehrer, später auch ältere Mitschüler plötzlich verschwanden. Die immer größeren Umfang annehmenden Verhaftungen und die Prozesse wurden Teil unseres Lebens und Fühlens. Für uns war das nicht erklärbar, es war dunkel, verworren. Zu sehr widersprach es den sozialistischen Idealen, an die wir alle glaubten, es war unserem Bild von der Sowjetunion fremd. Den furchtbaren Umfang des Ganzen vermochten wir auch nach Jahren nicht völlig zu erfassen.

Helmut teilt in seinen Erinnerungen dieses Gefühl. Er schildert die Bemühungen der Erzieher des Heims um das Wohl der ihnen anvertrauten Kinder, des Direktors, eines früher verwahrlosten Jungen, der den älteren Heimkindern aus seinem Leben erzählte und mit ihnen die Lieder der jungen Besprisorniks, der Herumtreiber, sang.

»Sie alle haben sehr viel dazu beigetragen, daß wir die Sowjetunion als Heimat empfanden und uns besser, schneller und möglichst schmerzlos in die Verhältnisse einleben konnten. Außerdem waren viele der Kinder doch Waisen oder Halbwaisen, und sie fühlten sich im Heimmilieu wie in der Familie«, schreibt Helmut in seinen Erinnerungen.

Wolfgang hat über die Verhaftung seiner Mutter auch mit seinem engsten Freund nicht gesprochen, auch nicht über seine kritische Sicht auf die politischen Prozesse und seine zunehmenden Zweifel. Auch Helmut sprach mit niemandem darüber, was seiner Familie widerfuhr. Das war typisch für diese Zeit. Die meisten glaubten an Irrtümer, gelegentliche Freilassungen nährten diesen Glauben.

1937 war die Schwester von Helmuts Mutter plötzlich verschwunden. Sie arbeitete bei der Komintern, und über sie lief die Verbindung zu seinen Eltern, die im Ausland waren und auf diesem Weg ab und zu einen Brief schickten. Als er an dem für den Besuch bei Verwandten vorgesehenen freien Tag bei der Tante anrief, meldete sich eine Männerstimme, die Tante sei nicht da. Dann erfuhr er über eine ihrer Bekannten von der Verhaftung. Das war ein schwerer Schlag, den der Junge kaum verkraften konnte. Was er gedacht habe? Er hätte nicht einmal an eine mögliche Ungerechtigkeit geglaubt.

Mit dem Verlust des Kontaktes zur Tante verlor Helmut auch den Kontakt zu seinen Eltern. Erst später nahm ein Vertreter einer Organisation die Verbindung zu ihm auf, händigte ihm Briefe der Mutter und manchmal etwas Geld aus. Von der Tante wußte er nichts. Wen hätte er fragen sollen? Er wußte ebenso nicht, daß auch sein leiblicher Vater verhaftet war. Erst nach dem Krieg, als er sich bei seinem Vorgesetzten erkundigte, wurde ihm gesagt, der Vater sei tot.

Obwohl dies für viele der Verhafteten zutraf, so auch für die Tante, stimmte diese Auskunft für den Vater nicht. Er starb 1958, rehabilitiert durch das Militärkollegium des Obersten Gerichts der UdSSR. Helmut zeigte mir die beglaubigte Abschrift dieses Beschlusses und ein Papier des Komitees für Staatssicherheit, das die Tätigkeit das Vaters für die OGPU seit dem 1. Januar 1921 bescheinigt. Erst in jüngster Zeit erfuhr er, daß seine Tante 1938 in Butowo bei Moskau erschossen worden war, das ist derselbe Ort, an dem mehrere Lehrer und auch unser Pionierleiter an der Karl-Liebknecht-Schule, Kurt Ahrend, ihr Leben verloren hatten.

Als ich von Helmut mehr über seine Wiederbegegnung mit dem Vater erfahren wollte, hatte sein Erinnerungsvermögen schon stark nachgelassen. Doch seine Frau Walja erinnerte sich genau:

»Im August 1954, als unser jüngster Sohn Jurij gerade geboren war, klingelte in unserem winzigen Zimmerchen im Hinterhof des Hotels Lux das Telefon. Jemand verlangte nach Helmut. Als ich sagte, daß er schlafe, kam die verwunderte Frage – Wieso? Ich sagte, er habe sich nach der Nachtschicht hingelegt. Ich solle ihn trotzdem rufen, es sei wichtig. Helmut nahm den Hörer und sagte lange nichts. Ich war sehr aufgeregt, als er mir sagte, am Telefon seien Bekannte seines Vaters, er solle dort hinkommen. Ich hatte solche Angst und bat Helmut, seinen Paß dazulassen. ›Wenn du bis drei Uhr nicht da bist, werde ich keine Milch mehr haben und unser Kind nicht mehr füttern können.‹ Nach endlosem Warten rief er an und sagte: ›Walja, es ist mein Vater! Wir kommen jetzt.‹ Ich und das Zimmer waren in einem Zustand, daß ich sie nicht empfangen wollte. Stell dir vor, dreizehn Quadratmeter mit fünf Einwohnern! Dann kamen beide. Ich sah einen kleinen, rundlichen Mann und brachte kein Wort heraus. Bis Helmut sagte: ›Das ist mein Papa.‹ Dann forderte ich sie auf, sich zu setzen. Stühle hatten wir nicht, wir saßen auf den Betten. Was er dann erzählte, hat mich tief erschüttert.«

Der Vater war 1933, damals als amerikanischer Geschäftsmann in Wien getarnt, wegen einer Denunziation seines Stellvertreters nach Moskau zurückbeordert und verhaftet worden. Während sich der Denunziant mit dem Geld der Firma absetzte, wurde der erfolgreiche Kundschafter in den aus der Zarenzeit berüchtigten Verbannungsort Solowki verschickt. Dort tauchte eines Tages ein ihm bekannter Staatsanwalt auf, der die Überführung des Vaters nach Moskau veranlaßte, zur Klärung der Angelegenheit. Das war im November 1934. Am 1. Dezember wurde Kirow in Leningrad ermordet, und es begann die große Säuberungswelle. Jeder Versuch einer Klärung endete und mit einer Verurteilung zu zehn Jahren begann der Weg durch die sibirischen Straflager. Mit seiner hohen Bildung hielt er vor Häftlingen und Wachmannschaften Vorlesungen und agitierte für den Kommunismus. Obwohl seine ungerechtfertigte Strafe abgegolten war, durfte er, wie die meisten Häftlinge, den Verbannungsort nicht verlassen und lebte bis 1953 im nordsibirischen Ewenkijen.

Als Walja dies alles erfahren hatte, begann sie um die Rehabilitierung des leiblichen Vaters ihres Mannes zu kämpfen, stand in der Schlange vor dem Empfangsbüro des Obersten Gerichts, bis sie schließlich das Papier erhielt. Für sie war es trotz aller Erfahrungen immer noch schwer zu begreifen, wieso einem Kommunisten, der unter Lebensgefahr für die Sowjetunion gearbeitet hat, derartiges widerfahren konnte.

Helmut war noch im Schutzbundkinderheim, als 1939 jenes Abkommen geschlossen wurde, das später unter dem Namen Hitler-Stalin-Pakt in die Geschichte eingegangen ist. Helmut konnte auch diesen Vorgang nur schwer begreifen. Der Einmarsch der Roten Armee in die Westgebiete der Ukraine und Bjelorußlands, die Eingliederung der baltischen Republiken in die Sowjetunion schienen jedoch eine plausible Erklärung für diesen Schritt zu geben. Der Überfall Hitlerdeutschlands im Juni 1941 bestärkte schließlich die Auffassung von der vorsorglichen Absicherung der sowjetischen Grenzen und ließ alle Zweifel zunächst in den Hintergrund treten.

Inzwischen hatten sich in Helmuts Leben grundlegende Veränderungen ergeben. Nachdem die Karl-Liebknecht-Schule bereits 1938 aufgelöst war, wurde auch das Internationale Kinderheim im Gefolge des von Ribbentrop und Molotow unterzeichneten Paktes vermutlich wegen der von den Nazis als provozierend empfundenen Nähe zum deutschen Botschaftsgebäude aufgelöst. Die Mehrzahl der Kinder kam in ein russisches Kinderheim, das hinsichtlich der Ernährung und Unterbringung wesentlich schlechter gestellt war. Das ungewohnt unfreundliche Milieu, das die Kinder dort umgab, hatten die Schulleitung und eine Anzahl von Pädagogen zu verantworten.

Als einer der Ältesten wurde Helmut zuerst beim Schuldirektor, dann beim städtischen Schulamt vorstellig und erreichte einige Veränderung in der Heimordnung. So erwarb sich Helmut das Vertrauen der Jüngeren und wurde im Sommerferienlager zum Vorsitzenden des Lagerrates gewählt. In dieser Zeit verstärkten sich seine Zuversicht und sein Selbstbewußtsein auch deshalb, weil seine Mutter und der Stiefvater vom Auslandseinsatz zurückkehrten. Sie wurden allerdings nicht in Moskau, sondern in Saratow an der Wolga angesiedelt. Als er sie dort in den Winterferien 1941 besuchte, schwanden seine Hoffnungen auf ein erneuertes Familienleben. In dem Zimmerchen, das den Eltern zugewiesen worden war, wäre für ihn gar kein Platz gewesen.

Während ich nach meinem Schulabschluß das Studium an der Hochschule für Flugzeugbau begann und Wolfgang an der Pädagogischen Hochschule für Fremdsprachen sein Studium aufnehmen konnte, mußte Helmut in der Werkstatt des russischen Kinderheims, in dem er weiterhin lebte, als Dreher arbeiten. Dort erlebte er mit zwei österreichischen Freunden, die er aus dem Schutzbundkinderheim kannte, am 22. Juni 1941 den Bruch des Pakts und den Beginn des Krieges.

Bis Mitte Oktober waren die Nachrichten über die militärische Lage frisiert gewesen, dann wurden wir alle von der offiziellen Mitteilung überrascht, daß die deutsche

Wehrmacht kurz vor Moskau stünde. Informationen konnten nur aus den Lautsprechern des Stadtfunks gehört werden, die Rundfunkempfänger waren gleich bei Kriegsbeginn eingezogen worden.

In Moskau brach nun eine Panik los, ziemlich kopflos wurde die Auslagerung der Betriebe und Institutionen eingeleitet. An unserer Hochschule ging dies dank energischer Weisungen des Direktors einigermaßen organisiert vor sich. Mit einigen der in meiner Nähe wohnenden Kommilitonen trafen wir Absprachen, wie und wo wir uns treffen und verstecken würden, falls deutsche Truppen auftauchen sollten. Als Panzer fremder Bauart auf der Straße vorüberrollten, dachten wir, die Stunde sei gekommen. Helmut erzählte, er habe zusammen mit seinen österreichischen Freunden die Skier gewachst und Kerosin in Kanister gefüllt, um Moskau im Falle des deutschen Einmarschs wie zu Napoleons Zeiten in Brand zu setzen und dann zu den Partisanen zu gehen. Doch der von Hitler schon angekündigte Einmarsch fand nicht statt.

Mitte 1942 wurden die Freunde getrennt. Helmut war Sowjetbürger und wurde einberufen. Er glaubte, an die Front zu kommen, in seinem Paß stand aber unter der Rubrik Nationalität: Deutscher. Dadurch kam er nicht zur regulären Armee, sondern zur Trudarmija, der Arbeitsarmee. Da hatte er noch Glück, denn manche unserer Schulfreunde von der deutschen Schule, darunter auch meine erste Jugendliebe, wurden verhaftet. Andere, wie Anarik, ein Freund aus der Schriftstellersiedlung Peredelkino bei Moskau, entging dem Tod beim Holzeinschlag in der Taiga nur mit knapper Not. Helmut mußte zwar beim Bau einer strategischen Umgehungsbahn in der Nähe von Swerdlowsk am Ural hungern und bei härtester körperlicher Arbeit die gleichen Entbehrungen ertragen wie die meisten Arbeiter im Hinterland, aber er lebte ziemlich frei, er wohnte bei Bauern in einem kleinem Häuschen mit Garten.

Im Sommer 1942 trafen wir uns fern von Moskau, auf einem früheren Gutshof des Dorfes Kuschnarenkowo, malerisch gelegen auf einer Anhöhe am Ufer des Flusses Bjelaja, etwa sechzig Kilometer von der baschkirischen Hauptstadt Ufa entfernt. Man konnte dorthin nur auf dem Wasserweg gelangen. Jeder der aus den verschiedensten Gegenden des Riesenlandes eintreffenden Neuankömmlinge hatte zuvor als Marschorder ein geheimnisvoll klingendes Telegramm erhalten. Mich erreichte die Berufung in der kasachischen Hauptstadt Alma-Ata, wohin ich mit meiner aus dem bedrohten Moskau ausgelagerten Hochschule evakuiert worden war. Ich als Deutscher war dort mit meinen neunzehn Jahren unter einer Überzahl von Mädchen nahezu der einzige Mann geblieben, die anderen Studenten waren fast alle zur Armee einberufen.

Das Telegramm lautete: »Wenden sie sich an das Zentralkomitee der KP Kasachstans zwecks Unterstützung ihrer Reise nach Ufa zur Verfügung des EKKI. Wilkow.« EKKI war die Abkürzung für »Exekutivkomitee der Kommunistischen Internationale« (Komintern), und Wilkow hieß ihr Kaderchef.

Eine solche Reise wäre für einen Deutschen mitten im Krieg ohne Unterstützung von höchster Stelle vollkommen unmöglich gewesen. Ähnlich wie mir muß es auch den anderen ergangen sein. Wolfgang erreichte die Nachricht im kasachischen Karaganda, wo er gleich den meisten aus Moskau ausgewiesenen Deutschen gelandet war. Er studierte am dortigen Lehrerinstitut und war nach einem Besuch Walter Ulbrichts an diesem Verbannungsort überraschend als »Instrukteur für die deutschen Polit-Emigranten« eingesetzt worden. Mit mehr als hundert anderen Kursanten waren wir einberufen, um an einem Lehrgang der Komintern zur Teilnahme am aktiven Kampf gegen den Hitlerfaschismus teilzunehmen und für die Zeit nach der Befreiung ausgebildet zu werden.

Unter den rund zwanzig Teilnehmern der deutschen Gruppe trafen Helmut, Wolfgang und ich auf einige gute Bekannte aus der deutschen Schule. Auch unter den Österreichern waren mehrere Freunde aus dem Kinderheim. Schon bei der Begrüßung mußten wir uns mit den uns als Pseudonym zugewiesenen Schulnamen und mit der Grundregel der Konspiration bekanntmachen. Die lautet: Jeder soll nur so viel wissen, wie er für die Erfüllung seines Auftrags benötigt. Da war manches recht ungewohnt und komisch. Trotzdem verkehrten wir viel normaler miteinander, als Wolfgang es beschreibt. Selbst die nicht gerade erwünschten intimen Beziehungen waren kein Vergehen und bildeten ein offenes Geheimnis.

Wolfgang erinnert sich in seinem Buch an tatsächliche Abläufe, den Inhalt des Unterrichts, die Lektionen, von denen einige sogar den Ansprüchen des späteren Schriftstellers genügten. Erfuhren wir doch aus kompetentem Munde bis dahin Unbekanntes aus der wechselvollen Geschichte der Arbeiterbewegung und der Komintern. Die Analyse ihres VII. Weltkongresses über die Ursachen für den Machtantritt Hitlers, die eigenen Fehler der Kommunisten gab uns Lehrreiches und Bleibendes mit auf den Weg. Wir waren überzeugt, daß nach dem Ende der Naziherrschaft der Aufbau einer antifaschistisch-demokratischen Ordnung auf einer sehr breiten politischen Grundlage und keineswegs der Aufbau des Sozialismus zur Debatte stehen würde. Tatsächlich entsprachen die unmittelbar nach dem Untergang des Hitlerreichs eingeleiteten Schritte, die Bildung mehrerer Parteien, die mit den Sozialdemokraten angestrebte Vereinigung, die demokratische Bodenreform zunächst diesen Vorstellungen.

Die Zusammensetzung der deutschen Gruppe war nach Alter, Lebenserfahrung und Bildung recht verschieden. Da gab es ein paar Ältere mit politischen und konspirativen Kampferfahrungen, viele von uns waren jedoch ehemalige Karl-Liebknecht-Schüler, von denen manche ein Hochschulstudium begonnen hatten. Die meisten waren Arbeiter. So war es nur logisch, daß jeder den langen, anstrengenden Schultag mit der Mischung aus Vorlesungen, Seminaren, militärischer und praktischer Ausbildung in konspirativer Technik unterschiedlich verkraftete. Die beiden gleichaltrigen Arbeiterjungen, Söhne eines Gewerkschaftsfunktionärs aus Chemnitz, am Tage mit ihrem gut ausgeprägten Sächsisch stets zu Flachs und Schabernack aufgelegt, entschlummerten beim spätabendlichen Selbststudium in der Bibliothek über den aufgeschlagenen Werken der marxistischen Klassiker. Die an theoretisches Studium gewöhnten »Intellektuellen« saßen gleichfalls todmüde über ihren Büchern, waren aber bemüht, sich in ihrer Vorbereitung auf das nächste Seminar nicht von dem durch die offenen Fenster hereinschallenden Gesang eines ganzen Chores von Nachtigallen und der Nähe des anderen Geschlechts ablenken zu lassen.

Helmut erinnert sich an diese Seite der Schule:

»Die Auffassung, daß die Lehre dort ziemlich dogmatisch verlaufen sei, kann ich nicht teilen. Umgekehrt hatte ich sogar den Eindruck, daß uns mit der Art und Weise des Unterrichts, der Diskussionen über einzelne Probleme, der Aufgabe zum selbständigen Quellenstudium (Marx, Engels, Lenin, Rosa Luxemburg, Karl Liebknecht, August Bebel, Franz Mehring u.a.), der Behandlung von Problemen der Geschichte der deutschen Arbeiterbewegung Anregungen zum Denken und zu eigenen Schlußfolgerungen für die künftige Arbeit und zu Entscheidungen in bestimmten Situationen gegeben wurden.«

Sicher fanden sich in den Schränken der Bibliothek damals keine Werke Trotzkis und anderer als antisowjetisch verketzerter Autoren, das war ein Tribut an die Zeit, minderte aber nicht unsere Wißbegierde und unseren Idealismus.

Ein erheblicher Teil des Unterrichts war auf einen möglichen illegalen Einsatz im Nazireich ausgerichtet. Da wirkte notgedrungen vieles in den Seminaren konstruiert.

In einer von jenen ausgedachten Situationen, wie Helmut sie erwähnt hatte, gab es einen Zwischenfall mit einem älteren Mitschüler. Willi war ein Berliner Arbeiter, der zur »Leibgarde« Ernst Thälmanns gehört hatte. Von ihm erfuhren wir die Umstände der Verhaftung Thälmanns. Der sei 1933 in einer bereits dekonspirierten Wohnung einfach sitzengeblieben, habe Nüsse geknackt und alle Warnungen in den Wind geschlagen.

In einem der Seminare wurde nun die Frage gestellt, wie sich ein in die deutsche Wehrmacht eingeschleuster Illegaler zu verhalten habe, würde er einem Exekutionskommando zugeteilt. Eine schwere Gewissensfrage. Keiner von uns konnte sich vorstellen, auf Partisanen, Frauen und Greise zu schießen, um den Auftrag nicht zu gefährden. Auch von Willi hätte dies keiner gedacht. Seine Äußerung zu dieser Konstruktion wurde von einem Lehrer böswillig ausgelegt und zum Gegenstand peinlicher Unterstellungen gemacht. Da sich Willi stur weigerte, unserem Zureden zu folgen und zu der umstrittenen Äußerung Stellung zu nehmen, kam es zum Eklat. Es endete mit der Entfernung Willis von der Schule. Jahre später, bei einem Treffen ehemaliger Kominternschüler in Berlin, freuten wir uns, ihn wohlbehalten wiederzusehen.

Im praktischen Teil des Unterrichts versuchte sich jeder, so gut er es konnte und soweit es ohne Wissen über die Realitäten in Deutschland überhaupt möglich war, Widerstandsaktionen vorzustellen. Ein schwieriges Unterfangen. Da fanden die Erfahrungen der Älteren und der oft praktischere Sinn der theoretisch weniger Geschulten manchmal größere Anerkennung als geschliffene Rhetorik und Logik des Vortrags unserer intellektuellen Athleten. Auch bei der militärischen Ausbildung, beim Sport und bei den nicht seltenen Arbeitseinsätzen war das Abschneiden entsprechend unterschiedlich.

Um die Schule in dem besonders harten Winter 1942/43, jener Zeit, als die Schlacht um Stalingrad tobte, funktionstüchtig zu erhalten, mußten wir die über einen Hohlweg zum Gut führende schöne Allee alter Eichen fällen. Das Spalten der Stubben mit Äxten und Keilen war Knochenarbeit.

Im Dorf gab es nur Frauen, Kinder, alte Männer und Kriegsinvaliden. Zur Erntezeit reparierten die handwerklich Ausgebildeten unter uns die Traktoren und Mähdrescher, die anderen halfen beim Einbringen des Getreides. Das war genau so lebenswichtig wie das Entladen von Lastkähnen. Zentnerschwere Säcke mußten über schmale Brettersterge auf das Steilufer getragen werden. Natürlich waren die physisch Stärkeren im Vorteil, aber der Schweiß lief bei allen in Strömen.

Trotz aller Unterschiede waren wir eine Gemeinschaft, in der jeder wußte, worum es ging, wofür wir lernten und uns abrackerten. An der Front kämpften und fielen unsere russischen Schulfreunde, wir wollten ihnen nicht nachstehen. Der zwischen vielen Nationen gelebte Internationalismus prägte unser Denken, Solidarität war nicht nur politisches Bekenntnis, gegenseitige Hilfe war Teil unseres Zusammenlebens, auch bei der körperlichen Arbeit. Alle packten an, keiner wurde alleingelassen, keiner wurde ausgeschlossen.

Wolfgang war und blieb ein Außenseiter. Bestrebt, mit

seinen geistigen Fähigkeiten zu glänzen, konnte und wollte er sich nicht in unsere Gruppe einfügen. Nur so konnten Helmut und ich uns später die unserem Fühlen nicht gerecht werdende Schilderung dieser Zeit in seinem Buch erklären. Es war doch kein Spiel, auf das wir vorbereitet wurden. Wolfgang erwähnt mit keinem Wort, daß jeder von uns ernsthaft mit den Gefahren des Einsatzes in Hitlerdeutschland und der Möglichkeit einer Konfrontation mit der Gestapo zu rechnen hatte. Jeder hatte zu prüfen, wie er sich in einer solchen Situation verhalten würde. Er erwähnt auch nicht die Toten aus den vorangegangenen Gruppen.

Daß von unserer Gruppe nur wenige ihr Leben verloren, verdanken wir allein dem Umstand, daß Absolventen früherer Lehrgänge unserer Schule schon bei ihrem Absprung mit dem Fallschirm in die Fänge der Gestapo geraten und in Konzentrationslagern oder nach Urteilen des sogenannten Volksgerichtshofs umgebracht worden waren. Das allein bewog die Exil-Führung der KPD, keine weiteren sinnlosen Opfer mehr zu bringen. So blieb es den Kursanten der deutschen Gruppe nach Auflösung der Schule erspart, über Deutschland abzuspringen. Einige wurden zu Einsätzen in Reichweite der Sowjetarmee und der Partisanen bestimmt. Ein Denkmal in Polen für unsere auf dem Weg nach Breslau in einen Hinterhalt geratenen Mitschüler Sepp und Rudi erinnert an den Ernst der Aufträge, die wir zu erfüllen bereit waren.

Es gehört zu den seltsamen Paradoxien des Lebens unter Stalin, daß ein deutsch-jüdischer Emigrant wie Wolfgang, dessen Mutter wegen »konterrevolutionärer trotzkistischer Tätigkeit« verurteilt war und bis weit nach Kriegsende in einem Straflager und in der Verbannung lebte, ein Hochschulstudium und die nur besonders zuverlässigen Jungkommunisten vorbehaltene Schule der Komintern absolvieren konnte und daß gerade er nach knapp zweijährigem Zwischenspiel in Moskau 1945 als einziger aus dem Kreis dieser jugendlichen Eliteschüler mit der ersten Gruppe zurückkehrender Funktionäre Walter Ulbricht nach Deutschland begleiten durfte.

Aus welchen Gründen auch immer: Wir drei schienen aus Moskauer Sicht für höhere Weihen geeignet zu sein. So wurden wir nach Abschluß unseres Lehrgangs in unmittelbarer Nähe des Führungszentrums der Exil-KPD eingesetzt. Wolfgang kam in die Redaktion des Radiosenders des Nationalkomitees »Freies Deutschland«, Helmut und ich wurden in ein Gebäude am Stadtrand von Moskau delegiert, das den geheimnisvollen Namen »Institut 205« trug. Dort war bis zu ihrer Auflösung 1943 der Sitz der Komintern gewesen. Unter seinem Dach verbargen sich Radiosender der verschiedenen Kommunistischen Parteien, die ihren gemeinsamen Schirmherrn verloren hatten. Georgi Dimitroff, bis dahin Generalsekretär der Komintern, hatte nun seinen Arbeitsplatz im Zentralkomitee der KPdSU.

Unser Sender nannte sich »Deutscher Volkssender, Stimme der nationalen Friedensbewegung«. Wie die anderen der von dort aus in den Sprachen der von der Wehrmacht besetzten Länder ausstrahlenden Radiostationen erweckten wir den Anschein, als ob wir illegal jeweils in dem Land agieren würden, für das unsere Sendungen gedacht waren. Schon im Spanischen Bürgerkrieg war nach dieser Methode verfahren worden. Damals war ein solcher deutschsprachiger Sender, gesteuert von der Exil-KPD, auf der Wellenlänge 29,8 m zu hören gewesen.

Für Helmut und mich fand in der Arbeit für diesen Sender die auf der Kominternschule geübte Konstruktion von Widerstandsgruppen und Komitees einer fiktiven Friedensbewegung ihre Anwendung. Im Unterschied zu den meisten anderen Sendern, die Orientierungen zum Handeln für die in ihren Ländern tatsächlich existierende Widerstandsorganisationen ausstrahlten, gab es solche Möglichkeiten für das von der Hitler-Diktatur gepeinigte Deutschland längst nicht mehr. Und dennoch hatten die von der Moskauer Exilführung festgelegten Hinweise für unsere Sendungen eine Bedeutung für die Tätigkeit des schwer dezimierten, aber noch immer vorhandenen antifaschistischen Widerstandes.

Wir journalistischen Eleven, die als Sprecher und Redakteure erst einmal üben mußten, unsere Beiträge in Deutsch abzufassen, lernten das politische Laufen und Schreiben von einer ganzen Reihe erfahrener deutscher Journalisten, die am Sender tätig waren.

Zusammen mit diesen älteren Kollegen nahmen wir auch an den wöchentlichen Sitzungen teil, die im Zimmer des späteren Präsidenten der DDR, Wilhelm Pieck, im Emigrantenhotel Lux stattfanden. Dort lernten wir nicht nur Wilhelm Pieck, sondern auch Walter Ulbricht, Anton Ackermann und Wilhelm Florin kennen. Zwanglos war unsere Sitzordnung, zwanglos wurden die jeweils aktuellen Themen behandelt, Meinungen zu den Beiträgen kontrovers diskutiert. Es war dies eine Methode, die auch in den ersten Jahren nach dem Krieg zumindest beim Berliner Rundfunk praktiziert wurde, bei dem ich nach meiner Rückkehr tätig war.

Erst später wurde vom Apparat des Zentralkomitees die Praxis eingeführt, daß Redakteure Anordnungen ohne Diskussion entgegenzunehmen hatten, diese Regelung war auf der Stufenleiter bis nach unten entsprechend verbindlich.

Ich kam nach Ulbricht, zu dessen Begleitern Wolfgang gehörte, mit der nächsten Gruppe nach Berlin, Helmut gelangte mit Hermann Matern, einem anderen von den in der Emigration führenden Kommunisten, nach Dresden. Danach waren wir, jeder an seinem Platz, so sehr in den Sog der Ereignisse und Aufgaben jener Jahre hineingezogen, daß unser Kontakt vorübergehend unterbrochen war.

Obwohl Helmuts Eltern mit der kommunistischen Emigration nichts zu tun und als Sowjetbürger im Dienst der Sowjetmacht gestanden hatten, war auch er als Emigrantenkind nach Deutschland zurückgeschickt worden. Der leibliche Vater lebte noch in der Verbannung, die Mutter war 1944 im sibirischen Tomsk gestorben, wohin sie als Deutsche zusammen mit Helmuts Stiefvater ausgesiedelt worden war. Als sie schon im Sterben lag, hatte Helmut von unserer gemeinsamen Arbeitsstelle ausnahmsweise eine Fahrt nach Tomsk genehmigt bekommen. Er hat seine Mutter nicht mehr lebend angetroffen. Der Stiefvater hätte in den späteren Jahren die Möglichkeit gehabt, nach Deutschland zurückzukehren, er zog es jedoch vor, in Sibirien zu bleiben. Er hatte dort mehrere Ausstellungen, heiratete noch zweimal, überlebte auch diese Frauen, bis er schließlich 1984 verstarb. Als Maler hat er Helmuts Kunstgeschmack stark mitgeprägt.

Die Wiederbegegnung mit Deutschland erlebten wir zwar an verschiedenen Orten und sehr unterschiedlich, jedoch waren die Gefühle der aus der Sowjetunion zurückgekommenen deutschen Emigrantenkinder sicher ziemlich ähnlich. Wir waren ein paar Dutzend, denen die Sowjetunion zur zweiten Heimat geworden war, mehrere hatten, ähnlich meinem Bruder Konrad, als Offiziere mit der Roten Armee den Weg nach Deutschland zurückgelegt, waren durch verwüstete Städte und Dörfer gekommen und Zeugen der von Deutschen im deutschen Namen verübten Verbrechen geworden. Unsere Gefühle waren gespalten: Wir kamen als Deutsche an der Seite der Roten Armee, wurden aber von den meisten Deutschen keineswegs als

Befreier gesehen. Wir sollten antifaschistisches Denken propagieren und stießen vielfach auf taube Ohren. Unser Vorhaben wurde durch die äußeren Umstände, die Trümmerlandschaft der deutschen Städte, den Hunger und die geistige Leere nicht gerade begünstigt.

Helmut erinnert sich, wie er mit den anderen Mitgliedern seiner Gruppe Unterkunft in Radebeul fand und wie sie in den ersten Tagen in Erwartung ihres Einsatzes durch Dresden streunten, dessen Innenstadt ein einziges Trümmerfeld war. An warmen Tagen war der aus den Häuserruinen dringende Leichengeruch deutlich wahrzunehmen.

Wegen seiner redaktionellen Erfahrungen beim »Volkssender« sollte er nun bei der »Sächsischen Volkszeitung« anfangen. Da sich der Aufbau dort verzögerte, wurde er wie andere unserer Altersgefährten, die gleichermaßen Russisch wie Deutsch sprachen, zur Unterstützung der sowjetischen Kommandanten eingesetzt. So fuhr er mit Lautsprecherwagen durch Sachsen, um Befehle und Verordnungen der Militärbehörden für die Bevölkerung zu verlesen und die Einwohner über unsere Vorstellungen einer weiteren Entwicklung der antifaschistisch-demokratischen Ordnung aufzuklären. Dabei hatte er Gelegenheit, sich näher mit Deutschland, der Stimmung der Bevölkerung und der Mentalität der Menschen bekanntzumachen, die nunmehr unsere Landsleute waren.

Dann wurde Helmuts Biographie, ähnlich der meinen und der vieler anderer, durch einen der unergründlichen Ratschlüsse unserer marxistischen Gottheiten vom zivilen journalistischen Bereich weg und in einen fast militärischen hineingelenkt. Es fällt mir heute noch schwer, den notorischen Zivilisten »Helmerl« in der Polizeiuniform der Anfangszeit zu sehen.

Helmut erhielt im Polizeipräsidium von Dresden am Elbufer seinen Arbeitsplatz. Sein Zimmer lag unmittelbar neben dem des Präsidenten Max Opitz, die zu seinem Büro führende Tür durfte nur er benutzen. Seine Aufgabe war die eines Verbindungsoffiziers zu den sowjetischen Besatzungsbehörden, zu denen neben der Stadtkommandantur auch die sowjetischen Geheimdienste gehörten. Später war er auch Leiter der Presse- und Rechtsstelle des Polizeipräsidiums. Obwohl zuerst über diesen Einsatz enttäuscht, empfand es Helmut im Rückblick als großes Glück, einige Jahre an der Seite von Max Opitz verbracht zu haben.

Opitz war am 1. Mai 1945 nach zwölfjähriger Zuchthaus- und KZ-Haft befreit worden und hatte, gleich vielen Leidensgefährten, sofort seine Arbeit aufgenommen. Erst später wurde Helmut klar, daß er nicht zufällig neben diesem alten Kommunisten eingesetzt worden war. Trotz der hohen Funktion stand der Stuhl des Polizeipräsidenten auf gefährlich glattem Parkett. Nachtragende Reminiszenzen aus parteiinternem Streit der Jahre vor 1933 schienen fortzuwirken. Von dem deutschen Sowjetbürger aus Moskau mit seinen guten Beziehungen zu den Militärbehörden wurde offenbar eine gewisse Aufsicht erwartet. Anders als die meisten anderen Offiziere der Sowjetischen Militäradministration verfolgte der Chef der sowjetischen Geheimdienststelle in Dresden die Tätigkeit von Max Opitz mit grenzenlosem Mißtrauen. Seine Dienststelle vermutete überall Spione, Diversanten und Saboteure, und ehemalige KZ-Häftlinge waren für diesen Offizier potentielle Verräter. Möglicherweise galt für ihn die gleiche Orientierung, die in der Sowjetunion gegenüber Soldaten und Offizieren praktiziert wurde, die in deutsche Kriegsgefangenschaft geraten waren.

Für Helmut war klar, daß er sich weder gegenüber Opitz noch gegenüber anderen zu Freunden gewordenen Kollegen mißbrauchen lassen würde.

Max Opitz wurde Helmuts Mentor und Freund. In einem Brief, den ihm Helmut zum 90. Geburtstag geschrieben und nach Berlin geschickt hat, würdigt er fast überschwenglich den Charakter des ehemaligen Polizeipräsidenten. Opitz war für Helmut einer von denen, die ihre Arbeiterherkunft nicht vergessen hatten und der stets den Kontakt mit den Menschen pflegte und diesen Umgang nie verlor. Zwischen dem Mann, den er eigentlich überwachen sollte, und seinem Bewacher bestand wirkliches Vertrauen. Auch in den folgenden Jahren, als Helmut nach Moskau zurückgekehrt war und Opitz zunächst Oberbürgermeister von Leipzig, danach Chef der Präsidialkanzlei wurde und später schwerkrank in Berlin lebte, blieb der Kontakt zu dem väterlichen Freund Helmuts intensivste Verbindung nach Deutschland.

Helmut erinnert sich auch an einige freundschaftliche Begegnungen mit Wolfgang in Dresden. Aus diesen Gesprächen ist in seinem Gedächtnis nichts von einer fundamentalen Kritik Wolfgangs an den Verhältnissen haftengeblieben. Wolfgang schwärmte nach einer Jugoslawienreise von den dortigen politischen Praktiken, die unseren an der Kominternschule gewonnenen Vorstellungen über eine breite demokratische Umgestaltung näher kamen als der bei uns nach und nach immer entschiedener praktizierte alleinige Führungsanspruch der SED.

Auch ich erinnere mich an ein Gespräch mit Wolfgang in einem von den sowjetischen Kontrolloffizieren des Rundfunks gemieteten Sommerhaus in der Nähe von Potsdam. Auch in diesem einzigen längeren Gedankenaustausch mit mir schwärmte Wolfgang, genau wie im Gespräch mit Helmut, begeistert von seinen Erlebnissen in Jugoslawien und von dem unter Tito eingeschlagenen Weg. Wir vereinbarten einen Beitrag für eine von mir geleitete Sendung beim Berliner Rundfunk. Äußerungen über den

»deutschen Weg zum Sozialismus«, wie in seinem Buch geschildert, hat es mit keinem Wort gegeben. Er selbst habe auf diesen Weg große Hoffnungen gesetzt und sei zutiefst enttäuscht gewesen, schreibt er, als ich mit meiner Prognose recht behalten hatte, auf Weisung Moskaus würden diese von Anton Ackermann formulierten Thesen zurückgenommen werden. An dieser Darstellung stimmt weder meine Voraussicht, noch die Darstellung der Demütigung Ackermanns.

Wie wir alle hielt ich im Gegenteil die Ackermannsche Konzeption für gut und war davon überzeugt, sie sei mit Moskau abgestimmt – wie auch der spätere Widerruf. Ackermann hat in diesen Auseinandersetzungen keinen Schaden genommen. Nach Gründung der DDR wurde er 1949 Staatssekretär im Ministerium für Auswärtige Angelegenheiten, 1951 in doppelter Funktion erster Leiter des Außenpolitischen Nachrichtendienstes der DDR und blieb bis zu seinem Konflikt mit Ulbricht unmittelbar vor und nach dem 17. Juni 1953 im Politbüro. In all seinen Funktionen war und blieb er mein Mentor, und er war es, der mich 1952 zu seinem Nachfolger an der Spitze des Nachrichtendienstes vorschlug.

Ich habe lange überlegt, ob es sinnvoll ist, fünf Jahrzehnte nach Erscheinen auf die falschen Zeugnisse im Buch eines ehemaligen Mitschülers einzugehen. Das Buch wurde immerhin im Kalten Krieg für den Kalten Krieg geschrieben. Ich will deshalb keine alten Rechnungen aufmachen, neue Kapitel sind aufgeschlagen. Das Buch erscheint aber in neuen Auflagen und wird nach der deutschen Vereinigung besonders im Osten vielerorts wie eine Offenbarung gehandelt, als unbezweifelbares Zeugnis eines Zeitzeugen. Heute, davon bin ich überzeugt, würde Wolfgang seine Erinnerungen an diese Zeit anders schreiben. Wolfgangs Ton ist in seinen Publikationen und Vorträgen seit der »Wende« längst nicht mehr der von der Zeit davor. Er bemüht sich, zu den Freunden der Jugend wieder Kontakt aufzunehmen und diese Kontakte zu pflegen, und ich habe den Eindruck, daß ihn wie manchen anderen der in den Westen Gegangenen gelegentliche nostalgische Gefühle einholen. Wir reden miteinander, tauschen unsere Veröffentlichungen und Meinungen aus. Als im Westen und nun auch im Osten anerkannter Zeitgeschichts-Forscher hat er zum Umgang mit der DDR und den Biographien der Menschen, die dort tätig waren, eine verständnisvolle und faire Haltung gefunden. Er hat sich gegen meine Strafverfolgung, gegen die brutale Einvernahme, Verunglimpfung und Ausgrenzung derer ausgesprochen, die in der DDR gewirkt haben. Sein Blick zurück unterscheidet sich heute wohltuend vom Inhalt seines auf dem Höhepunkt des Kalten Krieges entstandenen Buches. Er hat das Buch jedoch nicht zurückgenommen und sich bei den darin verleumdeten Gefährten einer komplizierten Zeit nicht entschuldigt.

Zeitzeugen, die diese Zeit reflektieren, tragen natürlich ihrem gegenwärtigen Standort Rechnung. Wir haben uns sicher alle in unserer Selbstgerechtigkeit zurückzunehmen. Wir, die »Hiergebliebenen«, die jenen, die uns verlassen haben, den »Verrat« nicht nachsehen wollen, aber auch diejenigen, die sich im Westen einrichteten und ihre geänderten Anschauungen dort publizierten. Halten wir alle, jeder für sich, an unserer Sicht auf die Vergangenheit und auf die Akteure jener Jahre fest, dann bleiben die Gräben zwischen uns offen, wird ihre Überwindung auch den folgenden Generationen erschwert.

Unsere Bücher mit den vermeintlich authentischen Erinnerungen lassen bei allem Bemühtsein um Ehrlichkeit den Standort des jeweiligen Autors vor der »Wende« unschwer erkennen. Es bleiben Zeugnisse von Zeitzeugen, die ihr eigenes Leben und dessen Werte nicht einfach über Bord werfen können. Selbst die Werke von höherem literarischem Wert sind auf Dauer in Ost und West unterschiedlich weit verbreitet, und sie genießen ein unterschiedliches Maß von Anerkennung.

Auch Helmut und ich haben mit der »Bewältigung« der eigenen Vergangenheit unsere Schwierigkeiten. Gleich vielen unserer Freunde, die den Idealen des Sozialismus weiter die Treue halten, quälten uns schon lange zunehmende Zweifel an der von diesen Idealen, ja selbst von den auf der Kominternschule gelehrten politischen Grundsätzen abweichenden Realität unserer Staaten. Bei mir waren es anfänglich die unseren Vorstellungen beim Berliner Rundfunk über hörernahe Sendungen völlig hohnsprechenden Direktiven aus der Parteiführung der SED. Dann kamen die Beschlüsse über »den beschleunigten Aufbau des Sozialismus«, die Ereignisse des 17. Juni 1953 und die unmittelbare Zeit danach. Für Helmut war es das 1961 von der Kommunistischen Partei der Sowjetunion beschlossene Programm zum Aufbau des Kommunismus, der bis 1980 vollendet sein sollte. Als er über dieses Vorhaben las, schlug er mit der Faust auf den Tisch, denn das konnte nur ein Witz sein.

Zweifel an unserem fast religiösen Glauben an Stalin und Hoffnung auf lange fällige Veränderungen brachte der XX. Parteitag der sowjetischen Kommunisten 1956. Auf den Schock der Entlarvung der Verbrechen Stalins reagierte Helmut in einer Weise, daß seine Frau befürchtete, er könne sich etwas antun. Sie habe ihn damals auf Schritt und Tritt bewacht. Der Verzweiflung folgte Hoffnung, der Hoffnung neue Enttäuschung. Es war bestimmt nicht so, daß die Zweifel in unserem Leben seltener waren als in Wolfgangs inzwischen zahlreichen Büchern.

Der Weg Helmuts war ein anderer als meiner. Ähnlich den meisten von uns Emigrantenkindern war er ein halber Russe geworden und hing mit dem Herzen und seinen Zukunftsträumen an einer Rückkehr in seine zweite Heimat. Auch ich träumte von der Fortsetzung meines abgebrochenen Studiums als Flugzeugbauer. Und meinem Bruder Konrad gelang es nach seiner Demobilisierung aus der Roten Armee und dem Abitur im Abendstudium, tatsächlich an der Filmhochschule in Moskau zu studieren. Seine Karriere als Filmregisseur hingegen machte er als Bürger der DDR.

Obwohl auch Helmut seine deutsche Herkunft nie verleugnete, waren seine Bindungen an Moskau enger als die unseren. Unmittelbar vor seiner Delegierung nach Dresden hatte er die aktive Jugendfunktionärin unseres geheimnisvollen Instituts, dem Domizil unseres »Volkssenders«, Walja geheiratet, eine aufgeschlossene, lebenslustige, energische Moskauerin. Nahegekommen sind sie sich, da Helmut, wie ich, eine schwere Malaria von der Kominternschule mitgebracht hatte. Während ich in unserer Moskauer Wohnung von meiner Mutter betreut wurde, war Helmut allein auf fremde Hilfe angewiesen. Und der rettende Engel hieß Walja, die ihm nicht nur durch aufmerksame Pflege nahegekommen war. Bei seiner Abreise nach Deutschland hatte er sie mit ihrer Mutter in dem winzigen Zimmerchen des Hotels Lux zurücklassen müssen.

Als Walja im Dezember 1945 dann nach Dresden kam, besaß sie einen ordentlich ausgestellten sowjetischen Auslandspaß. Helmut verfügte dagegen, so wie ich, nur über einen abgelaufenen Inlandspaß. Doch während ich nach Gründung der DDR die Formalitäten für meine inzwischen feststehende deutsche Zukunft regelte, bemühte sich Helmut in umgekehrter Richtung. Obwohl er sich im Polizeipräsidium gut eingearbeitet und zu den Kollegen und seinem Chef ein sehr gutes Verhältnis hatte, war er dem Zwiespalt der Gefühle und dem Druck der Familie nicht mehr gewachsen. Der Zwiespalt ergab sich aus seinem Engagement für die Arbeit in der Volkspolizei auf der einen und seiner Stellung als Sowjetbürger und Verbindungsoffizier zu den örtlichen sowjetischen Behörden auf der anderen Seite.

Die Familie, das heißt Walja, ihre Mutter und das in Dresden geborene Söhnchen zogen ihn in Richtung Moskau. Auf Fragen, ob es ihr in Deutschland gefalle und sie gern in Deutschland sei, antwortete Walja: »Mir geht es gut, es gefällt mir, aber bleiben? Ich glaube, nein. Ich habe Heimweh nach Moskau.«

Helmut fand Wege, sich das Tor zur Rückkehr nach Moskau wiederum zu öffnen. Im Sommer 1947 war es so weit, das Zimmerchen im Hotel wurde wieder für die Familie freigemacht.

Sie kehrten in nicht gerade rosiger Zeit zurück, die Kriegswunden waren nicht geheilt, die Währungsreform hatte das Geld entwertet, die Dürre des Sommers Spuren in der Versorgung hinterlassen. Die Möblierung des Zimmers bestand aus einem Eisenbett für Waljas Mutter, einer Matratze für Walja und einem Koffer mit Kissen als Auflage für das zwei Monate zuvor in Dresden geborene Söhnchen. In den folgenden zwei Jahren kamen ein Kinderbettchen, ein Kinderwagen und ein Tisch hinzu.

Dazu, ob er eher Deutschland oder Rußland als seine Heimat betrachte, sagte Helmut später: »Ich bin anscheinend Kosmopolit. Ich kann von mir nicht sagen, jemals große Sehnsucht nach einer Heimat gehabt zu haben. Als ich nach Deutschland kam, habe ich mich schnell eingelebt, besonders bevor Walja hier war. Da gab es schon so etwas wie ein heimatliches Gefühl. Ob ich in einem anderen Land leben könnte? Das hängt davon ab, wer um mich wäre, was ich zu tun hätte, wie ich zu diesem Land stünde ... Mein Leben ist fast nur fern der deutschen Heimat verlaufen, obwohl ich immer für sie gearbeitet habe. Ich habe nie bestritten, daß Deutschland meine Heimat ist.«

»Auch heute nicht«, ergänzte Walja. »Auch jetzt, da er nur schwer zu lesen vermag, versucht er herauszufinden, was über Deutschland in Zeitungen und Büchern steht. Es ist meine Schuld, daß er von Deutschland weg ist.«

Helmuts erste Arbeitsstelle nach der Rückkehr, die deutschsprachige Redaktion der Zeitschrift »Neue Zeit«, befand sich sinnigerweise in dem Gebäude, in welchem er als Zögling des Schutzbundkinderheims gelebt hatte. Später arbeitete er als Übersetzer bei den Nachrichtenagenturen TASS und APN, bis ihn eine schwere Erkrankung arbeitsunfähig machte. Die kleine Zweizimmerwohnung mit Bad und winziger Küche stellte für die kleine Familie angesichts der Moskauer Wohnungsnot zunächst einen großen Fortschritt dar. Gemessen an den dortigen Verhältnissen, galt sie auch nach der Geburt des zweiten Sohnes noch als befriedigend. Da sie aber inzwischen mit Sohn, Schwiegertochter und Enkel geteilt werden muß, weil deren Einkünfte samt kümmerlichen Renten der Eltern zum Kauf einer Wohnung niemals ausreichen, tat mir bei jedem Besuch das Herz weh.

Trotzdem ist es diese Moskauer Adresse, zu der es mich mit großer Regelmäßigkeit fast jedes Jahr, zuletzt auch öfter, zog. Die Besuche während der Monate unserer »Flucht« nach Moskau 1990/91 und in den letzten Jahren waren wegen der Lebensverhältnisse der Familie des Freundes und seiner sich zunehmend verschlechternden Gesundheit eher bedrückend.

Einmal hat sich auch Wolfgang, der nun wieder häufig nach Moskau fuhr, um Material für seine Bücher und Kommentare über die aktuellen Vorgänge in Rußland zu sammeln, telefonisch bei Helmut gemeldet. Zu dem angekündigten Besuch ist es jedoch nie gekommen.

Die Gespräche zwischen Helmut und mir waren im letzten Jahrzehnt tiefgründiger als in all den Jahren davor. Vom Ausgang des Jahrhunderts hatten wir uns seit unserer Jugend anderes versprochen als das, was wir im Alter nun tatsächlich erlebten. Der Zusammenbruch des Systems, dem wir aus Überzeugung gedient hatten, brannte uns auf der Seele. Mit unseren im Laufe des Lebens gewachsenen Erfahrungen versuchten wir, uns das schwer zu verkraftende Scheitern unseres Lebensziels zu erklären. Den sozialistischen Versuch des Aufbau einer gerechteren Gesellschaft hatten wir lange für notwendig und möglich gehalten. In ihn hatten wir unsere Kraft, unsere Fähigkeiten eingebracht. Wir hatten Zweifel zurückgedrängt, unter den vielen Erscheinungen zunehmender Entartung des Systems gelitten, jedoch nichts getan oder zu tun vermocht, um daran etwas zu ändern. Helmut sah sich um den Sinn seines Lebens betrogen. Er habe sich nur während seiner Arbeit in Deutschland einer Erfüllung seiner Ideale nahe gefühlt.

Als Gorbatschow seine Ziele verkündete, schöpften wir alle neue Hoffnung. Allerdings nur für kurze Zeit. Während des Putschversuches im August 1991, der den vermeintlichen demokratischen Aufbruch zu zerstören drohte, waren die beiden zusammen mit Tausenden Moskauern zum Schutz des Weißen Hauses geeilt. Das Parlament konnte erhalten werden, doch unter dem Krachen der vom neuen Präsidenten befohlenen Granateinschläge im Weißen Haus zerstob schon nach Jahresfrist jede Hoffnung auf die langersehnten neuen politischen Freiheiten.

Anfangs hatte Helmut noch gedacht, die Sowjetunion sei eine gutfunktionierende Vereinigung verschiedener Republiken auf freiwilliger Grundlage. Aber die Existenz dieses Gebildes mit Hilfe von Bajonetten zu erhalten, das ging auf Dauer nicht, der Zerfall mußte kommen. Helmut war nun zu der Meinung gelangt, daß alles so kommen mußte, wie es am Ende kam. Er stellte sich und uns die bange Frage, was nach dem Untergang der Sowjetunion aus Rußland werden würde.

Walja sagte, sie bedauere ehrlich das Verschwinden der Sowjetunion. Es sei ein so großes, mächtiges Land gewesen ... »Rußland wird weiter zerfallen. Jetzt verfolge ich alles nur in den Zeitungen und im Fernsehen. Manchen in unserem Volk geht es wohl ganz gut. Viele andere leiden bittere Not. Vermutlich wird Rußland ein einzelner Staat bleiben. Wer soll das Schicksal des Landes in seine Hände nehmen? Die guten Leute wurden alle erschossen. Die Nachgewachsenen sind von anderer Art.«

Auch sie stellt sich und uns, gleich vielen anderen, die Frage aller Fragen: Haben wir umsonst gelebt?

Walja meint, sie habe in ihrem Leben fortwährend irgendwelche Aufgaben übertragen bekommen und sich, ohne die Stunden zu zählen, um andere Menschen gekümmert. Sie hätte gern studieren und Philologin werden wollen. »Ich wollte etwas erreichen«, sagt sie, »meine Sinne wollten immer an etwas Höheres denken, ich träumte davon, etwas ganz Großes zu tun. Aber das ging eben nicht.« Im Krieg hatte sie den Vater verloren, seit ihrem siebzehnten Lebensjahr war sie gezwungen, für den Lebensunterhalt der eigenen Familie zu sorgen, trotzdem kümmerte sie sich jederzeit noch um andere. Das hatte ihr Leben ausgefüllt.

»Im März 2000 sind wir fünfundfünfzig Jahre verheiratet. Stell dir das vor! Die Menschen sind doch für die Liebe geboren, für die Liebe zur Familie, zu den Freunden, zum eigenen Land, sie sind geboren, Gutes zu tun. Daß ich nicht erreicht habe, was ich eigentlich wollte, geschah ohne eigenes Verschulden. Ich habe nicht alles erreicht, aber ich habe eine gute Familie geschaffen. Ist das wenig?«

Ich habe den Eindruck, daß Walja es war, die Helmut die Kraft gegeben hat, mit dem Unbilden des Lebens fertig zu werden. Sie war die Stärkere. Seine Zurückhaltung und Verschlossenheit bildete ein schwer überschreitbares Hindernis für echte Freundschaften. Nie hatte er das besondere Bedürfnis, sich mitzuteilen. Glücklich war er vielleicht überhaupt nur, wenn er mit Walja verreisen konnte, zum Beispiel nach Estland. Gemeinsam den Sonnenaufgang an der Ostsee erlebt zu haben war seine Erinnerung an das große Glück.

Ich überrasche Helmut und Walja mit der Frage: »Gibt es ein höheres Wesen? Wir sangen doch einst: ›Es rettet uns kein höheres Wesen ...‹«

Walja winkt ab: »Das war zur Zeit unseres Götterkults. Einfach und unklar.« Dann fügte sie nachdenklich hinzu: »Etwas Höheres? Ich denke schon. So empfinde ich die Natur, den Menschen. Die Natur wird grün, Menschen werden geboren, sie sind für die Liebe geschaffen. Über Religion kann ich nichts sagen, ich kenne sie nicht. Ich habe Ikonen, sie stammen aus einer reichen Sammlung. Sie hängen als Geschenk, aber auf die Knie zu fallen oder mich vor ihnen zu bekreuzigen, darauf würde ich nie kommen.«

Helmut stimmte ihr zu: »Ich denke, Religion ist allein dazu da, Menschen auf eine bestimmte Seite zu ziehen ...«

Ich fragte: »Vielleicht sie zum Glauben an ein Jenseits zu bewegen?«

Walja: »Daran glaube ich nicht.«

»Daß du vielleicht in Gestalt einer Katze wiederkommst?«

Walja: »Nein, ich werde bestimmt nicht wiederkommen.«

Helmut: »Doch, du kommst mit mir wieder.«

Andrea und ich verließen Helmuts und Waljas Wohnung mit jedesmal wachsender Wehmut. Obwohl uns Walja bei unseren Besuchen mit ihrem freundlichen und trotz der schwierigen Lebensumstände nicht nachlassenden Optimismus umgab, war nicht zu übersehen, wie Helmut zunehmend verfiel. Seine Tätigkeit als Übersetzer hatte er schon vor Jahren beenden müssen, und es grenzte an ein Wunder, daß er einer sehr schweren Krankheit so lange Widerstand leistete. Nun jedoch gaben sein körperlicher Zustand und seine nachlassende Konzentrationsfähigkeit Anlaß zu immer größerer Sorge.

Ich versuchte, die Lücken in meinem Wissen über sein Leben zu schließen. Als das neue Jahrhundert begonnen hatte und das Gespräch nur noch bruchstückhaft und mit Waljas Hilfe vorankam, übergab er mir, ohne nach weiteren Worten zu suchen, eine Mappe mit seinen Aufzeichnungen und mit über mich gesammelten Zeitungsausschnitten.

Das war sein Abschied.

Alik

Als ich von der deutschen »Karl-Lieb-knecht-Schule« zur 110. russischen »Fridtjof-Nansen-Schule« kam, vier Jahre nach unserer Ankunft in Moskau, war es ein ziemlich krasser Einschnitt in meinem Leben. Im ersten Russischdiktat machte ich mehr als dreißig Fehler und drückte damit den Leistungsdurchschnitt meiner achten Klasse erheblich. Als Emigrantenkind und halbwegs assimilierter Moskauer wurde ich jedoch von den Mitschülern und Lehrern freundlich aufgenommen.

Ein halbes Jahr später, 1938, wurde ich fünfzehn. Das war das erforderliche Alter für die Aufnahme in den Komsomol, den Kommunistischen Jugendverband. In der darüber entscheidenden Vollversammlung gab es einen für jene Zeit, da Mißtrauen großgeschrieben war, bezeichnenden Zwischenfall. Die Schülerin einer oberen Klasse fragte nach meinem Vater. Der befand sich damals in Frankreich, von wo aus er vergeblich versuchte, zu den Internationalen Brigaden nach Spanien zu gelangen. Nach meiner Antwort sprach sich die Fragestellerin »wegen unklarer Verhältnisse« gegen meine Aufnahme aus. Die Abstimmung verlief trotzdem zu meinen Gunsten, mit nur einer Gegenstimme wurde ich Mitglied.

Sehr bald war ich in das aktive Leben der Schulklasse einbezogen und gehörte dazu. Außerhalb der Schule spielte sich unser Leben zunehmend in einer Clique von fünf oder sechs ziemlich aufgeweckten Jungen ab. Zu einigen der Mädels unterhielten wir mehr oder weniger enge Beziehungen. Obwohl wir, was den familiären Hintergrund, die soziale Stellung der Eltern wie auch unsere charakterlichen Neigungen betraf, sehr verschieden waren, unternahmen wir in unserer freien Zeit dennoch vieles gemeinsam. Alik war der intellektuelle Schöngeist, ich fühlte mich jedoch eher zu den rationell veranlagten und sportlich engagierten Wolodja und Jura hingezogen. Wir hatten viele gemeinsame Erlebnisse. Auf gelegentlichen Feten sammelten wir auch die in Rußland unvermeidlichen ersten Erfahrungen mit Alkohol. Unsere Freundschaft wurde enger und versprach, je erwachsener wir wurden, von Dauer zu sein.

Das Ende der Schulzeit aber brachte die Trennung. Außer mir hatten alle das achtzehnte Lebensjahr erreicht, wurden zur Armee eingezogen und über das Riesenland verstreut. Als einziger des Jahrgangs 1923 noch unterhalb der Wehrpflicht, erhielt ich mit ausgezeichnetem Schulzeugnis ohne Aufnahmeprüfung einen der Traumstudienplätze an der Moskauer Hochschule für Flugzeugbau.

Die engeren Freunde schickten mir Briefe. Wie vieles in unserem weiteren Leben war ihr militärischer Werdegang von zufälligen Entscheidungen bestimmt. Alik schrieb von einer Offiziersschule, Sascha kam als Soldat in ein Baubataillon an der von der deutschen Wehrmacht besetzten neugezogenen polnischen Grenze, einem Brief aus dem Fernen Osten von Oleg, mit dem ich bis zur letzten Klasse die Schulbank teilte, war ein Foto in der Uniform eines Matrosen der Pazifikflotte beigefügt. Wie ein Schlag traf mich nach Kriegsende die Nachricht, daß er im April 1945, während der letzten Kämpfe um Berlin, gefallen war.

Bei jedem Moskau-Besuch fahre ich an dem kleinen Denkmal vorbei, das ein anderer ehemaliger Schüler, nach dem Krieg Bildhauer, für die im Krieg gebliebenen Mitschüler geschaffen hat, und dabei denke ich an Oleg – auf dem Sockel ist auch sein Name verzeichnet.

Zu den meisten der Überlebenden ist der Kontakt nach ein paar unregelmäßigen Treffs oder Briefen im Laufe der Jahre abgebrochen.

Meine Moskaureisen nach dem Krieg waren zwar stets von Zeitnot geprägt, ich suchte und fand aber bis zuletzt immer eine Lücke für einen Besuch bei Alik. Zu ihm ist als einzigem die Verbindung nicht verlorengegangen. Wir sahen uns fast jedes Jahr, später auch einige Male bei seinen Reisen an deutsche Universitäten in Ost und West. Unsere Beziehung gestaltete sich im Laufe der Jahre intensiver, unsere Gespräche wurden nachdenklicher und inniger. Spreche ich von Moskau als meiner zweiten Heimat, so meint das auch die dort gebliebene Freundschaft zu Alik.

Er war als Invalide aus dem Krieg zurückgekehrt: Im Kampf hatte er ein Bein verloren. Später studierte der Freund Germanistik, promovierte an der Moskauer Universität und war Professor für deutsche Literatur geworden. Seine Vorliebe galt unserem gemeinsamen Lieblingsdichter Heinrich Heine, dessen vielbändige russische Werkausgabe er betreute.

Die 110. Schule war in dem schönen alten Gebäude des ehemaligen Flerow-Gymnasiums untergebracht. Zusammen mit einigen der alten Lehrer mußte sich zwischen ihren Wänden etwas vom elitären Geist dieser traditionsreichen Schule erhalten haben. Der gleiche Geist wehte auch durch die Straßen und über die Plätze rund um den berühmten Arbat.

Viele meiner Freunde wohnten hier zwischen der Powarskaja (zu unserer Zeit Uliza Worowskowo) und der Nikitskaja (damals Gerzena). Über die früheren und die damaligen Bewohner dieses geistigen Zentrums von Moskau ist vieles geschrieben worden, und es ließen sich immer andere Geschichten ohne Ende erzählen.

Alexander Puschkin war einst in eine der Villen am Arbat gezogen, nachdem er seine schöne Natalia in der nahe bei unserer Schule an der Großen Nikitskaja gelegenen Kathedrale geheiratet hatte. Mir war das große Glück zuteil geworden, das zauberhaft schöne Palais der Rostows an der aristokratischen Powarskaja, Ort der Handlung von Lew Tolstois »Krieg und Frieden«, nicht nur von außen zu bewundern, sondern mich in den herrlichen Räumlichkeiten sogar wie zu Hause fühlen zu dürfen. Dort befand sich nämlich zu unserer Zeit der Klub des Schriftstellerverbandes, zu dem unser Vater als Mitglied und mein Bruder Konrad und ich freien Zutritt hatten. Auch zu Sowjetzeiten fand sich nirgends in der Hauptstadt eine solche Konzentration bedeutender Wissenschaftler, hoher Militärs, berühmter Schriftsteller, bekannter Schauspieler wie in dieser Gegend um den Arbat.

An der Ecke der Chlebny- und Skatertny-Gasse lag Aliks Wohnhaus. Für mich war es ein altes, zweistöckiges Haus wie die meisten anderen auch. 1913 gebaut, schien es ursprünglich wohl für vier wohlhabende Familien konzipiert, gleich allen Moskauer Steinhäusern war es aber nach der Revolution von sehr viel mehr Mietern bewohnt. Als ich Alik damals in den zwei winzigen Zimmerchen besuchte, wo er mit Stiefvater und Mutter lebte, zählten wir nicht weniger als elf Familien in dem Haus. So normal mir das damals erschien, so gut hatte ich schon begriffen, welchen Luxus die dreißig Quadratmeter unserer Wohnung mit eigener Küche und Bad darstellten.

In Aliks Haus hatten alle Mieter zusammen eine einzige gemeinsame Küche, in der neben einem kleinen Gasherd noch mehrere Spirituskocher brannten. Der ursprüngliche Haupteingang war immer verschlossen, benutzt wurde der »schwarze Zugang« über den Hof.

Alik erzählte von seinem Großvater, der sich aus der

Leibeigenschaft hochgearbeitet hatte, Kaufmann geworden war und vor der Revolution mit seiner Familie in einem repräsentablen Haus jenseits des Moskwa-Flusses gewohnt hatte. Als Kind war der Freund selbst noch in diesem großen Haus gewesen. Wir spekulierten darüber, was gewesen wäre, wenn ...

Aber wir lebten in einer anderen Zeit, und diese Zeit war für uns ganz normal. Und es gefiel uns, wie wir lebten, der Arbat war unser heimatliches Nest. So auch unsere Schule. Was den Lehrplan betraf und die von oben festgelegten Anforderungen, unterschied sie sich in nichts von anderen Schulen. Und dennoch: Wir hatten das große Glück, die wichtigen Jahre an der Schwelle zum Erwachsenen von Lehrern dieser Schule unterrichtet worden zu sein.

Ein besonderes Verdienst hatte sich unser Schuldirektor Iwan Kusmitsch Nowikow erworben. Wie war es ihm nur gelungen, ein paar von den alten Pädagogen des früheren Gymnasiums an der Sowjetschule zu halten?

Ich muß Alik recht geben, wenn er meinte, daß wir unsere Liebe zur Literatur unserer Russischlehrerin Jelisaweta Alexandrowna Archangelskaja zu verdanken hatten. Diese hochgewachsene weißhaarige Dame mit ihrer leisen und vornehmen Stimme schien direkt dem Turgenjewschen »Adelsnest« entstiegen zu sein. Mit Hingabe versuchte sie uns die ferne Zeit der altslawisch gereimten Sagen näherzubringen, als sich eine russische Schriftsprache erst herauszubilden begann. Hoffnungslos verhedderten wir uns in der Literatur des neunzehnten Jahrhunderts, und das zwanzigste samt Sowjetliteratur mußte im Schweinsgalopp vor Schulabschluß absolviert werden.

Anders als es viele der von Klischeevorstellungen beeinflußten Sowjetologen heute darstellen, wurden uns keine Scheuklappen angelegt. Wir waren gefesselt von Dumas und Balzac, von den Familiensagas du Gards und Galsworthys und vielen anderen Autoren, die uns als Pflichtlektüre begegneten oder mit der uns unsere Lehrer vertraut machten. Zu dieser Zeit las ich zum ersten Mal Texte Hemingways in glänzender russischer Übersetzung. Als wir uns mit den russischen Gesellschaftskritikern Tschernyschewski und Dobroljubow beschäftigten, erfuhren wir von unserer Literaturlehrerin auch etwas über die Bedeutung der deutschen Philosophen Kant, Fichte und Hegel. Das brachte mich später dazu, bei der Vorbereitung zur Prüfung im Pflichtfach »Marxismus-Leninismus« an der Hochule als Zusatzliteratur immerhin die »Phänomenologie des Geistes« von Hegel zu lesen. Das war mitnichten verboten, sondern es brachte mir die für das Stipendium wichtige Höchstnote ein. Ohne fremde Anstöße nach Wissen zu suchen, es sich anzueignen und dabei selbständig denken zu lernen, diese Tugenden hatten ihren Ursprung nicht nur im Elternhaus, sondern auch in der Schule.

Eine hervorragende Pädagogin war unsere Mathematiklehrerin Wera Akimowna Gussewa. Wenn wir uns kurz vor dem Klingelzeichen noch im Korridor drängelten, war nur an einem das Schülergewühl überragenden langen Lineal zu erkennen, welchem Klassenzimmer die kleine unsichtbare Frau zustrebte. Mit ihrem kurzgeschnittenen Haar, ihren Kinderschuhen an den Füßen, ihren winzigen Händen machte sie eher den Eindruck eines schüchternen jungen Mädchens, aber sie verfügte über die Autorität einer starken Persönlichkeit.

Als die Schule während des Krieges aus Moskau evakuiert wurde, vertrat diese kleine Person den in der umkämpften Stadt zurückgebliebenen Direktor. Unter schwierigsten Bedingungen organisierte sie den Unterricht und die Versorgung von Hunderten ihr anvertrauter Kinder. Dieses resolute und umsichtige Verhalten in der schweren Zeit verschaffte ihr hohes Ansehen, und so konnte sie viele der ehemaligen Schüler, die es später zu Rang und Namen gebracht hatten, auch dann noch für manches Anliegen der Schule einspannen.

Viele der ehemaligen Schüler feierten 1984 mit ihr zusammen ihren neunzigsten Geburtstag. Mein alter Schulfreund Sascha erzählte mir, daß man sie auf Händen in das damals gerade wiedererstandene Nobelrestaurant »Praga« getragen hatte, wo sie eine vierzigminütige Ansprache hielt. Sie berichtete den Ehemaligen davon, wie sie mit sechzehn Jahren in einer Dorfschule bei Tula ihre Laufbahn als Lehrerin begonnen und wie sie noch den greisen Leo Tolstoi in Jasnaja Poljana erlebt hatte. Als sie, wiederum auf den Händen ihrer Schüler, aus dem Saal getragen wurde, sagte der alte Chefkellner, er habe schon Bankette mit Präsidenten, sogar schon mit einem König erlebt, doch noch kein so eindrucksvolles wie dieses mit einer uralten Lehrerin. Wenige Monate nach dieser Feier verstarb die wunderbare Pädagogin.

Der Lobgesang ließe sich fortsetzen. Unser Physiklehrer zum Beispiel war ein angesehener Hochschuldozent und Wissenschaftler, der es verstand, uns noch den schwierigsten Unterrichtsstoff anschaulich und leicht verständlich zu vermitteln und ausgerechnet die Physik für viele von uns zum Lieblingsfach zu machen. Kaum anders unser Chemielehrer, über dessen kümmerliche Gestalt und finsteres Aussehen wir unsere ungezogenen Witze rissen, der aber die langweiligsten chemischen Formeln mit Beispielen aus der uns umgebenden Welt sinnfällig machen konnte. Trotz seiner körperlichen Gebrechen meldete er sich anläßlich des Vormarschs der deutschen Wehrmacht auf Moskau freiwillig an die Front, wo er kurz danach fiel.

Vom Wert des bei diesen Lehrern genossenen Unterrichts konnte ich mich schon am Ende des ersten Semesters an der Hochschule überzeugen. Bei der ersten Prüfungssession schied sich unter meinen Kommilitonen die Spreu vom Weizen. Ich gehörte zu denen, die überhaupt keine Schwierigkeiten hatten, den hohen Anforderungen der naturwissenschaftlichen Fächer zu folgen. Viele Studenten, die andere Schulen mit Auszeichnung absolviert hatten, fielen glatt durch und mußten auf das begehrte Leistungsstipendium verzichten.

Der Einfluß der Schule und die geistige Atmosphäre des kulturellen Zentrums von Moskau, in der wir uns bewegten, gehörten untrennbar zusammen. Alik erinnerte sich, daß wir aus »Krieg und Frieden« nicht nur die als Pflichtliteratur für den Unterricht angegebenen Kapitel lasen, sondern den gesamten Roman verschlangen und in den Sommerferien über die charakterlichen Vorzüge der Lieblingsgestalten Natascha, Andrej oder Pierre stritten. Das Buch hat für den Freund eine solche Bedeutung behalten, daß er es mindesten alle zwei Jahre immer wieder von Anfang bis Ende las.

Regelmäßig besuchten wir damals natürlich auch die nahegelegene Tretjakow-Galerie. Bei Ausflügen nach Leningrad versäumten wir es nie, der berühmten Eremitage und dem Russischen Museum einen Besuch abzustatten.

Wie alle Altersgefährten waren wir selbstverständlich fleißige Kinogänger. Deftige Klamotten begeisterten uns genau so wie die später zu Klassikern gewordenen Filme von Pudowkin, Eisenstein und all den anderen großen Filmkünstlern.

Die berühmtesten Theater des Landes lagen nur ein paar Schritte entfernt. Die halbe Nacht standen wir Schlange, um Karten für die »Galerie«, die billigeren Plätze des MCHAT, des Künstlertheaters, zu ergattern. Wir bewunderten das ans Herz greifende Spiel der zum Elternbeirat unserer Schule gehörenden Alla Tarassowa als Anna Karenina, begeisterten uns an Michail Bulgakows »Die Tage der

Turbins«. Bulgakows Schlüsselroman »Der Meister und Margarita« konnte erst lange nach dem Krieg erscheinen. Trotz groteskester Verfremdung erkennen wir Kinder des Arbat in den im Roman geschilderten Gassen den Stadtbezirk – den Kiez, wie der Berliner sagt – unserer Jugend. Wenn gesagt wird, dieser große Schriftsteller sei einem schlimmeren Schicksal nur deshalb entgangen, weil Stalin das uns so begeisternde Stück oft besucht und gelobt habe, könnte dies durchaus eine der damals nicht seltenen unergründlichen Fügungen des Schicksals gewesen sein ...

Vor kurzem hat mir Sascha seine Aufzeichnungen, Schilderungen des Umgangs mit der Familie der Bulgakows, zu lesen gegeben. Ich erinnerte mich, vom Lesen angeregt, vieler damals vertrauter Namen von bekannten Schauspielern, Künstlern und Musikern. Nicht wenige von ihnen waren die Eltern unserer Mitschüler: ein Privileg unserer Schule. Die Frau Bulgakows, Jelena Sergejewna, Mutter zweier unserer Schulkameraden, nutzte ihre Beziehungen, um prominente Schauspieler und Musiker zu Auftritten für die Schule zu gewinnen, von denen manche sogar im Großen Saal des nicht mehr als zehn Minuten Fußweg von unserer Wohnung entfernten Moskauer Konservatoriums stattfanden. Die mit den Eintrittskarten eingenommenen Gelder wurden für den Kauf von Lehrmitteln und die Schulspeisung genutzt. In jenem legendären Saal erlebte ich zum ersten Mal den weltberühmten David Oistrach, und ich hörte dort Sinfonien von Tschaikowski, Bruckner und Beethoven mit dem Leningrader Sinfonieorchester in der Interpretation des damals noch jungen Kurt Sanderling.

Die ungewöhnliche Nähe zur Kultur war nicht die einzige Besonderheit unserer Schule. Die Fähigkeit zum eigenen Denken, die man uns anzuerziehen bemüht war, wurde selbst in stark ideologisch geprägten Fächern wie

Geschichte herausgefordert. Sicher hat der von Stalin diktierte und dadurch deformierte »Kurze Lehrgang der Geschichte der Kommunistischen Partei der Sowjetunion« auch in uns und unseren Lehrern seine Spuren hinterlassen. Ich will auch nicht behaupten, daß unser Direktor mit der von ihm selbst geleiteten Stunde »Zeitung« dazu ein Gegengewicht schaffen wollte. Tatsache ist aber, daß es dieses besondere Fach nur an unserer Schule gab. Mit ihm weckte der Lehrer unser Interesse für das Geschehen in der Welt auf ungewöhnliche Weise. Oft forderte er uns dazu auf, »zwischen den Zeilen zu lesen«. Meist hatte ein Schüler den Auftrag, zu einem aktuellen Thema zu referieren. »Kusmitsch«, wie wir den Direktor unter uns mit seinem Vatersnamen nannten, animierte zur kontroversen Diskussion. Der Zeitungsinhalt war für ihn kein Dogma, was in Kusmitschs geistreichem Kommentar am Ende der Stunde stets seinen Ausdruck fand. Immerhin hatte er es mit aufgeweckten Schülern zu tun, die in ihren Familien weiter diskutierten: zu einer Zeit, in der ein einziger falscher Zungenschlag jedem zum Verhängnis werden konnte.

Iwan Kusmitsch Nowikow hatte Charakter. So wenig er es zuließ, daß die zahlreichen Kinder prominenter Persönlichkeiten bevorzugt wurden, so wenig duldete er es, daß sich Kinder Verhafteter und Verurteilter an unserer Schule in irgendeiner Weise gedemütigt oder ausgegrenzt fühlten. Die Tochter eines als »Agent einer fremden Macht« diffamierten hohen Militärs war eine der gesellschaftlich Aktivsten in unserer Klasse, sie gehörte zu Aliks und meinem engeren Freundeskreis. Und das war keine Ausnahme, sondern die Regel.

Seitens der Lehrer gab es gegenüber solchen Schülern keinerlei Zurückhaltung oder Voreingenommenheit. Es wurde erzählt, der Direktor sei nach dem Prozeß, in dem einer der prominentesten Parteifunktionäre, Nikolai Bucharin, als »besonders gefährlicher und infamer Volksfeind« verurteilt worden war, in die Schulklasse von Bucharins Tochter gegangen und habe erklärt: »Kinder haften nicht für ihre Eltern«, und gefordert, das Mädchen wie jede andere Schülerin und jeden anderen Schüler zu behandeln.

Natürlich konnte dieser einzelne Mann die Vorgänge nicht ungeschehen machen. Aber er hat etwas getan, was andere nicht zuwege brachten. Selbst wenn wir uns über das Ungeheuerliche, das direkt neben uns geschah, keine richtige Vorstellung machen konnten oder wollten: Seine Haltung hat Spuren in uns hinterlassen.

Die Erinnerung an unsere Jugend ist voller Widersprüche. Der Glaube an die Ideale des Sozialismus und an die grenzenlose Autorität der Führung unter Stalin ließen Zweifel kaum zu. Wir lebten wie Kinder und Jugendliche in der ganzen Welt, hatten unsere Freuden, unser erstes Verliebtsein, unsere Hobbys, trieben Sport. – Und daneben waren die finsteren Schatten, geschah unerklärlich Schlimmes.

Natürlich spielte bei Alik wie bei mir eine Rolle, daß unsere Familien nicht direkt von Repressalien gepeinigt waren. Zu Hause und mit den betroffenen Freunden wurde kaum über die Verhafteten gesprochen.

So war es auch bei unserem Klassenkameraden Kostja, dem engsten Freund Aliks. Kostjas Vater, ein leitender Manager in der Kohle-Industrie, war von einem zum anderen Tag verschwunden und nie wieder aufgetaucht. Kostjas Mutter durfte fortan nur noch außerhalb eines Bannkreises von 101 Kilometern von Moskau wohnen. Kostja hingegen lebte mit seiner Schwester in der Stadt vom Erlös eines verkauften Flügels. Er trug die Anzüge und die Wäsche seines Vaters auf. Bei der Mutter des Freundes bekam er ab und zu extra etwas zu essen, obwohl auch dort der Tisch nicht gerade reich gedeckt war.

Alik erinnerte sich, wie nahe ihm Kostjas Schicksal ging. Aber er empfand das Los des Freundes eigenartigerweise nicht als Tragödie und meinte, auch Kostja selbst habe seine Situation nicht als bestürzend empfunden. Er ging ja weiter zur Schule, gehörte wie bisher zu uns. Nach außen hin gab er sich jedenfalls so, als sei weiter nichts geschehen. Vermutlich glaubte er gleich uns an einen Irrtum und an einen letztlichen Sieg der gerechten Sache des Sozialismus. Kostja ist wie Oleg als Soldat der Roten Armee im Krieg gefallen.

Dieser Widerspruch in Kostjas Leben und im Leben vieler anderer Freunde und Bekannter betraf auch Alik, allerdings erst etwas später: Er war schon als Offizier an der Front, als sein Stiefvater mitten im Krieg verhaftet wurde.

Während unserer Schulzeit hatte ich diesen Mann als einen ruhigen und gebildeten Menschen kennengelernt. Was ich nicht wußte, war, daß er wegen seiner Herkunft keine Hochschulbildung hatte erwerben können – er hatte eine adlige Mutter gehabt. Beim Bau der Moskauer Metro war er immerhin in eine mittlere leitende Stellung gelangt und dadurch zu Kriegsbeginn Reserveoffizier der Pioniertruppen geworden. Verhaftet wurde er auf Grund der idiotischen Denunziation seines Parteisekretärs, weil er angeblich die Überlegenheit der deutschen Kriegstechnik propagiert habe. Von einer Troika, einem militärischen Schnellgericht, wurde er deswegen zu nichts weniger als zum Tode verurteilt. In einem Urteil, das sich im Besitz Aliks befand, wurde die Todesstrafe durch eine zehnjährige Haft ersetzt, mit der Begründung, der Sohn sei Frontoffizier. So eng konnte zu jener Zeit der Abstand zwischen Todesurteil und Haftstrafe sein.

Auf eigenen Antrag wurde der Vater dann in ein Strafbataillon eingereiht und kam an die Front. Bei einem besonders gefährlichen Einsatz – von 750 Soldaten blieben nur fünfundzwanzig am Leben – gehörte er zu den Überlebenden. Kurz nach Kriegsende starb er im Alter von einundfünfzig Jahren an einer Herzerkrankung.

Das Paradoxe in diesem Spiel des Schicksals war nun aber, daß Alik nicht schlechthin Frontoffizier war, sondern wegen seiner Deutschkenntnisse zur gefürchtetsten Fronteinheit der Abwehr gehörte, der SMERSCH, was, von der russischen Abkürzung her abgeleitet, heißt: Tod den Spionen. Bis heute hat Alik keinerlei Erklärung dafür, daß er, der Sohn eines »Vaterlandsverräters«, nicht nur nicht degradiert wurde, sondern daß ausgerechnet seine Fronttätigkeit zur Begründung eines »milden Urteils« für seinen Vater diente.

Vielleicht, so mutmaßte Alik, hatten er und sein Vater ihr Schicksal seinem damaligen Kommandeur zu verdanken, einem Menschen, der ganz und gar nicht dem Klischee eines »Tschekisten« entsprach. Dieser Mann hatte seine Laufbahn in der Staatssicherheit noch in den zwanziger Jahren begonnen, besaß keine große Bildung, schien aber ein grundehrlicher und anständiger Mensch zu sein. Den Stiefvater hatte Aliks Vorgesetzter während kurzer Besuche in Moskau kennengelernt, bei denen ihm Aliks Bett als Schlafstatt diente.

Nach der Verhaftung des Familienoberhauptes nutzte er Beziehungen, um Einblick in die Strafsache zu nehmen. Mit seiner Erfahrung, wie solche Verfahren zustandekamen, war ihm schnell klar, daß es sich hier, wie so oft, um eine aus der Luft gegriffene Denunziation handelte. Er instruierte die Mutter, wie und welche Wege sie gehen müsse, um trotz des Urteils die Einstellung des Verfahrens, das heißt praktisch die Rehabilitierung ihres Mannes zu erreichen. Alik besaß auch diesen Beschluß über die Rehabilitierung.

Viele Schicksale, auch die zahlreicher deutscher Emigranten, zeugen von Zufällen solcher Art, die in der Sowjetunion zu Stalins Zeiten nicht selten über Leben und Tod entschieden.

Von Aliks Dienst in der Sonderabteilung SMERSCH wußte ich schon nach unseren ersten Begegnungen am Ende des Krieges. Als ich mich mit dem Gedanken trug, auch Aliks Geschichte zu notieren, wollte ich mehr darüber wissen.

Bis heute herrscht die Meinung vor, SMERSCH sei die grausamste unter den NKWD-Truppen gewesen, den dort tätigen Tschekisten habe ein Menschenleben nichts gegolten. Ich bat Alik, mir seinen Dienst von damals ohne Beschönigung zu beschreiben. Kritisch hinterfragte ich seinen Bericht immer wieder. Er versicherte mir, die Anwendung physischer Gewalt sei bei Vernehmungen auf das strengste verboten gewesen. Als dies doch einmal geschah, wäre der einer Panzereinheit zugeordnete Mitarbeiter streng bestraft worden. Erschießungen habe es gegeben, aber tatsächlich nur bei Spionen. Alik erinnerte sich an seinen ersten Fall: Während des Rückzugs im ersten Kriegsjahr in der Ukraine seien in einem Dorf mehrere Jungen angelaufen gekommen und hätten erzählte, ein Mann säße auf einem Dachboden und arbeite mit einem Funkgerät. Dies habe sich bestätigt. Es sei ein Volksdeutscher gewesen, und er sei, da auf frischer Tat ertappt, sofort erschossen worden. Für ein langes Verfahren sei keine Zeit gewesen, die deutsche Wehrmacht habe den sowjetischen Truppen auf den Fersen gesessen. Dieses Vorgehen sei aber eine absolute Ausnahme gewesen. Ansonsten habe es bei jeder Division ein Tribunal gegeben, das nach den damals geltenden Gesetzen recht oder schlecht über Festgenommene ein Urteil fällte.

In einem anderen Fall, erzählte mir Alik, habe seine Einheit nahe Smolensk eine feste Stellung bezogen, und er sei damit beauftragt worden, in Begleitung einiger Soldaten die Festnahme eines Bauern durchzuführen, der jenseits der Front bei Treffen mit Deutschen beobachtet worden war. An seinem Haus verlief eine Straße, auf der sich Truppen und Panzer der Sowjetarmee bewegten. Es wurde angenommen, er habe die Deutschen darüber informiert. Bei der Hausdurchsuchung wurden Kleidungsstücke und Stiefel deutscher Herkunft gefunden. Der Verhaftete wurde mitsamt den Beweisstücken und einem Protokoll über die Anschuldigung und Durchsuchung nach oben abgegeben, das heißt über die Division zum Armeestab geschickt. Über das weitere Verfahren sei er nicht informiert worden, er nähme aber wegen der eindeutigen Beweislage an, daß es mit einem Todesurteil endete. Die Hauptarbeit habe damals darin bestanden, Berichte von Agenten unter den Soldaten und Offizieren der eigenen Armee über die Stimmung in der Truppe zu sammeln.

Am 2. September 1943, unmittelbar zu Beginn der Kämpfe um Smolensk, wurde Alik schwer verwundet. Nachts schlug in den Stabsunterstand, in dem er mit zwanzig anderen schlief, ein schweres Artilleriegeschoß ein. Nur er und ein anderer überlebten. Sein Bein wurde bis kurz unterhalb des Beckenknochens amputiert, ein ganzes Jahr verbrachte er in verschiedenen Spitälern. Danach setzte ihn das NKWD für eine kurze Zeit im Innern ein. Er sei damals relativ gut versorgt gewesen, dadurch habe er die Lage seiner Mutter erleichtern können.

Das Kriegsende erlebten wir gemeinsam in Moskau. Alik erinnerte sich, wie er am 2. Mai 1945 in unsere Wohnung kam: »Deine Eltern und du, ihr saßt in dem kleinen Zimmer neben dem Gang beim Essen. Dein Vater wollte auf russisch etwas über die bevorstehende Bekanntgabe der Einnahme von Berlin sagen, aber du hast ihn auf meine Deutschkenntnisse aufmerksam gemacht. Mir sind die Augen deines Vaters im Gedächtnis haftengeblieben, gütige und aufmerksame Augen, mit denen er mich die ganze Zeit ansah, während er sprach. Dann kam aus dem kleinen Lautsprecher die Nachricht über den Fall von Berlin. Gemeinsam gingen wir zur Kamenny-Brücke, von der wir inmitten einer riesigen Menge die bunten Trauben der vierundzwanzig Salutschüsse über dem Kreml beobachteten. Den jubelnden Menschen um uns standen Tränen der Freude und der Trauer in den Augen, es gab kaum jemanden, der nicht den Verlust eines lieben Angehörigen zu beklagen gehabt hätte. Ich kann die Stelle genau beschreiben, an der ich diesen Abend mit euch erlebt habe.«

Kurze Zeit nach Kriegsende nahm Alik sein Studium an der Moskauer Universität auf, ohne Aufnahmeprüfung, da er wie ich ein Schulabschlußzeugnis mit Auszeichnung hatte. Fünf Jahre später beendete er nach erfolgreichem Abschluß eine Aspirantur und wurde Dozent für Germanistik. Er unterrichtete nun nicht nur die deutsche, sondern die gesamte Literatur der wichtigsten Länder Europas und der USA.

Bis zu seiner ersten Auslandsreise trafen wir uns in der Regel einmal im Jahr in Moskau, dann, seit Anfang der siebziger Jahre, auch einige Male in Berlin. Er war immer wieder zu mehrwöchigen Vortragsreisen an die Berliner Humboldt-Universität, an die Universitäten von Leipzig, Rostock und Greifswald eingeladen. Vor allem beherrschte natürlich der Lieblingsdichter Heinrich Heine Aliks Vorträge. Mit seinem Wissen über dessen Werk konnte er jedes deutsche Auditorium beeindrucken.

Ich zeigte dem Freund mein inzwischen wieder zur Heimat gewordenes Land, Berlin, Dresden, die Schönheiten des Erzgebirges und des Thüringer Waldes. Trotz der Beschwernisse mit seiner Prothese ließ Alik keinen Saal auf der Wartburg aus.

1980 erhielt er erstmals Gelegenheit zu einer Reise in

die Bundesrepublik. Er hielt zwei Vorträge an der Bonner Universität, sprach auch im Geburtshaus Heines in Düsseldorf, seitdem war er Mitglied der Heinrich-Heine-Gesellschaft.

Unsere letzten Gespräche hatten wir kurz vor seinem Tod, unmittelbar vor dem Wechsel in das neue Jahrhundert. Über seine Beziehungen zu Deutschland und zu den Deutschen lasse ich Alik selbst sprechen:

»Ich möchte nichts beschönigen. Als Soldat an der Front war meine Einstellung zu den Deutschen vom Krieg geprägt. Allerdings nicht zu allen Deutschen. Du warst einer jener Deutschen, die mich unterscheiden ließen. Auch deine Eltern, deine Mutter, Frau Else, dein Vater, denen gegenüber ich die innigsten Gefühle hegte, und natürlich die deutsche Sprache. Sie wurde mir von einer damals schon recht alt erscheinenden Nachbarin, Klawdia Ossipowna, die auch französisch und englisch sprach, in Abendstunden nahegebracht, damit ich in der Schule nicht zurückbliebe. Ich las am Anfang besonders gern die Romane von Heinrich Mann, ›Professor Unrat‹, ›Jugend und Vollendung des Königs Henri Quatre‹, die gerade erst ins Russische übersetzt waren.

Im Unterschied zu vielen meiner Frontkameraden differenzierte ich zwischen den Deutschen, nicht sehr tiefgründig, aber immerhin. Als ich mich später gründlicher mit der deutschen Kultur beschäftigte und Deutschland besuchen konnte, wurde ich mit den Deutschen und ihrem Wesen immer vertrauter. Ich kam ihnen menschlich näher, und ich spürte auch menschliche Wärme mir gegenüber. Eine Ausnahme bildete der formal kühle Empfang an der Bonner Universität. Vielleicht deshalb, weil ich ausgerechnet 1980 dort ankam, an einem der Höhepunkte des Kalten Krieges, als die Olympischen Spiele in Moskau boykottiert wurden.

Ein zufälliger Bekannter aus der Nachbarschaft des Gästehauses der Universität widerlegte jedoch die Vorstellung vieler Russen, die Deutschen seien geizig und nicht gastfreundlich. Wie ich es von Anfang an überall in der DDR angetroffen hatte, lud er mich als erstes zum Essen ein und bewirtete mich großzügig, in einem Restaurant und zu Hause.

In unserer besonders schwierigen Lage nach dem Zusammenbruch der Sowjetunion, in der mir unerträgliche Schmerzen am amputierten Bein und Ninas gesundheitliche Probleme ständig zu schaffen machen, haben uns deutsche Freunde aus Ost und West in unbeschreiblicher Weise geholfen. Eigentlich empfinde ich Deutschland schon lange als meine zweite Heimat.«

Bei dem Blick zurück auf die mit dem Sieg über den Hitlerfaschismus beendete Phase unseres Lebens war die Frage nicht zu vermeiden, von der keiner von uns loskommt, warum wir das unter Stalin herrschende System so lange ertragen haben, faktisch ohne Protest. Und so fragte ich Alik: »Was sagst du, wenn Stalin mit Hitler verglichen wird?«

»Ich will versuchen«, war seine Antwort, »mit einem Gleichnis zu antworten, das irgendein Philosoph schon einmal benutzt hat. Das Meer besteht aus vielen Tropfen, die Ewigkeit aus Augenblicken. Der Mensch ist von den vielen Kleinigkeiten des Alltags umgeben, angenehmen und belastenden. Das galt, was die Schwierigkeiten des Lebens betrifft, für die Sowjetunion in ganz besonderem Maße, im Guten wie vor allem im Bösen. Die Schwierigkeiten fraßen die Lebensenergie der Menschen fast vollständig auf. Als Stalins Verbrechen Mitte der fünfziger Jahre zum ersten Mal genannt und beschrieben wurden, konnte ich, wie viele andere der von der Flamme der Repressalien Betroffenen auch, den Stalin umgebenden Kult nicht sofort überwinden. Der saß viel zu tief in uns. Es war das alles so paradox, daß selbst mein Vater Stalins Foto nach dessen Tod aus einer Zeitschrift ausgeschnitten, es mit einem Trauerrand umgeben, mit dem Tag und der Stunde des Todes versehen und über dem Kopfende seines Bettes angebracht hatte. Ich kann das bis heute nicht erklären. Mein Vater war in der Tiefe seiner Seele immer ein Dissident gewesen, und schon als ich noch ein Schulkind war, hatte er zu mir gesagt, bei uns herrsche ein Polizeiregime. So hatte er es gesagt, aber das Stalin-Foto hat er aufgehängt.

Zwischen Hitler und Stalin besteht der Unterschied ›nur‹ darin, daß Stalin in den Gulags zwanzig Millionen der eigenen Bürger umgebracht hat, während Hitler Deutsche umbrachte, die er für politische Gegner hielt. Aber das ist kein Unterschied. Ohne den von Ribbentrop und Molotow unterschriebenen Pakt hätte es vermutlich keinen Krieg gegeben.«

An dieser Stelle gingen unsere Meinungen weit auseinander. Viele unserer Ansichten zur Geschichte haben sich in den Jahren in unterschiedlicher Richtung entwickelt.

Die Millionen Opfer stalinistischer Gewaltherrschaft sind durch nichts zu rechtfertigen. Und dennoch lehne ich diese simplifizierende Gleichsetzung ab. Die Hitlerverbrechen und der Krieg waren durch die Nazi-Ideologie, den schon in »Mein Kampf« zum Programm erhobenen Rassenwahn und den mit »Volk ohne Raum« begründeten Eroberungsdrang vorgezeichnet. Als Rundfunkberichterstatter habe ich während des Nürnberger Kriegsverbrecherprozesses die unwiderlegbar begründete Anklage der Vorbereitung des Angriffskrieges und des Völkermordes seit der Machtübernahme durch Hitler miterlebt. Die Behauptung, ohne den Pakt hätte es keinen Plan »Barbarossa« und keinen Krieg gegeben, hält keiner seriösen historischen Prüfung stand. Vergleicht man Hitler und Stalin als Massenmörder, dann kann man sämtliche Tyrannen der Geschichte in denselben Topf werfen.

Ich lehne es ab, die von Stalin zu verantwortenden Verbrechen, die Schauprozesse und die Opfer der GULAG in irgendeiner Weise von der kommunistischen Ideologie abzuleiten. Stalin hat sich zwar als Kommunist bezeichnet und den Kommunismus im Munde geführt. Im Unterschied zu Hitler gingen bei ihm jedoch die verkündeten Leitsätze und sein Handeln immer weiter auseinander. Stalins Praxis war eine Pervertierung, ein Verbrechen am Kommunismus. Nicht zufällig war die Zahl der Kommunisten unter den Opfern Stalins größer als in Hitlerdeutschland.

Als Anhänger sozialistischer Ideale, der großen Ideen von Freiheit, Gleichheit und Brüderlichkeit, werden wir daran noch lange schwer zu tragen haben.

Alik, das früher überzeugte Mitglied der Kommunistischen Partei der Sowjetunion, sagte dazu: »Im Glauben an den Kommunismus ist unsere Gesellschaft heute gespalten. Keineswegs setze ich zwischen der Idee des Kommunismus und dem Stalinismus ein Gleichheitszeichen, keineswegs. Aber ich glaube nicht mehr an den Kommunismus. Die Zweifel am System haben sich schon früh eingestellt, natürlich entsprechend dem Stand meiner Lebenserfahrung. Mehr und mehr erkannte ich das System als ein einziges Polizeiregime. Deshalb hat der Zwanzigste Parteitag für mich nur noch die schlimme Bestätigungen gebracht von etwas, das ich schon wußte, nichts grundlegend Neues. Chrustschow gegenüber, der damals die bewußte Rede hielt, empfand ich keinerlei Respekt. Für mich ist das ganze kommunistische System gescheitert.

Der Kommunismus ist eine Utopie. Wenn du in deinen Büchern schreibst, Utopien seien notwendig, bin ich damit nicht einverstanden. Denn wenn man an eine Utopie glaubt, bringt das später nur Ernüchterung, Katzenjammer. Besser ist es, grob gesagt, mit dem Schlimmsten zu rechnen, dann erlebt man keine Enttäuschungen.«

Wenn Alik die Utopie, an die wir einst gemeinsam glaubten, ablehnt, so ist das mit seinen schlimmen Erfahrungen und der desolaten Lage seines Landes zu erklären, in das es unter kommunistischer Führung geraten ist. Und dennoch bleibe ich bei meiner Überzeugung, daß Utopien, das Streben nach einer gerechten Gesellschaft notwendig sind. Auf sie nur deshalb zu verzichten, weil ein solches Streben mit Niederlagen und Enttäuschungen verbunden ist, würde bedeuten, auf jeden Fortschritt, ja in Anbetracht der unsere Erde mehr denn je bedrohenden Gefahren auf die Zukunft der Menschheit zu verzichten. Sollen die Giganten der Wirtschaft, die mit ihrer Allmacht aus Rüstung und sinnloser Steigerung des Konsums auf Kosten von Umwelt und sozialer Gerechtigkeit sagenhafte Gewinne schöpfen, allein bestimmen, wohin die Welt geht?

Meine Helden der Geschichte waren solche, die wie Spartakus im alten Rom, Thomas Müntzer im Mittelalter oder die Gefallenen der Pariser Kommune am Ausgang des 19. Jahrhunderts an einer Freiheitsutopie auch dann noch festhielten, als der Kampf aussichtslos und verloren schien. Und dennoch haben sie den Fortschritt bewirkt. Wer heute nach dringend notwendigen Alternativen sucht, sich nicht mit den herrschenden Verhältnissen in der Welt abzufinden bereit ist, lebt in solcher Tradition. Viele Menschen passen sich an, die Konformisten sind in der Überzahl. Sie lassen sich von den Mogulen der Medien und vom Schein demokratischer Spielregeln einschläfern, die in Wirklichkeit nur die wahren Machtverhältnisse verschleiern. Es wird aber immer auch Menschen geben, die gute Ideale über das eigene Wohl stellen. Es ist meine Hoffnung, daß darunter viele junge sind, die eine Vision von einer Welt haben, in der menschliche Bedürfnisse vor Profitinteressen gestellt werden.

Wir verzichteten auf die Fortsetzung des Disputs, weil der Freund auf die erlebte Realität zurückkam: »Für mich wie für viele meiner Mitbürger hat es von dieser Utopie des Kommunismus, einer an sich wunderbaren Idee, nicht einmal eine Spur gegeben, weder unter Lenin noch unter Stalin. Am Ende der langen Reihe stand Gorbatschow. Als er bei meinem Besuch in Bonn in aller Munde war und die Leute bereit waren, ihn auf Händen zu tragen, wollte niemand hören, daß er, wie auch seine Raissa Maximowna, in unserem Land verhaßt, ja von unserem Volk sogar verachtet wurde. Gewiß verband auch ich anfänglich mit ihm und seiner Perestroika große Hoffnungen. Aber wir hatten ja schon die Erfahrung mit den von Chrustschow großartig verkündeten Reformen. Von denen war nichts geblieben. Sagt man nicht im Deutschen: Man soll den Tag nicht vor dem Abend loben?

Ganz zu schweigen davon, daß Gorbatschow die DDR verraten hat, das ist für dich als Deutschen wichtig. Aber er hat ganz Osteuropa der NATO in den Hals geworfen. Wofür? Die Kurilen, diese Inseln, würde ich sofort an die Japaner weggeben, oder besser gesagt, sie ihnen für einen guten Preis abtreten. Doch Gorbatschow hat die Größe Rußlands einfach verschenkt. Gorbatschow hat sich als Verräter erwiesen.

Das Ende der Sowjetunion empfinde ich mit gemischten Gefühlen. Die Sowjetunion war immerhin das russische Imperium, wie es von den Zaren in langen Jahrhunderten geschaffen worden war. Übrigens wird einer der Zaren, Alexander II., bis heute unterschätzt. Auch nach dem Sturz und dem Mord an den Romanows blieb das russische Reich noch immer erhalten, allerdings ohne das, was

Lenin verloren hat, Finnland, das Baltikum, Polen und Moldawien.

Stalin hat dann versucht, Gebiete zurückzugewinnen. In dieser Hinsicht sehe ich die Rolle Stalins positiv. Ich habe das Ringen Stalins mit Churchill um Polen sehr genau verfolgt. Da hat er Polen der britischen Bulldogge entrissen. Die baltische Erde ist von russischem Blut getränkt. Jetzt sind die Russen dort Menschen zweiter Klasse, obwohl sie fünfzig Prozent der Bevölkerung ausmachen. Ich sehe das Ende der Sowjetunion dennoch mit gemischten Gefühlen, manches ist auch positiv. Aber zu groß sind die Verluste, entstanden durch den Zerfall der Sowjetunion.

Sicher, wenn man von der Gegenwart absieht, gab es in der Geschichte seit der Zeit Tschingis Chans und Alexanders des Großen wohl zwölf oder dreizehn Imperien. Alle sind vergangen. Wir selbst haben noch den Zerfall des Britischen Weltreichs, in dem die Sonne niemals unterging, erleben können. So ist Rußland anscheinend von einer historischen Gesetzmäßigkeit eingeholt worden. Turkestan, so wurde Mittelasien früher genannt, wurde durch General Skobelew für Rußland erobert, der Kaukasus durch General Jermolow. Und nun findet ein neuer Kaukasuskrieg statt, Tschetschenien strebt nach Unabhängigkeit, Mittelasien hat sie bereits erhalten. Das ist der Gang der Geschichte.«

Nach diesem Exkurs Aliks, der gleich mir durch die Sowjetschule gegangen war und die Geschichte anders betrachtete, fragte ich nach seiner Sicht auf das kleiner gewordene Rußland am Ende des zwanzigsten Jahrhunderts.

»Schwer, überhaupt darüber zu reden. Es ist miserabel, schrecklich, was hier vor sich geht. Blut fließt buchstäblich auf den Straßen, es geschehen Mord und Totschlag. Die Preise sind unermeßlich hoch, die Mehrheit der Alten hungert. Dennoch möchte ich nicht zurück zu dem Sozialismus, wie wir ihn hatten. Zum Alten möchte ich nicht zurück. Aber jetzt ist es zu schlimm. Auf Jelzin hatte ich gewisse Hoffnungen gesetzt, als Führer einer echten Veränderung. Doch das Ergebnis ist bitter, dieser Präsident taugt nichts, und einen besseren sehe ich nicht.«

»Wofür haben wir also gelebt? Wofür lebt der Mensch? Wie siehst du den Sinn des Lebens überhaupt, wie hat deines seinen Sinn erfüllt?«

»Seitdem ich erwachsen wurde, sehe ich den Sinn des Lebens in der schöpferischen Arbeit, die nicht nur mir, sondern den Menschen nützt. Für mich hat sich dieser Sinn vielleicht nicht zu hundert Prozent erfüllt, aber ich kann zufrieden sein. Seit 1953 arbeite ich an der Universität, wenn zur Zeit auch nur auf einem Viertel einer Lehrstelle, und in jedem Semester hatte ich bei meinen Lektionen, Seminaren, Diplomarbeiten und Dissertationen deutlich mehr als hundert Zuhörer und Absolventen, brachte also irgendeinen Nutzen, auch für die Gesellschaft. Das war das Wichtigste in meinem Leben. Ich liebe meine Arbeit, eine bessere und schönere kann ich mir kaum vorstellen. Eine Besonderheit des Unterrichts an der Hochschule besteht ja darin, daß nur der Lehrer älter wird, er hat es immer mit jungen Studenten zu tun. Immerhin habe ich achtundzwanzig Kandidaten zum Doktor geführt, kürzlich hat der vierte seinen Dr. sc. verteidigt. Ich kann hundertfünfzig eigene Publikationen vorweisen.

Wenn ich auch vieles in unserem Leben neu und anders bewerte, dann nicht in dieser Hinsicht. Ich meine, daß schöpferische Arbeit in jedem gesellschaftlichen System Nutzen bringt, nicht nur für den, der sie leistet.

Die Philologische Fakultät der Universität hat mir sehr viel gegeben, es war ein gigantischer Sprung in meiner geistigen Entwicklung. Ich hatte den Vorteil noch bei Professoren der alten Schule zu studieren, wie Winogradow oder

Samarin, dem ich meine Spezialisierung auf Heinrich Heine zu verdanken habe. Bei ihnen konnte man sich trotz der ideologisch gefärbten Einflüsse selbständiges Denken und Wissen über die europäische Philosophie und Literatur aneignen. Natürlich mußte ich in meinem Unterricht der Geschichte der Literatur, einem ideologisch beeinflußten Fach, in den letzten Jahren Korrekturen vornehmen, auch in dem von mir herausgegebenen Lehrbuch, aber meine Weltanschauung hat sich infolge der Vorgänge in den neunziger Jahren nicht verändert. Mit manchen der Konjunktur folgenden Änderungen bin ich nicht einverstanden.

In meinem Umfeld kenne ich niemanden, der sein Wirken in der Vergangenheit für sinnlos halten würde. Für die meisten, wie auch für mich, haben der Vaterländische Krieg und der Sieg der Sowjetunion den entscheidenden Einfluß auf die Weltsicht ausgeübt. Sicher haben uns auch das Elternhaus und die Schule beeinflußt, aber der Krieg war unser Schlüsselerlebnis. Das ist nicht wegzuwischen.«

»Welche Rolle spielt der Zweifel in deinem Denken?«

»Seit mein geistiger Horizont weiter wurde, war ich fest davon überzeugt, daß der Zweifel der Antrieb beim Suchen nach der Wahrheit ist. Nur durch Bestätigung des Zweifels oder seine Widerlegung kommst du zur Wahrheit. Der Zweifel ist eine wichtige Kategorie des Bewußtseins.«

»Welche Werte haben deinen Charakter, deine Stärken und Schwächen, geprägt?«

»Ich muß wieder auf den Krieg zurückkommen. In den Schützengräben und Unterständen haben sich Treue, Freundschaft, echte Kameradschaft herausgebildet, ein Fundament, welches für das ganze Leben hielt. Dieses Gefühl hatte Bestand auch im Kollektiv unserer Fakultät an der Universität. Ich benutze den im Westen nicht gebräuchlichen Begriff des Kollektivs ganz bewußt. Wir sind immer gern zur Arbeit gekommen, denn wir konnten gut miteinander.

Freunde hat mir der Herrgott in Fülle beschert. Leider leben von ihnen nicht mehr viele. Von der Universität ist es ein Professor, mit dem ich seit dem Studium befreundet bin, ein einziger Kriegskamerad lebt noch in Riga. Wir schreiben uns ab und zu. Von den Schulfreunden bist nur du geblieben. Die Familie spielt eine große Rolle. In meiner ersten Ehe hatte ich kein Glück, doch mit Nina habe ich nun schon seit fünfunddreißig Jahren eine wunderbare Frau, sie hat uns einen idealen Familienherd geschaffen.

Wenn du nach meinen Schwächen fragst, ich habe wenig über sie nachgedacht. Manchmal bin ich vielleicht cholerisch, auch übermäßig pedantisch. Selbst mit meiner Gehbehinderung bin ich stets überpünktlich. Nie kam ich zum Unterricht zu spät. Kein Student durfte bei mir nach dem Klingelzeichen das Auditorium betreten. Ich war streng in meinen Forderungen.«

»Wann hast du Glück empfunden?«

»Als ich meine Dissertation verteidigte. Als Nina ins Haus kam. Das sind die Höhepunkte meines Lebens. Glückliche Momente waren Publikationen und die Erfolge meiner Schüler. Wenn du mich fragst, ob ich auch an bestimmten Tagen in der Natur Glücksgefühle empfinde, so muß ich sagen, daß ich derart irrationale Empfindungen an mir nicht festgestellt habe. Natürlich wirken sich Wetter und Natur auch auf meine Stimmung aus.«

»Wann hast du besondere Trauer empfunden, wann hast du zum letzten Mal geweint?«

»Beim Tod meines Stiefvaters 1951.«

»Wie wirst du mit der bitteren Gegenwart und deinen unerträglichen Leiden fertig?«

»Tränen helfen nicht. Ich halte es aus.«

»Was bedeuten dir Heimat und Vaterland?«

»Diese Worte sind für mich identisch. Natürlich habe ich meine Heimat, wenn es sich in ihr jetzt auch nicht gerade gemütlich lebt. Wenn ich in die Nähe meiner alten Chlebny-Gasse komme, wo ich geboren wurde, mich in den anderen Gassen um den Arbat und die Powarskaja herumtreibe, dann atme ich heimatliche Luft. Das ist meine Heimat.«

Dann fügte Alik, der Patriot Rußlands und ehemals überzeugte Kommunist hinzu – und das überraschte mich nun wirklich: »Fragst du mich, wo ich jetzt leben möchte und mich zu Hause fühlen würde, dann sage ich: natürlich in Deutschland. Am liebsten am Rhein, irgendwo zwischen Rüdesheim und Köln.«

Sir William

Unsere erste Begegnung entsprach weniger dem Beginn einer ungewöhnlichen Freundschaft als dem Klischee einer Spionagestory. Später schämte ich mich meines theatralischen Auftritts in der Generalsuniform, die ich sonst nur bei offiziellen Anlässen trug; mit ihr sollte dem vorgesehenen Akt eine besondere Weihe verliehen werden.

In der mir für ausgewählte Gäste zur Verfügung stehenden Villa in Karolinenhof im Südosten Berlins wartete er zusammen mit zwei meiner Mitarbeiter, die den Kandidaten bereits kannten, auf mein Erscheinen. Zur Begrüßung erhob sich ein schlanker, hochgewachsener Mann. Sein Händedruck war fest, seine wachen Augen musterten mich freundlich. Als ich ihm mit Dienstgrad und Dienststellung vorgestellt wurde, war auf seinem markanten Gesicht keine Regung zu spüren.

Den Auftritt in Uniform hätte ich mir und ihm ersparen können, nicht nur, weil seine Gestalt nicht weniger respektabel war als die meine: Sein ganzes Auftreten war von Beginn an das eines Gleichgestellten. Es entsprach ziemlich genau diesem ersten Eindruck, als ich später erfuhr, daß ihm seine engeren Bekannten und Parteifreunde liebevoll oder aus Respekt den Spitznamen »Sir William« gegeben hatten. Nicht steif oder gar hochmütig, wie man sich vielleicht einen altenglischen Lord vorstellen mag, nein, selbst in seiner legeren Kleidung, die er in späteren Jahren oft bevorzugte, wirkte er allein durch sein Auftreten stets elegant und vornehm. Vermutlich hatte er als Sohn eines Hamburger Fabrikbesitzers etwas von dem angenommen, was dort einen »Herren«, einen angesehenen Bürger der Freien und Hansestadt an der Elbe ausmacht.

Es dauerte nicht lange, und wir waren in einer Unterhaltung über die Anfang der sechziger Jahre uns alle bewegenden Themen. Seine Art der Gesprächsführung, mit der er das Offizielle seines Gegenübers überspielte, erinnerte mich an ähnlich interessante Begegnungen, die ich als Beauftragter der Regierung mit Männern des westdeutschen Establishments in ebendieser Villa gehabt hatte. Bei dem Direktor des Krupp-Konzerns oder einem CDU-Minister und früherem Gutsbesitzer konnte sich der Spionagechef in mir, der ich ja nun einmal war, überhaupt nicht zu Wort melden.

Sir William hatte als früherer Unternehmer und Vorsitzender eines Unternehmerverbands nichts von jener Arroganz an sich, die für manchen deutschen Wirtschaftsmanager so charakteristisch ist. Wären nicht die Uniform und die Vorstellung in aller Form gewesen, man hätte unseren ersten Kontakt als normales politisches Gespräch bezeichnen können. Mein neuer Gesprächspartner verstand es von Anfang an, unseren Umgang miteinander zu steuern: Es war ein Geben und Nehmen und nicht einfach eine simple nachrichtendienstliche Abhängigkeit seinerseits.

Und dennoch stand unsere Beziehung von Beginn an unter eindeutigen Vorzeichen. Sie hatte in der Haftanstalt Bautzen begonnen, als die an unserer Begegnung beteiligten Mitarbeiter William dort kurz vor dem Ende seiner langjährigen Haftstrafe aufsuchten. Es war beabsichtigt, ihn umgehend aus der Haft zu entlassen. Seine Akte wies ihn als anerkannten Politiker einer bürgerlichen Partei in Westberlin aus, das hatte das Interesse meiner auf diesem Gebiet tätigen Leute geweckt. Uns überraschten die Sympathie des Mannes für bestimmte Positionen der DDR und seine ohne jeden moralischen Druck geäußerte Bereitschaft, nach seiner Entlassung und Rückkehr nach West-berlin gelegentlich zu politischen Gesprächen in den Osten zurückzukehren. Er hatte dazu allerdings keinerlei schrift-liche Verpflichtung abgegeben. Nun trafen wir uns.

Ehrlich gesagt, die nach so langer Haft in Bautzen doch einigermaßen seltsam anmutende Bereitschaft Sir Williams zu diesen Gesprächen ließ mich gefühlsmäßig und profes-sionell Zurückhaltung ihm gegenüber üben. Äußerlich mag ich ebenso freundlich und aufgeschlossen erschienen sein wie er, seine Vorgeschichte ließ sich aber nicht so einfach verdrängen. Es war weniger die Tatsache, daß William wegen »Kriegs- und Boykotthetze« in der DDR verurteilt worden war, diesen Paragraphen konnten zur Zeit seines Prozesses Anfang der fünfziger Jahre DDR-Gerichte gegen fast jede unliebsame Person anwenden. Vielmehr war von einem Verdacht auf Kontakt zum britischen Geheimdienst die Rede gewesen, der mich interessierte. Die ungezwunge-ne Bereitwilligkeit, mit der William auf den Kontakt zu mir und meinem Dienst einging, schärfte meine instinktive Re-serviertheit. Hinzu kamen Art und Weise, wie er über seine Haftzeit als die wichtigste Erfahrung seines Lebens sprach, die er nicht missen wolle. Er habe diese Zeit intensiv ge-nutzt, um geschichtliche Einsichten zu gewinnen und sich mit der marxistischen Interpretation des Sozialismus ver-traut zu machen. Mit den politischen Betreuern der Anstalt habe er aufschlußreiche Diskussionen gehabt.

Obwohl ich damals über Bautzen nur etwas aus Berich-ten ehemaliger Häftlinge in westlichen Medien wußte, deren Horrorschilderungen schenkte ich nicht unbedingt Glauben, förderte die so vollkommen andere Schilderung der Verhältnisse im sogenannten »Gelben Elend« durch meinen neuen Kontakt das Vertrauen zu ihm nicht gera-de. Beim besten Willen hätte ich nicht erwarten können, daß sich mein Mißtrauen mit der Zeit in eine freundschaftliche Aufmerksamkeit verwandeln würde, daß sich durch ihn eine mir bis dahin unbekannte Geisteshaltung erschließen würde.

Es war bemerkenswert, daß sich William, im Westen als führender Politiker wieder anerkannt, im Unterschied zu vielen anderen nie als Opfer feiern ließ und über die Zeit seiner Haft als Schule wichtiger Erkenntnisse sogar öffentlich sprach. Wenn er in späteren Gesprächen aus irgendeinem Anlaß auf Vergleiche zwischen Sozialismus und Kapitalismus zu sprechen kam, wurde deutlich, daß er in der Haft Bücher marxistischen Inhalts nicht nur gelesen, sondern mit seinen eigenen Lebenserfahrungen verarbeitet hatte.

Von der Freimaurerei, die sein Weltbild entscheidend geprägt hatte, wußte ich damals und noch längere Zeit so gut wie nichts. Das änderte sich erst in den folgenden Jahrzehnten, als sich mir die Gedankenwelt dieses von meinen damaligen Freunden so sehr unterschiedenen Mannes auf interessante Weise öffnete.

Nach dem ersten Gespräch trafen wir uns regelmäßig. Unseren Konsens hatten wir nicht in weltanschaulicher Übereinstimmung, sondern in der Ablehnung der kategorisch proamerikanischen Adenauer-Politik, der deutschen Wiederaufrüstung und der Erkenntnis notwendiger Verständigung zwischen beiden deutschen Staaten. Auf dieser Grundlage beriet William mit mir sein politisches Agieren, zunächst innerhalb der Führung seiner Partei und dann auf seinem Weg durch den Deutschen Bundestag, an dem wir natürlich interessiert waren.

Während anfänglich die Prüfung seiner Ehrlichkeit noch im Vordergrund stand und wir bestimmte Formen der Konspiration bewußt forcierten, um seine Bereitschaft zu testen, schwanden unsere Vorbehalte ziemlich schnell. So souverän, wie er über die unangemessene Theatralik unserer ersten Begegnung hinweggesehen hatte, akzeptierte er auch die nun einmal notwendigen Spielregeln der Geheimhaltung.

Nach Schließung der DDR-Grenze im August 1961 zwangen uns die äußeren Bedingungen auch ihm gegenüber zu ähnlichen Operationen, wie sie mit geworbenen inoffiziellen Mitarbeitern stattfanden. Westberliner durften bis zum ersten Passierscheinabkommen, das erst einige Jahre nach dem Mauerbau unterzeichnet wurde, überhaupt nicht in die DDR einreisen. Sie konnten jedoch die durch die DDR führenden Transitstrecken benutzen. Da Abwehr und Polizei die Durchfahrt von Fahrzeugen mit westlicher Nummer auf den entsprechenden Autobahnen genau überwachten und die Durchfahrzeiten kontrollierten, rechneten wir mit ähnlichen Kontrollen seitens der westdeutschen Abwehr. Also legten wir auch für William an einer vorher sorgfältig sondierten Stelle nach Passieren des Kontrollpunkts einen Treffpunkt fest. Dort übernahm ein Fahrer Williams Wagen, er selbst stieg in meinen PKW mit westlicher Nummer. Anstatt am Berliner Autobahnring in Richtung Westen abzubiegen, befuhr ich ein paar Kilometer die wenig benutzte Strecke in Richtung Werder bei Potsdam, um an einer »schwarzen Abfahrt« die Autobahn zu verlassen.

Wenn ich heute an diese Manöver an der Autobahn zurückdenke, erscheint es mir fast unwirklich, daß der im Westen hochangesehene Politiker sich wie ein Verschwörer unter einer Brücke im abgedunkelten PKW mit mir über aktuelle politische Streitfragen unterhielt. Eine halbe oder eine dreiviertel Stunde später pirschten wir uns wieder wie Schmuggler auf die Strecke, um Williams zwischen verschiedenen Raststätten in Richtung Hannover bummelnden Wagen einzuholen. Diese Art von Treffen war natürlich nicht dazu geeignet, in die Tiefe gehende Fragen zu behandeln. Deshalb verlegten wir unsere Treffs später in eigens geschaffene Gästehäuser, die, in der Nähe der Transitstrecken gelegen, über günstige, gutgetarnte An- und Abfahrten verfügten.

Als schließlich mit Unterzeichnung der Verträge und Abkommen die Besuchsmöglichkeiten für Westberliner geregelt waren, konnten wir uns wieder in jener Villa in Karolinenhof treffen, in der wir uns kennengelernt hatten. Dort fühlte William sich bald wie zu Hause, er brachte immer viel Zeit mit, sparte nicht mit Lob für die Hausfrau, eine glänzende Köchin, die sich ganz auf seine Gewohnheiten eingestellt hatte. Nähergekommen waren wir uns aber bei den abenteuerlichen Manövern an der Autobahn.

William gehörte nicht zu der Sorte von Amts- und Würdenträgern, die sich durch Unbequemlichkeiten, Hindernisse oder Gefahren von dem einmal eingeschlagenen Weg abbringen lassen. Das hohe öffentliche Ansehen, das er bereits damals genoß, hinderte ihn nicht daran, auch mit den Mitarbeitern meines Apparats wie mit Gleichgesinnten und Gleichgestellten zu verkehren. Gelegentlich zog er Vergleiche zu jungen aufstrebenden Leuten im Westen und erklärte mir, ich könne auf meine Mitarbeiter stolz sein. Und das war keine leere Redensart.

Das Gästehaus mit seinem malerischen Blick über den Garten auf das Wasser bot natürlich bessere Möglichkeiten, die jeweilige politische Tagesordnung vor allem auch ohne zeitliche Begrenzung zu behandeln, es gab aber auch Gelegenheit, einfach zu »philosophieren«. William suchte und liebte solche Gespräche über die Geschicke der Welt, über Geschichte und Zeitgeschichte, über das Verhältnis von Individuum und Gesellschaft.

Es war damals die schwierige und spannende Zeit eines sich ankündigenden großen Umbruchs. Kalter Krieg und Hochrüstung liefen zwar noch auf vollen Touren, es zeichneten sich aber nach dem Schock des Mauerbaus und der Kuba-Krise erste Zeichen eines »Wandels durch Annäherung« ab. Wir glaubten an positive Wirkungen unseres Kontaktes. Gemeinsam berieten wir über den von William entworfenen Plan zur Normalisierung der Beziehungen zwischen beiden deutschen Staaten. Und in der Tat finden sich deutliche Spuren seines Wirkens in den konzeptionellen Vorbereitungen der sozial-liberalen Koalition, wie ein Vierteljahrhundert später in den Erinnerungen von Willy Brandt nachzulesen ist. Beide Seiten kamen zu neuen Erkenntnissen. Viele der damaligen Fragen und natürlich auch die Einschätzung der verschiedenen Personen an den Hebeln der Macht waren Gegenstand unserer Treffen. William bildete eine der Quellen unseres Wissens, er half uns, die Wandlung Willy Brandts vom kalten Krieger und Frontstadtpolitiker, der er in unseren Augen lange Zeit war, hin zum Verfechter einer neuen Ostpolitik der Verständigung besser zu verstehen.

Unsere Zusammenarbeit gewann immer deutlichere Konturen. Als die DDR fast zwanzig Jahre nach Unterzeichnung der Ostverträge zusammenbrach und in der Folge auch unsere Zusammenarbeit öffentlich bekannt wurde, blieben natürlich die Versuche nicht aus, William als unseren »Einflußagenten« zu diffamieren. In Verbindung mit seinem Namen benutzte der Vertreter des Generalbundesanwalts nach meiner Verhaftung an der österreichisch-deutschen Grenze im September 1991 das Wort »Verrat«. Ich habe damals sofort widersprochen, und es war das einzige Mal, daß ich mich auf dieser mir unvergeßlichen Fahrt im gepanzerten Mercedes nach Karlsruhe zur Sache äußerte. Die große Hochachtung vor diesem Mann, der stets allein aus innerer Überzeugung handelte und dieser Überzeugung treu blieb, mußte ich auch dem Herrn Bundesanwalt gegenüber zum Ausdruck bringen.

Natürlich versuchten wir, an Williams politischem Einfluß Anteil zu nehmen. Doch das beruhte auf Gegenseitigkeit. »Wenn ich den Eindruck hätte, ich würde von Euch nur benutzt, wäre unsere Zusammenarbeit beendet«, war eine seiner Maximen uns gegenüber. Jedes von ihm geschriebene oder gesprochene Wort entsprach seiner eigenen Meinung, und er legte den größten Wert auf seine Unabhängigkeit. Er bewahrte sie uns gegenüber in allen wichtigen Fragen und war nicht bereit, Empfehlungen zu folgen, wenn sie seiner Überzeugung widersprachen. Für ihn war der Meinungsaustausch entscheidend, allerdings handelte er durchaus nicht uneigennützig. In mir sah er einen kompetenten und gleichzeitig unorthodoxen Gesprächspartner, von dem er wichtige Informationen erlangen konnte. Bei unseren intensiven Treffen während der Zeit der Verhandlungen über die Ostverträge fand ein reger Gedankenaustausch über die jeweiligen Verhandlungspositionen und Standpunkte von Williams Kontaktpartnern in der Regierung und in den Fraktionen des Bundestages statt.

Seine Informationen, aber auch die Wertungen des erfahrenen Politikers bereicherten wesentlich unsere Einschätzungen und Analysen. Umgekehrt »verriet« ich ihm manche der mir bekannten Interna und Absichten der Verhandlungsführer auf östlicher Seite. Aus seiner Sicht war dieser Austausch dazu geeignet, bei den Politikern im Osten zum Verständnis der von ihm für richtig gehaltenen Lösungen einen Beitrag zu leisten. Die Beratung seiner eigenen Aktivitäten mit uns dienten ihm dazu, bessere, praktikablere Wege für die Lösung bestimmter Probleme zu finden. Daß er auf die Möglichkeit eines ständigen Kontaktes mit uns eingegangen war, machte ihn in bestimmten Fragen anderen Politikern im Westen überlegen. Mein Urteil über die jeweils konkrete Lage und deren Entwicklung beruhte auf einer Vielzahl von Informationen. Es ging nicht selten über die offizielle Lesart unserer Seite hinaus und wurde von den Ereignissen selbst bestätigt. Auf die

Nutzung eines solchen Privilegs wollte William nicht verzichten. Ein Mann wie der Bundesanwalt konnte nicht begreifen, daß zwischen mir und William, der mein Vater hätte sein können und der ein völlig anderes Leben verkörperte, nicht nur ein tiefer gegenseitiger Respekt, sondern eine Beziehung entstanden war, die man als Freundschaft bezeichnen kann.

Offen, wie das nur unter Freunden möglich ist, besprach er mit mir auch persönliche Probleme und Belastungen, wie sie sich wegen der langdauernden Abwesenheit von seinem Zuhause durch die Tätigkeit in Bonn, durch die Trennung von seiner pflegebedürftigen Frau und die Existenz einer anderen Beziehung für ihn stellten. Gemeinsam fanden wir akzeptable Lösungen.

Konsequenz und Mut bewies er auch in mehrfach wiederkehrenden Situationen, wenn der Verfassungsschutz in seiner unmittelbaren Nähe Untersuchungen durchführte. Einmal, im Gefolge der Guillaume-Affaire und der damit verbundenen Agentenpsychose in Bonn, wurde direkt gegen ihn ein Verdacht geäußert und in der Presse publiziert. Ein anderes Mal betrafen die Untersuchungen einen Journalisten, dessen Stellung er zur Veröffentlichung seiner Beiträge nutzte. In solchen Situationen verlor er die Ruhe nicht.

Unsere Sicherheitsmaßnahmen hielt er für übertrieben, vehement wehrte er sich gegen jede Unterbrechung der Verbindung. Den damaligen Innenminister zählte er zu seinen engeren politischen Freunden.

Bei unseren ausgedehnteren Treffen in den letzten Jahren konnten wir uns eingehender über Stationen seines und meines Lebens unterhalten. Als Zeitzeugen des zwanzigsten Jahrhunderts war ihm ein selten hohes Alter in voller geistiger Frische beschieden. Manche Daten seiner Biographie waren mir bekannt. Ich wußte, daß er im I. Weltkrieg als Kriegsfreiwilliger in der Armee des deutschen Kaisers gedient hatte, daß er in der Weimarer Republik unter dem Einfluß seines national-liberal geprägten Onkels stand, bei dem er aufwuchs und in dessen Haus Walther Rathenau und Gustav Stresemann Gäste waren, daß er Mitglied der rechts-liberalen Deutschen Volkspartei wurde. In der Nazizeit war er als Betriebsleiter »Wehrwirtschaftsführer«, und nach dem Einmarsch der Roten Armee in Berlin wurde er nur deshalb nicht verhaftet, weil die in seinem Betrieb zur Zwangsarbeit verpflichteten Ostarbeiter über ihn Gutes aussagten. Er war nie Mitglied der NSDAP gewesen. Dennoch sprach er von seiner Mitschuld, weil er damals keinen Widerstand geleistet habe. Das beschäftigte ihn innerlich sehr, auch öffentlich sprach er darüber. Es dürfe niemals mehr dazu kommen, daß Unrecht ohne Widerspruch geduldet werde. »Ist es schon Mut, wenn man nur für seine Überzeugung eintritt?« fragte er sich.

In diesen Gesprächen lernte ich die andere Komponente seiner Weltsicht kennen, die ihn in der Haftzeit aufrecht hielt. Sie stärkte seinen Willen zum Leben, zur Freiheit und geistigen Unabhängigkeit. Es war die Freimaurerei, deren geistiger Inhalt mit seinem Verständnis von Liberalität zu einer Einheit verschmolzen war.

Als er mit mir über seine Zugehörigkeit zur Loge der »Drei Weltkugeln« und über die Rolle der Freimaurerei in seinem Leben sprach, mußte ich dies als Zeichen großen Vertrauens werten. Er schenkte mir ein Heft »Aus dem Dunkel zum Licht«, mit einer Widmung für mich. Das Büchlein enthält Verse, die er in der Bautzener Gefängniszelle geschrieben hatte. Im einleitenden Gedicht »An die Brüder« heißt es:

> Nicht nutzlos blieben mir der Maurer Lehren,
> zur Weisheit habe ich mich aufgerafft!
> Nach ihrer Schönheit wuchs ein tief Begehren,

ich fühlte die Stärke sich langsam mehren,
und so gewann ich neue Lebenskraft.
Den Bruder ließ die Kunst nicht untergehen,
wie Ihr mich lehrtet, recht sie zu verstehen.

Ich verstand immer besser, weshalb er die qualvollen Seiten der Haftzeit in den Hintergrund gedrängt hatte und diese schwere Zeit als bestandene Prüfung betrachtete. Brüderlichkeit und Dienen, diese grundlegenden Begriffe der Freimaurer bestimmten für ihn den wesentlichen Inhalt jeden liberalen Denkens. Am Ende lehnte er den Begriff Liberalismus ab, weil er aufgehört habe, Inhalt einer freiheitlichen und unabhängigen Strömung zu sein. Hinter ihm verberge sich nur noch Opportunismus, Geschäft und die Macht des Geldes. Unter der Liberalität, für die er eintrat, verstand er vielmehr eine Geisteshaltung.

In den öffentlichen Reden der letzten Lebensjahre sprach er, wenn er seine Vorstellungen zur Friedenspolitik erläuterte, von seinem Verständnis der Liberalität: »Die berechtigten Lebensinteressen des anderen haben die gleiche Bedeutung und haben Anspruch auf die gleiche Beachtung wie die eigenen.«

Der Konflikt zwischen der von ihm repräsentierten Gruppierung innerhalb seiner Partei und der Parteiführung wurde unvermeidlich, als die Mehrheit der Freien Demokraten in der Regierung Schmidt für den Raketenstationierungsbeschluß der NATO eintrat, bis sie schließlich die sozialliberale Koalition aufkündigte, um die Partei an der Macht zu halten. Zeichen dafür erkannte William frühzeitig. Er sah es als seine Pflicht an, gemeinsam mit seinen politischen Freunden alles zu tun, eine Abkehr von dem mit Willy Brandt eingeleiteten außenpolitischen Kurs zu verhindern.

Schon 1977 hatte sein Vorstoß an der Seite Herbert Wehners auf einem Seminar der sozialdemokratischen

Friedrich-Ebert-Stiftung Beachtung gefunden. Seine von mehreren Zeitungen veröffentlichten Thesen zur Friedenssicherung hatte er mit mir beraten. Er widersprach meiner Meinung, daß ihn die Konsequenz seines Auftretens bald in schwere Konflikte mit den führenden Politikern seiner Partei bringen würde.

Aber genau das geschah nach einer seiner Reden im Jahre 1978, über die eine der größten deutschen Tageszeitungen unter dem Titel »Ein Mann verändert die Liberalen« berichtete: »Die Arme weit ausgebreitet, steht er groß und drahtig wie ein junger Triumphator vor den tosend applaudierenden Delegierten. ... Mit glasharter Stimme, mit kühler Präzision und mit unbeirrbarem Freimut als ein Mann, dem am Abend seines Lebens niemand nachsagen kann, illoyale Effekthascherei zu betreiben oder politischen Sachbesitz erwerben zu wollen ...«

William hatte das Vollzugsdefizit liberaler Reformprogramme als wesentlichen Grund dafür angeprangert, daß Engagement, Motivation und Aktivität enttäuschter Mitglieder ständig sänken. »Es sind oft unsere besten Köpfe, die sich resigniert zurückziehen, weil sie in der Machtverteilung allein kein Ziel liberaler Politik sehen.« Einer seiner Lieblingssätze lautete: »Die Ketzereien von heute sind die Banalitäten von morgen.«

Nach dieser Rede kam William beinahe euphorisch gestimmt zu unserem nächsten Treffen. Er wollte mir nicht glauben, daß er damit das Tuch zwischen sich und der Führung seiner Partei bereits zerschnitten hatte. Von da an unterschieden sich unsere Prognosen und Vorstellungen über sein eigenes weiteres Verhalten für kurze Zeit. Als einziges Mitglied des Vorstandes seiner Partei stimmte er 1979 gegen die Zustimmung zum NATO-Doppelbeschluß. Die Einschätzung des Kräfteverhältnisses und der einzelnen Akteure hatte stets eine besondere Rolle gespielt, bei unseren Begegnungen in dieser bedrohlichen Situation natürlich auch. Williams Wertungen waren häufig sarkastisch, als sich jedoch meine Prognose als zutreffender erwies als die seine, klagte er darüber, daß zwischen den Politikern und den Mitarbeitern der Parteiapparate mehr und mehr Kälte einziehe. Bei uns, jedenfalls in dem Kreis, den er kannte, spüre er so etwas wie Kameradschaft und Wärme. Mancher seiner Freunde, auch der damalige Innenminister, mit dem er zeitweilig gerechnet hatte, zog die Nähe zur Macht der unvermeidlichen politischen Auseinandersetzung vor.

Mir scheint, daß neben dem grundsätzlichen politischen Dissens mit seiner Parteiführung auch seine von den Freimaurern geprägten Forderungen an den Charakter eines Menschen, die er mit liberaler Tradition verband, den Bruch unvermeidlich machten. Die Abkehr von dem gemeinsam mit Willy Brandt eingeleiteten Kurs sah er als Treuebruch. Die Trennung von seiner Partei fiel ihm nicht leicht. Auch ich versuchte ihn davon abzuhalten und von der Notwendigkeit zu überzeugen, in der Nähe seiner alten Parteifreunde und damit auch in der Nähe des politischen Machtzentrums zu bleiben. Doch über Prinzipien war mit ihm schwer zu streiten.

Damit war sein Ende als führender Parteipolitiker besiegelt.

Einige seiner politischen Freunde wechselten zur SPD, andere resignierten. Nicht William. 1981 rief er zum »Kampf gegen den atomaren Selbstmord« auf. Die Antiraketenbewegung entfaltete sich immer stärker. In den Medien wurde William als »außerparlamentarischer Volksvertreter« und »institutionalisiertes Gewissen in Bonn« bezeichnet.

Im Oktober 1981 wurde eine Friedenskundgebung in Bonn zu der bisher größten Manifestation dieser Art in der Geschichte der Bundesrepublik Deutschland. Schon am Vortage war der »Marsch auf Bonn« die Spitzenmeldung der Medien, er wurde zum Thema einer Debatte im Bundestag. 826 Organisationen hatten sich der Aktion angeschlossen, sechzig Bundestagsabgeordnete, zehntausend Ausländer, unter ihnen Loretta King und Harry Belafonte. Die rechte Presse versuchte, die Redner der Oktoberkundgebung in Bonn als »einäugig« abzustempeln. Doch es gelang beim besten Willen nicht, diese Veranstaltung der Dreihunderttausend als kommunistische Propaganda-Aktion abzutun.

Als ich William während der Fernsehübertragung auf dem Weg zur Kundgebung in der ersten Reihe der Demonstranten Arm in Arm mit Petra Kelly, Gert Bastian und den anderen Rednern sah, konnte ich den Verlust einer Quelle meines Wissens über Bonner Interna leichter verschmerzen, und ich war ein wenig stolz auf den Freund, der starrsinnig seine prinzipielle Haltung auch gegen mein einseitiges Interesse durchgesetzt hatte.

Die gesamte letzte Lebenszeit widmete William der Friedensbewegung. Gemeinsam mit vielen bekannten Persönlichkeiten leitete er das folgende Jahr mit einem »Friedensmanifest 1982« ein. Unermüdlich hielt er Reden, schrieb Artikel, gab Interviews. Seine Beiträge zur Politik des Friedens, zur Politik der guten Nachbarschaft sind heute noch genauso aktuell, wie zu der Zeit, da sie entstanden sind: »Alles ist wieder da. Im Bundestag sitzen wieder die Wortführer derer, die nichts gelernt und alles vergessen haben. ... Wir stehen im Wiedererstarken eines pervertierten Nationalismus nicht allein. Der Vernunft, der Geduld, dem Augenmaß ist weltweit der Zeitgeist abhold, das bedeutet Gefahr.«

Im Herbst 1983 demonstrierte er mit über einer Million Menschen gegen die geplante Aufstellung von US-Atomwaffen in der Bundesrepublik. Als der Deutsche Bundestag im November nach zweitägiger, teils turbulent geführter Debatte die Stationierung amerikanischer Waffen in der Bundesrepublik mehrheitlich billigt und die ersten Teile der Pershing-2-Raketen vom amerikanischen Militärflughafen Rammstein in das US-Depot Mutlangen gebracht werden sollen, sitzt auch der achtundachtzigjährige William in seiner Windjacke vor dem amerikanischen Raketenstützpunkt. Ein langer Lebensweg hat ihn vom Freiwilligen der Kaiserlichen Armee an die Seite konsequentester Kriegsgegner geführt.

Der konspirative Charakter unserer Begegnungen hatte schon länger jeden Sinn verloren. William legte aber weiterhin großen Wert auf die nun in größeren Abständen in der Villa stattfindenden Treffen. Nun hatten wir mehr Zeit, über unsere so sehr verschiedenen Lebenswege zu sprechen und die seltsame Fügung, die uns zusammengeführt hatte. Die Entwicklung in der DDR und Widersprüche in der Politik ihrer Führung gegenüber der Friedensbewegung nahmen größeren Raum ein. Verbale Unterstützung paßte nicht zu den Restriktionen gegen Grünen-Politiker wie Petra Kelly und Gert Bastian und den repressiven Maßnahmen gegenüber grünen Aktivitäten im eigenen Lande. Die Lage in der DDR, für deren legitime Interessen er jederzeit öffentlich eintrat und wofür er angefeindet wurde, beunruhigte ihn sehr. Bei Verwandtenbesuchen im sächsischen Herrnhut und durch Gespräche mit einem ehemaligen Mitgefangenen, der in Halle lebte, hielt er sich auf dem laufenden. »Ihr müßt noch viel tun und viel verändern.«

Meinungspluralismus war eine seiner unabdingbaren Forderungen. Meine Einwände wegen der massiven Anfeindungen von Seiten des Westens ließ er nicht gelten: »Ihr müßt stark genug sein, andere Meinungen zuzulassen.«

Seine Beschäftigung mit Grundfragen der gesellschaftlichen Entwicklung hatten ihn immer weiter von der »Ich-

Gesellschaft«, als die er den Kapitalismus bezeichnete, weg und hin zur »Wir-Gesellschaft« geführt. Mehr als bei anderen Liberalen gehörten für ihn neben ökologischen Problemen die Forderungen nach sozialer Gerechtigkeit zu den drängendsten Fragen der Gegenwart. Von den sozialistischen Ländern, deren Zielsetzungen er gute Absichten unterstellte, trennte ihn die Realität des Sozialismus.

Als seine Partei dem NATO-Doppelbeschluß zugestimmt und er sich von ihr getrennt hatte, schloß er sich den Aktionen der Friedensbewegung an. Aus Anlaß seines 90. Geburtstages folgte er einer Einladung der Leipziger Karl-Marx-Universität in die DDR. Es erregte Aufsehen, als in seiner Rede die Sätze vorkamen: »Rosa Luxemburg stellte zum Thema Freiheit dementsprechend fest, daß darunter vorzüglich die Freiheit des anderen zu verstehen sei. Dem habe ich nichts hinzuzufügen! Wohin es führt, wenn die Hybris zur Staatsmaxime wird, hat unser deutsches Volk leidvoll erfahren.« – In der DDR war diese These Rosa Luxemburgs damals den Dissidenten vorbehalten, die sich ansonsten zumeist wenig mit der großen Parteipolitikerin beschäftigt hatten. William unterstrich mit seiner Anwesenheit in Leipzig und diesen Sätzen seine Unabhängigkeit nach beiden Seiten. Als eines seiner letzten Geschenke überreichte er mir, als Zeichen unserer Übereinstimmung, eine Reprintausgabe alter Weltbühnen-Jahrgänge.

Der Beginn seiner Aufzeichnungen über die Geschichte seines Lebens, zu der ich ihn angeregt und ermutigt habe, war ein anderes ständiges Thema bei unseren Begegnungen. Als ich befürchtete, die Gelegenheit dazu könne unwiderruflich verlorengehen, sprachen wir beide dazu vor einer laufenden Kamera. Sein Elan und sein Lebenswille schienen jedoch unerschöpflich zu sein. Die Notizen in meinem Tagebuch spiegeln meine Bewunderung für seine erstaunliche Kondition wider. Nie habe ich William über eine Krankheit klagen gehört. Bei unseren Treffen aß und trank er mäßig, erwähnte beiläufig seinen altersbedingten Zucker, wies aber ansonsten jede Rücksichtnahme auf sein Alter brüsk zurück, ganz besonders, wenn es um das Autofahren, seine wirkliche Passion, ging. Vergeblich habe ich ihm davon abgeraten, die lange Strecke zwischen Berlin und Bonn selbst zu fahren. Er ließ sich nicht davon abhalten, einen neuen, besonders schnellen BMW zu kaufen. Auch darüber mit ihm zu streiten, war sinnlos.

Nach meinem offiziellen Ausscheiden aus dem Dienst war ein Jahr vergangen, als ich die Nachricht von seinem Tode erfuhr. Ich hatte das Gefühl, einen meiner vertrautesten Freunde verloren zu haben. Mit zweiundneunzig Jahren hatte er zwar ein schönes Lebensalter erreicht, viele der uns verbindenden Ziele jedoch nicht. Trotzdem konnte er sich mit einer erfüllten Bilanz aus seinem Leben verabschieden. Darum ist er zu beneiden.

Nach dem Tode von William am 2. September 1987 fand auch jene etablierte Gesellschaft, von der er sich längst gelöst hatte, Worte der Anerkennung. Im Kondolenzschreiben des Bundespräsidenten Richard von Weizsäcker heißt es:

Sein Geist war frei und jung bis in das hohe Alter. Sein Leben war bestimmt von der Überzeugungskraft eines Demokraten, der unbeirrbar und ungebrochen für Freiheit und Demokratie eingetreten ist, auch um den Preis der eigenen Freiheit. Er hat stets Opfer gebracht, wo es ihm geboten schien, seine grundlegenden Werte zu verteidigen. Sein Wort, so unbequem es oft auch war, galt viel. Es fand Gehör weit über die Grenzen seiner eigenen Partei hinaus. Er hat Konflikte nicht gescheut. Aber im Grunde war er beseelt von dem Drang, Trennendes zu überwinden nicht nur zwischen den Generationen, sondern auch zwischen den Deutschen im geteilten Vaterland.

Maurice

Liebe Solange, liebe Miriam, lieber Charlie,
Maurice ist von uns gegangen, viel zu früh. Der Tod hat ihn
von längeren Qualen erlöst. So sehr dies stimmt, ist dennoch
jedes Wort nur ein schwacher Trost.

Uns war Maurice ein treuer Freund, wie es nur wenige
gibt, wir fühlten uns ihm nahe wie einem eigenen Sohn.

Maurice hinterläßt in uns die Erinnerung an einen wun-
derbaren, hochbegabten Menschen. Manches hat sich in
seinen Artikeln, Büchern, Filmen und Fernsehsendungen
niedergeschlagen. All dies kann Euch den Verlust nicht er-
setzen.

An jenem unvergeßlichen Abend in Ihrer Pariser Woh-
nung, verehrte Solange, spürten wir die große Liebe und den
festen Zusammenhalt in Eurer Familie. Maurice liebte Sie
über alles. Er scheute sich nicht, offen über diese Liebe zu sei-
ner Mutter zu sprechen. Wir umarmen Euch alle mit den in-
nigsten Gedanken an Maurice. Am Dienstag sind wir mit
Euch.

Wegen einer Lungenentzündung konnte ich an jenem
Dienstag, es war der 5. Januar 1999, nicht an der Beerdigung in Paris teilnehmen. Die Medien berichteten, daß auf
dem abgelegenen Friedhof Hunderte von Menschen waren,
Frauen und Männer in sehr unterschiedlichen gesellschaftlichen Stellungen, von vielfältiger Herkunft und mit den
verschiedensten Berufen. So unkonventionell wie der im
Alter von nur fünfzig Jahren verstorbene Maurice selbst
war, muß wohl auch die Trauerfeier für ihn gewesen sein.

Natürlich waren »Achtundsechziger« in großer Zahl erschienen, viele von ihnen auch an diesem Tag in ausgewaschenen Jeans und ausgebeulten Pullovern – Maurice hätte das gefallen. Bürgerliche Trauergäste in strenges, vornehmes Schwarz gekleidet, Latinos, vor allem aus Chile und Kuba, Anhänger der FLN aus Algerien, Abgeordnete, Veteranen der Resistance, Filmemacher, Journalisten, Schauspieler und Schlagersänger, Trotzkisten, Kommunisten: Sie alle hatten sich um das Grab versammelt. Die älteren jüdischen Freunde von Solange mit ihren Kipas waren ebensowenig zu übersehen wie ein in Paris sehr bekannter hoher katholischer Würdenträger in seiner Soutane.

Anschließend gedachte die bunt gemischte Gesellschaft am Montmartre bis in den frühen Morgen des nächsten Tages ihres und unseres im Leben ebenso buntschillernden Freundes Maurice. Eine Gipsyband wechselte sich mit einer Rock'n'Roll-Kapelle ab, lateinamerikanische Musik war zu hören, Experimentalmusik wurde vorgeführt. Andere Freunde rezitierten Gedichte, Filmausschnitte, auf denen Maurice zu sehen war, wurden gezeigt. – Die davon erzählten, beschrieben diese Nacht so, als wären sie in ihr weit in eine glücklichere Zeit vorausgeeilt und alle seien in dieser Zukunft wie verzaubert gewesen.

Solange war vom Tod ihres Sohnes so getroffen, daß sie in ihrem Schmerz den Grund unseres Fernbleibens von der Trauerfeier und die Worte unserer Anteilnahme gar nicht wahrgenommen hatte. »Kommen Sie, kommen Sie, mein Maurice, mein Maurice ...«

Solange muß eine ungewöhnlich tiefe Beziehung zu ihrem Sohn gehabt haben. Das hatten Andrea und ich schon bei unserem ersten Besuch in Paris anläßlich einer Vorführung unseres gemeinsamen Films gespürt, als Maurice uns zum Essen bei seiner Mamitschka einlud. Er war sehr aufgeregt und hinterher wirklich stolz, daß seine Mutter ihrer Rolle als jüdische Mame in wirklich beeindruckender Weise gerecht geworden war. Mit unserem Wissen über ihr Schicksal als einer Auschwitz-Überlebenden waren wir fast beschämt von der uns erwiesenen Aufmerksamkeit.

Liebevoll hatte Solange Gedecke und Blumen auf dem großen runden Tisch arrangiert, sie selbst trug die lange Folge jiddischer Speisen auf. Trotz ihrer Hausfrauenpflichten blieb die lebhafte kleine Frau jedoch der alles beherrschende Mittelpunkt unserer Runde.

Wir lernten bei dieser Gelegenheit auch den jüngeren Bruder Charlie kennen, einen ebenfalls angesehenen Filmdokumentaristen. Trotz der unverkennbaren Ähnlichkeit mit seinem Bruder war er doch anders als Maurice – ruhiger, zurückhaltender.

Später sahen wir seinen wunderbaren Film »La memoire est-elle soluble dans l'eau d'Evian – Kann man die Erinnerung in dem Wasser von Evian auflösen«, den Charlie der Mutter gewidmet hat. In einer subtilen Mischung aus Spiel- und Dokumentarfilm erzählt Charlie die unbeschreibbare Geschichte seiner Mutter mit ihr selbst als Zeugin und Hauptdarstellerin. Solange beeindruckte uns mehr, als eine Schauspielerin es vermocht hätte. Der Zuschauer ist erschüttert vom Blick in die Gesichter und von den Berichten der Überlebenden des Holocausts. Und ihn beeindruckt die lyrische Schlußszene im Kurpark von Evian. Welche Lebenskraft steckt in jeder der Gesten, jeder Bewegung der Übriggebliebenen, und wieviel Menschlichkeit hat die Nazibarbarei vernichtet. Evian ... Natürlich kann die Erinnerung nicht weggespült, können Schuld und Mitschuld nicht wiedergutgemacht werden durch einen Kuraufenthalt für die Überlebenden, den die Regierung bezahlt.

Das Verdrängen funktioniert. Als Rundfunkkorrespondent habe ich es sowohl in den Reaktionen als gerade auch in den ausbleibenden Reaktionen meiner Hörer gespürt, als ich vom Nürnberger Kriegsverbrecherprozeß berichtete, kurz nach Kriegsende. Und es funktioniert weiter. Noch immer gelingt es uns nur unzureichend, den Mitbürgern das Tun von Deutschen in deutschem Namen in Auschwitz, Mauthausen, Buchenwald, Ravensbrück, Bergen-Belsen bewußt zu machen. Nicht einzelne Sadisten ließen das Unfaßbare geschehen: Es war die zielbewußte Konsequenz einer Ideologie, deren Verkünder in Berlin, in München, in Wien von Millionen bejubelt wurde. Und diese Ideologie wirkt weiter, nimmt wieder die Form von Gewalt an, zunehmend und ohne auf ernsthaften Widerstand zu stoßen. Verdrängen und Wegschauen. – Weshalb gelangen unspektakuläre und gerade deshalb so eindrucksvolle Filme wie der von Charlie so selten an die deutsche Öffentlichkeit?

Zur Beisetzung von Maurice hatten wir nicht fahren können, unseren Besuch bei Solange nachzuholen, waren wir ihr schuldig. Und so trafen wir uns ein Jahr später in Paris wieder. Diesmal hatte uns Charlie zur Wohnung der Mutter gelotst. Wieder saßen wir am runden Tisch, wieder hatte Solange gekocht, wie sie sagte, zum ersten Mal seit dem Verlust ihres geliebten Sohnes, worüber sie nicht hinwegkam.

Am nächsten Tag besuchten wir das Grab. Maurice sah uns auf dem von seiner Mutter ausgewählten Foto nachdenklich an, ernst, wie wir ihn bei unseren Begegnungen nur selten erlebt hatten. Auf dem Grabstein waren noch andere Namen eingemeißelt, der des 1970 verstorbenen Vaters – der Vater hatte den Lebensweg von Maurice entscheidend geprägt – und jener der Großmutter, einer Cousine von Rosa Luxemburg. Solange streichelte und küßte das Bild von Maurice. Den Arm um Andrea gelegt, erzählte sie, was der Sohn über die Besuche bei uns berichtet hatte: Er habe sich wie ein Teil unserer Familie gefühlt.

Vielleicht war es Maurices familiärer Hintergrund, der aus einer flüchtigen Begegnung eine Freundschaft werden ließ.

Als wir uns kennenlernten, deutete nichts darauf hin, daß sich im folgenden turbulenten Jahrzehnt, das an vieles denken ließ, am allerwenigsten ans Sterben, aus einem Interview-Treff eine ungewöhnliche Beziehung entwikkeln würde.

Es war an jenem denkwürdigen 4. November 1989, als auf dem Berliner Alexanderplatz inmitten der unzähligen Journalisten im Gedränge hinter dem zur Rednertribüne umfunktionierten Pritschenwagen ein kleiner, dunkelhaariger, agil wirkender Franzose auf mich zukam und um ein Interview bat. Ich weiß nicht mehr, ob ich ein paar Fragen gleich beantwortete oder ob wir einen späteren Termin vereinbarten. Wie bei fast allen anderen Vertretern seiner Gilde hätte sich auch in seinem Fall nichts weiter ergeben, wäre da nicht jener schwer definierbare Funke gewesen, der sehr bald zwischen uns beiden, aber auch zwischen Andrea und ihm übersprang.

Von Hunderten von Gesprächen mit Journalisten im stürmischen neunundachtziger Herbst hebt sich das Interview für »L'Autre Journal« in meiner Erinnerung deutlich ab. Weder der Herausgeber noch Maurice stellten oberflächliche Fragen, und die gewissenhafte Wiedergabe des Sinns unseres mehrstündigen Gesprächs für das anspruchsvolle Magazin zeugt vom hohen journalistischen Niveau meiner Partner.

Maurice blieb hartnäckig. Er verfolgte mich im Jahr meiner »Flucht« 1990/91 bis nach Moskau. Er war einer der ganz wenigen, dem ich dort nicht nur knappe Interviews gab und der Fototermine erhielt, sondern der trotz meiner beinahe konspirativen Anwesenheit einige mehrstündige Gespräche führen konnte. Maurice war vorbereitet, er stellte gezielt Fragen und war dann ein geduldiger Zuhörer. Sein Interesse galt damals vor allem den Hintergründen der komplexen Vorgänge im Osten, dem gescheiterten sozialistischen Versuch, den Ursachen.

Bevor er mit mir sprach, hatte er intensive Kontakte zu den Opponenten des erstarrten Systems gesucht und gefunden, zu Dissidenten in Prag, Warschau, Berlin. Nun hatte er in mir einen Gesprächspartner aus der Führungsschicht, einen ausgestiegenen und kritischen zwar, aber einen mit Hintergrundwissen. Dazu einen mit interessanten Kontakten in Moskau. Über mich suchte er Verbindungen zu führenden Leuten und zu Archiven des KGB. Maurice kannte keine Hemmungen, sich von mir Vorzimmer- und Wohnungstüren öffnen zu lassen. Bei aller Lebhaftigkeit seines Wesens blieben seine dunklen Augen im Gespräch aufmerksam und ruhig, er hörte zu.

Dieser neue Bekannte erwies sich nicht nur als hartnäckig, sondern auch als fleißig. Er verarbeitete die Gespräche zu einem Buch, das in Paris unter dem Titel »Markus Wolf. L'oeil de Berlin – das Auge von Berlin« erschien. Die Beteiligung am finanziellen Ertrag dieses Werkes bescherte mir und Andrea angesichts unserer damaligen prekären Lage ein willkommenes Zubrot.

Der Kontakt zu uns riß auch nach unserer Rückkehr nach Deutschland nicht ab. Als ich im Oktober 1991, nach der Entlassung aus der Haft, bei einem Gerichtsverfahren in München als Zeuge zum ersten Mal wieder in der Öffentlichkeit erschien und von der Pressemeute beinahe erdrückt wurde, wich Maurice als treuer Beschützer Andrea nicht von der Seite. Auch während meiner Prozesse in Düsseldorf in den folgenden Jahren bewies er seine Verbundenheit nicht nur durch seine Anwesenheit als Journalist im Gerichtssaal, sondern vor allem durch seine Aktivitäten in Frankreich. Es gelang ihm, eine ganze Reihe namhafter Persönlichkeiten zu Stellungnahmen gegen meine Strafverfolgung zu gewinnen.

Ich glaube, er hatte sich davon überzeugt, daß meine Gesinnung wie die meines Vaters und meines Bruders die eines Linken geblieben war. Auch er war wie ich ein Linker, obwohl unsere politischen Standorte in der Vergangenheit verschieden gewesen waren. Solidarität stellte für ihn einen übergeordneten Wert dar.

Da meine Geschichte bei all unseren Begegnungen stets im Mittelpunkt stand, wußte ich über Maurice und sein Leben wenig. Er hatte nur beiläufig von seinen Reisen nach Chile erzählt, seiner Verbindung zur algerischen Befreiungsbewegung, zu den Palästinensern, seinen Kontakten in die Tschechoslowakei des Jahres 1968 und seinen Reisen nach Polen in den unruhigen Jahren 1980/81. Ich war mir bald sicher, es bei ihm nicht mit einem der simplen, auf Sensationen und Enthüllungen lauernden Journalisten zu tun zu haben, sondern vielmehr in ihm einen leidenschaftlich engagierten, allerdings zuweilen etwas anarchischen und geradezu besessenen Menschen kennengelernt zu haben, bei dem ich mich immer an Egon Erwin Kisch erinnert fühlte. Maurice befand sich ununterbrochen in Bewegung, er wollte tausend Projekte auf einmal realisieren und sprach wenig über sich.

Während unseres Besuchs in Paris nach seinem Tod erfuhren wir während der Begegnungen in Bistros und Cafés des Viertels Le Marais mit Charlie, mit dem langjährigen Freund Bernhard und seiner Freundin Ivonne, die ihn auf der letzten Reise nach Kuba begleitet hatte, vieles über ihn, was wir bis dahin nicht gewußt hatten. Bei unserem früheren Parisaufenthalt hatte uns Maurice selbst noch durch die engen Gassen dieses alten Stadtteils geführt, uns das ihm so vertraute Judenviertel gezeigt, er hatte uns zur zau-

berhaften Place de Vosges geführt und war mit uns weiter-
gegangen bis hin zur Place de la Bastille.

Maurice ist 1948 in Paris geboren worden. Wie auch für
Charlie stellten sich ihm der aus Polen stammende Vater
und dessen Bruder, ihr Onkel, als Helden dar. Beide waren
Kommunisten, der Onkel gehörte zur polnischen interna-
tionalen Brigade Dombrowski im Spanischen Bürgerkrieg.
Er ist dort im Kampf gefallen.

Maurice erinnerte sich, wie er im Alter von sechs oder
sieben Jahren mit dem Vater und anderen Kommunisten
die Sonntagsausgabe der »Humanité« auf den Straßen ver-
kauft hatte. Als Jugendlicher war er kurze Zeit Mitglied des
Kommunistischen Jugendverbandes gewesen. Nach Ansicht Bernhards, des gleichaltrigen Freundes, entfremde-
ten sie sich beide in den sechziger Jahren, noch als Gymnasiasten, von den Kommunisten und näherten sich den
verketzerten Trotzkisten an. Für Maurice, der immer schon
militant gewesen sei, wäre die Kommunistische Partei
nicht mehr revolutionär genug gewesen, er beschuldigte
die Sowjetunion, die Idee der Weltrevolution aufgegeben
zu haben. Es war die Zeit des Rock'n'Roll, des Kampfes für
sexuelle Freiheit, vor allem aber die Zeit der Protestaktionen gegen den schmutzigen Krieg der Amerikaner in Viet-
nam. Schon als Schüler des Lyceums Jacques Decour grün-
dete Maurice das erste Vietnamkomitee der Gymnasiasten.
Er gehörte zu jener Gruppe, die im März 1968 aus Protest
gegen den Vietnamkrieg die Schaukästen des American
Express zerschlug. Unter Einfluß des populären trotzkistischen Führers »Pablo« Michel Raptis wurde Maurice
Mitglied und mit zwanzig Jahren einer der Anführer der
Alliance marxiste-révolucionnaire und deshalb aus dem
Kommunistischen Jugendverband ausgeschlossen. Pablo
wurde zu einem der Berater von Ben Bella, dem Führer des
Aufstands gegen die Franzosen und späteren ersten Mi-

nisterpräsidenten des unabhängigen Algerien. Maurices Beziehung zu den algerischen Freiheitskämpfern bildete die logische Folge dieser Umstände. Am Gymnasium trat Maurice offen für den Sieg der algerischen FLN ein. Bei großen Demonstrationen war er nicht selten in der ersten Reihe und an der Seite damals populärer Jugendführer wie Daniel Cohn-Bendit, Alain Jeismar oder Jack Sauvageot zu finden. Natürlich wurde er immer wieder verhaftet – Vorboten der Ereignisse von 1968.

Noch im Gymnasium übten die Jungen sich in Konspiration, gaben sich Decknamen und gründeten ein Aktionskomitee der Gymnasiasten (CAL). Mit diesen Komitees, die in ganz Frankreich entstanden, wurde Maurice berühmt und avancierte zu einem der bekanntesten Führer der Jugendrevolte jener Jahre. Bestandteil dieser Revolte bildete auch die Forderung der Schülerkomitees, den Kasernencharakter der Gymnasien abzuschaffen.

Tatsächlich hat sich mit der achtundsechziger Bewegung der Lebensstil der französischen Jugend und damit ganz Frankreich verändert. Mit den Jeans und den langen Haaren kam ein neues Bewußtsein. Maurice sagte viel später zu seinem Freund: »Wenn wir sonst nichts erreicht haben – der gemeinsame Unterricht von Mädchen und Jungen an den Gymnasien bleibt unser Verdienst.«

Die »Liberation«, für die Maurice später lange arbeitete, schrieb am Tag seiner Beisetzung: »Am 6. Mai 1968, als alle linken Studenten von der Polizei in der Sorbonne eingeschlossen waren, war es das Auftreten der Gymnasiasten im Quartier Latin, das zu einem spontanen Aufruhr führte. Maurice Najman setzte sich allmählich als Vertreter der Bewegung der Gymnasiasten durch. Ein glänzender Redner, Zigarette in der Hand, mit heiserer Stimme sprechend, Verfechter seiner Ideen, und natürlich ein Aufsteiger in den Generalversammlungen.«

Maurice stürzte sich in die Hektik des politischen Kampfes. »L'Evenement«, deren Mitarbeiter er ebenfalls war, schreibt darüber: »Andere verfügten über Beredsamkeit, er redete mit einer unverschämten Grazie. Die Angst davor, die nächste Revolution zu verpassen, ließ uns jedesmal die letzte Metro versäumen. ... Immer wenn eine neue Idee beschworen wurde, von der Selbstverwaltung zur Ökologie, war Maurice Najman dabei. Jedesmal wenn irgendwo in der Welt eine Bewegung entstand, kannte er ihre Ziele, Tendenzen und Animateure. Der Prager Frühling, die Guerilla von Salvador, die revolutionäre Linke Chiles und das KOR, das Selbstverteidigungskomitee der polnischen Arbeiter, das alles waren für ihn keine Geheimnisse.«

Später trennte Maurice sich von der trotzkistischen Organisation, blieb aber mit den früheren Gefährten in Verbindung und diskutierte mit ihnen. Er wurde Journalist mit Leib und Seele. Das war nun seine Art geworden, Politik zu machen.

In der Hektik von 1968 und unmittelbar danach war an ein geordnetes Leben, gar die Gründung einer Familie nicht zu denken. Maurice lebte mit einer gleichgesinnten Frau zusammen, eine Beziehung, aus der die Tochter Esther hervorging, obwohl er eigentlich kein Kind wollte. Um seine Tochter kümmerte er sich erst viel später, als er uns liebevoll von ihr erzählte und mit Andrea Geschenke für sie beriet.

Damals nahm er sich selbst für seinen Vater, der zu dieser Zeit schon schwer krank im Spital lag, keine Zeit. Das erfüllte ihn in den Jahren nach dessen Tod mit einem Gefühl nicht wiedergutzumachender Schuld.

Maurice hatte Umgang mit einer unüberschaubaren Zahl verschiedenster Leute. Darunter waren so verrückte Gestalten wie der Schauspieler Coluche, ein wirklicher politischer Clown. Sie wurden Freunde, und als der sich bei den französischen Präsidentschaftswahlen von 1981 halb im Spaß, halb im Ernst zum Kandidaten nominieren ließ, war Maurice sein Berater. Coluche zog tatsächlich mit Francois Mitterand gleich, bis er schließlich zugunsten des Führers der Sozialisten verzichtete. Ganz Frankreich lachte damals über diese Eulenspiegelei.

Anders als viele Achtundsechziger, die Daniel Cohn-Bendits »Realpolitik« im herrschenden System zu verwirklichen suchten, bewahrte sich Maurice seine linke Überzeugung und seinen alternativen Lebensstil. Den Freiheitskämpfen in der Dritten Welt galt weiter seine leidenschaftliche Sympathie, die Umwälzungen in der DDR und in Osteuropa verfolgte er mit großer Neugier. Aus dieser Neugier erwuchs unsere, sicher nicht für jedermann verständliche, enge Beziehung. Neben den Interviews und einem gemeinsamen Buch entstanden einige Fernsehproduktionen, die er gestaltet hatte, zuletzt eine Dokumentation über den Fall der Mauer, die bei dem Festival in Angers prämiert wurde.

Wenn die Freunde von Maurice erzählten, sahen wir ihn in jener Pariser Gegend, in der er seine Kindheit und Jugend verbracht hatte. Wir sahen ihn, wie er sich während unseres von ihm arrangierten Besuchs auf seinem Moped durch den dichten Autoverkehr schlängelte und uns vergnügt zuwinkte, wenn er unser Taxi überholte. Wir hatten keine Lust mehr, dieses uns inzwischen so vertraute Viertel zu verlassen. Nur einmal spazierten wir zum Louvre, und an einem anderen Tag fuhren wir mit der Metro zur Mauer der Kommunarden auf dem Friedhof Pére Lachaise, ansonsten hoben wir uns Paris für später auf. Beim jüdischen Boulanger in einer der zahlreichen engen Gassen frühstückten wir, und in der überfüllten Kneipe um die Ecke aßen wir zu Abend. Einige Male fragte Andrea verwundert, sie schirmte mich gegen zudringliche Kontakte stets mißtrauisch ab, weshalb wir von all den Journalisten, die uns immer wieder begegneten, gerade Maurice unser Vertrauen geschenkt hatten und weshalb er uns so nahegekommen war. War es so vorbestimmt?

Wo er auch war, wir erhielten Lebenszeichen von ihm aus der ganzen Welt. Die letzten kamen aus Mexiko und Kuba. Aus Mexiko, wo er zwei Monate bei den Aufständischen lebte und sich mit deren Comandante Marcos anfreundete, kam im Sommer 1996 eine bunte Karte im Stil der mexikanischen Folklore, aber mit unverkennbaren Symbolen von Chiapas bei uns an. Auf ihr stand dieser Gruß: »Un Saludo Fraternal y révolucionario de Chiapas ... Zapata Vive! See you soon Maurice.«

Seine Unrast schlug sich auch im Privatleben nieder. Er war immer in Bewegung, reiste mit kleinstem Gepäck, war ohne Ansprüche an die Unterkünfte. Mancher Freund wunderte sich, daß er kaum Schlaf nötig zu haben schien. Obwohl er sich in unserer Zeit um Aufträge bemühen mußte, hatte er anscheinend keine Geldsorgen. Er achtete stets auf sein Äußeres, fast ein wenig eitel, seinem Stil gemäß, und vergaß im Gegensatz zu manchen anderen, wohlhabenderen Besuchern nie Blumen und eine Aufmerksamkeit für Andrea.

Einige Male brachte er neue Freundinnen mit, manchmal waren es wieder die alten. Mit ihrer Fähigkeit, in die Sphäre naher Menschen einzudringen, hatte Andrea bald das Gefühl, Maurice sei nicht glücklich. Schon beim ersten Besuch in Paris hörten wir von seiner Liebe zu einer Frau, über deren Tod er nicht hinwegkam. Das muß etwa zum Zeitpunkt unseres Kennenlernens 1989 geschehen sein.

Einer seiner engsten Freunde war zu jener Zeit der Schöpfer wunderbarer Filme, wie »Buena Vista Social Club«, Wim Wenders. Ich konnte die Nähe dieser beiden sensiblen Naturen zueinander ganz gut nachempfinden. Der Filmregisseur erzählte mir, wie hart Maurice von dem Verlust der geliebten Frau getroffen war. Es war die große Liebe seines Lebens gewesen. Sie war halb Vietnamesin, halb Französin und eine außergewöhnliche Schönheit.

Wenders lernte die beiden Mitte der achtziger Jahre über seine Freundin bei einer gemeinsamen Fahrt ans Mittelmeer kennen. Die Frauen waren schon länger miteinander befreundet. In den sieben Jahren ihrer Bekanntschaft war Maurice stets von ansteckender Fröhlichkeit, berichtet Wenders.

So außerordentlich die Schönheit von Maguy war, so ungewöhnlich waren beide als Paar. Ihre Beziehung war sehr erotisch, aber auch von intellektueller Geschliffenheit. Beider Passion war das Lesen; in der kleinen doppelstöckigen Wohnung waren Zimmer und Gänge mit Büchern vollgestellt. Jeder Besucher hatte stets das Gefühl, sie gerade beim Lesen gestört zu haben und daß sie nach Verschwinden des Besuchs die unterbrochene Tätigkeit fortsetzen würden.

Die Beziehung war aber nicht ohne Probleme. Sie hatten sich vorgenommen, nicht voneinander abhängig zu werden, aber sie waren es doch. Beide hatten zwischendurch andere Beziehungen, aber sie kamen immer wieder zusammen. Hatte Maurice Maguy längere Zeit nicht gesehen, lag er weinend in des Freundes Armen. Ihre Radikalität und ihre Besessenheit hat sie zusammengehalten.

Auch Drogen spielten in der Beziehung eine Rolle. Maguy spritzte sich harte Drogen, und es ist anzunehmen, daß auch Maurice zu dieser Zeit an der Nadel hing. Er hatte dann mehr speed, wirkte wie aufgezogen und konnte im Unterschied zu anderen Junkies, die oft träge werden, nicht stillhalten. Von Zeit zu Zeit schlossen sie sich für eine Woche ein. Freunde werteten dies als gutes Zeichen, denn danach war Maurice wie verwandelt. Er wirkte längere Zeit viel jugendlicher, er hatte ohne den Stoff eine andere Art von Energie. Wim Wenders meint, Maurice konnte mit dem Stoff umgehen, er war nie außer Gefecht. Denselben Eindruck hatten Andrea und ich. Maurice sprach auch mit uns freimütig über Drogen: Andrea hatte bei einem Besuch im Sommer Einstiche an seinen Armen bemerkt.

Dagegen sprach er mit uns über die tödliche Gefahr nicht, der er ausgesetzt war. Maguy wußte, daß sie HIV-positiv war. Für Maurice war Maguy ein Engel. War sie sein »schwarzer Engel«? Ihr überraschender Tod, lange vor dem seinen, hatte seine Ursache jedoch nicht in der tödlichen Virenkrankheit, sondern war verursacht durch ein Blutgerinnsel im Gehirn.

Für Maurice brach eine Welt zusammen. Wenders und dessen Freundin kümmerten sich um ihn. Maguy wurde eingeäschert, sie brachten die Asche gemeinsam mit Maurice zu ihrem früheren Wohnort im Süden Frankreichs und verstreuten sie in alle Winde.

Danach war Maurice ein anderer. Sie seien noch oft zusammengewesen, berichtet Wenders, doch mit der fröhlichen Wildheit des Freundes sei es vorbei und das frühere Feuer nicht mehr zu spüren gewesen.

Diesen Wesenswandel hatten wir in den Jahren unserer engen Beziehung nicht empfunden, außer vielleicht in den letzten zwei, drei Jahren. Da wußten wir, daß Maurice sehr krank war. Schon bei unserer letzten gemeinsamen Arbeit über die Berliner Mauer machte ihm seine Stimme zu schaffen, und er sprach von einer bevorstehenden Untersuchung im Krankenhaus. Er schrieb über Torturen bei ärztlichen Untersuchungen, aber dann war er plötzlich nach Kuba entschwunden. Zuletzt konnte ich ihn nur unter Schwierigkeiten telefonisch erreichen, er hatte sich, schon schwer leidend, aufs Land zurückgezogen.

So waren wir nie dazu gekommen, über sein Leben und den Sinn seines Lebens zu sprechen. Es war mit ihm, wie mit vielen Freunden: Man glaubt, noch viel Zeit zu haben, aber ganz plötzlich bleibt die Uhr stehen.

Nun konnte ich nur seine Freunde noch um ein paar Auskünfte bitten.

Auf meine Frage, ob Maurice glücklich gewesen sei, antworteten die Freunde in Paris zögernd und nach langem Nachdenken alle mit ja. Bernhard sagte, er habe mit ihm in den fünfundzwanzig Jahren ihrer Bekanntschaft nie darüber gesprochen. Ivonne meinte, Maurice habe die Frage nach Glück nie eingeengt stellen wollen. Er mußte immer mit Leuten sein, mit neuen Freunden, neuen Freundinnen. Die Frage konnte für ihn auch gefährlich sein. Er ertrug es nicht, allein zu sein. Auch Charlie empfand den von ihm bewunderten Bruder in rastloser Bewegung. Früher habe der sich und seinen Lebensinhalt nur als eine Art Schaum der Geschichte gesehen, aber in seiner kleinen Rolle habe Maurice sehr aktiv sein wollen. Zuletzt habe er gesagt, der Sinn des Lebens sei das Leben. Da habe er das Los der Juden in Auschwitz vor Augen gehabt. Doch habe er seinen Optimismus im Sinne von Antonio Gramsci aus dem Willen und dem Bewußtsein geschöpft.

Maurice war ein Kämpfer. Beim letzten gemeinsamen Essen im Süden Frankreichs, als Charlie über das Aussehen seines Bruders erschrocken war, sei Maurice traurig gewesen. Gleichzeitig habe er aber mit Ärger über die Achtundsechziger gesprochen, die nicht mehr kämpfen wollten. Da könne man sich doch gleich begraben lassen!

Am letzten Abend unseres Besuchs in Paris hatten wir Solange auf Charlies Vorschlag in ihr Lieblingslokal FLO, eine der ältesten Brasserien in der Stadt, eingeladen. Als uns der Geschäftsführer einen Tisch zuwies, war Solange wie versteinert stehengeblieben: am selben Tisch hatte sie mit Maurice gesessen, als sie seinen letzten Geburtstag feierten.

Natürlich drehte sich den ganzen Abend lang das Gespräch um den geliebten Sohn. Irgendwie kamen wir später auf Charlies Erlebnis mit der Woodoo-Priesterin zurück, von dem er uns erzählt hatte. Als Maurice starb, drehte er in Haiti gerade einen Film über eine Woodoo-Priesterin. Dieser Mambo, wie die Zauberinnen genannt werden, wurde nachgesagt, sie könne Kontakt mit Verstorbenen aufnehmen. Charlie wollte dem nachgehen. Und es hat den rational denkenden Filmemacher, aber auch die Mutter zutiefst beeindruckt, wie es dieser Frau scheinbar gelang, eine Verbindung zu Maurice aufzunehmen. Das geschah laut Charlies Bericht ein Jahr und einen Tag nach dem Tod von Maurice: So lange braucht nach dem Woodoo-Glauben die Seele des Verstorbenen, um zu den Göttern nach Afrika, dem Land der Ahnen, zu gelangen und zurückzukehren.

Die Zauberin war durch ein Tuch von Charlie getrennt. Er vernahm ihre Stimme, aus der er aber auch Maurice herauszuhören meinte. Die Stimme habe gesagt, es gehe ihm gut, er sei mit Maguy vereint, man solle beide in Ruhe lassen. Die Stimme kannte den Namen von Maurices großer Liebe, das überraschte Charlie über die Maßen. Dann sprach die Stimme, er, Charlie, möge sich jetzt um die Mutter kümmern.

Charlies Bericht lenkte Andrea im Gespräch mit Solange auf das Thema eines möglichen Lebens nach dem Tode. Noch vor dem Schlafengehen erzählte sie mir verstört und erschüttert, wie ihr Solange die von Auschwitz stammende tätowierte Häftlingsnummer am Arm gezeigt und von den nicht auszulöschenden Gefühlen berichtet habe, die der so unvorstellbar grausame Tod Tausender und Abertausender Kinder in den Gaskammern in ihr hinterlassen habe. Wie solle man danach an ein Leben nach dem Tod glauben?

Auch mir ist es unmöglich, daran zu glauben, doch sowohl die Mutter als auch der Bruder hatten an diesem Abend das Gefühl gehabt, Maurice sei mit uns gewesen. Und natürlich stand uns der Freund wieder lebendig vor Augen.

Unabhängig von unseren Eindrücken, Erinnerungen und Vermutungen stellt sich die Frage: Was bleibt von einem solchen Leben hier auf Erden? Da ist die Erinnerung an einen wunderbaren Menschen. Sie bleibt bei der Mutter, dem Bruder, der Tochter, den Freundinnen, den Freunden.

Wenn unsere Zeit, die Zeit derer, die ihn kannten, zu gehen kommt, wird die Gestalt von Maurice mehr und mehr verblassen. Und dennoch bleibt etwas von ihm, eine Spur.

Die Achtundsechziger haben in der zweiten Hälfte des zwanzigsten Jahrhunderts eine deutliche Spur hinterlassen. Die meisten der damals rebellierenden Kinder aus dem Bürgertum sind in den Schoß ihrer Gesellschaft zurückgekehrt. Viele haben sich im Staat wiedergefunden, im Glauben, allein auf diese Art wenigstens etwas von den Träumen ihrer Jugend verwirklichen zu können. Nicht so Maurice. Er verbrannte in der Jagd nach neuen Themen. Er schonte sich nicht und war, schon von der Krankheit gezeichnet, bis zuletzt voller Tatendrang.

Er blieb, den Rebellen verbunden, selbst ein Stück ein Rebell, als Journalist, als Filmemacher, als Freund. Deshalb zog es ihn nach Lateinamerika, zu den Kämpfenden in Mexiko, nach Chile, nach Venezuela, nach Kuba. Maurice liebte Kuba über alles. Seine Gedanken kreisten um ein Projekt zu Che Guevara, dessen Spuren er intensiv verfolgte. Manchmal sprachen wir über Tamara Bunke, die deutsche Partisanin, die an Ches Seite gekämpft und mit ihm den Tod gefunden hatte.

Schon schwer von seiner Krankheit gezeichnet, erklärte Maurice sich 1998 bereit, auf Kuba als Darsteller im Film eines engen Freundes mitzuwirken. Für das folgende Jahr hatte er bereits Tickets für eine gemeinsame Kuba-Reise mit Solange gebucht. Aber dazu kam es nicht mehr. Statt dessen sahen die Gäste seiner Trauerfeier Fragmente dieses in Kuba gedrehten Films. Während unseres Besuchs in Paris zeigte Charlie auch uns diese Filmausschnitte. Bei den wunderbar poetischen Aufnahmen eines Tanzes standen uns Tränen in den Augen: Maurice, ganz in die Musik und die Bewegung versunken, Partnerin und Kamera vergessend, träumt einer anderen Welt entgegen, will sich dem Ende des Traums aber widersetzen. Wie Solange im Film des Bruders scheint auch er im Film seines Freundes wie für den Tanz geboren. Maurice liebte die Musik. Wir sahen im Film ein anderen Maurice als den, den wir kannten.

Charlie erzählte uns, daß Maurice ihn bei ihrer letzten nächtlichen Begegnung im Krankenhaus zu einem Tanz aufgefordert hatte. Seine letzten Worte, an den Bruder gerichtet, waren: »Kannst du tanzen? Tanze! Wir werden in eine andere Zeit tanzen!«

Maurice war ein träumender Aufrührer ohne Pathos, ein sympathischer, bescheidener Rebell. Ist das die Bescheidenheit derer, die im Buch der Geschichte ihre Handschrift auf den guten Seiten hinterlassen? Menschen wie er verschwinden, wie alle Menschen. Aber sie bilden die Körnchen, die das Salz der Erde sind.

Der kleine Mischa

Wie der »kleine Mischa« bei vielen Bekannten zu diesem Beinamen kam, weiß ich nicht sicher. Die Vermutung liegt aber nahe, daß dies mit unserer unterschiedlichen Körpergröße zu tun hatte. Der Unterschied war recht eklatant, so daß ich eben der »große Mischa« war; doch das störte den »Kleinen« nicht im geringsten. Im Unterschied zu anderen Männern kleineren Wuchses, die den Mangel an körperlicher Länge durch übertriebenen Geltungsdrang zu kompensieren suchen, hatte Mischa damit keine Probleme. Intelligenz und beruflicher Erfolg sorgten für sein gesundes Selbstbewußtsein.

Als wir uns Anfang der sechziger Jahre während der Leipziger Messe am Stammtisch des auch nicht gerade groß geratenen Generals im Restaurant des Hotels Astoria kennenlernten, war nicht abzusehen, daß Jahre danach aus der Beziehung zu diesem gemeinsamen Freund Hans auch zwischen uns eine freundschaftliche Beziehung entstehen könnte. Zu verschieden waren unser Umfeld, scheinbar auch unsere Interessen. Erst mit der Zeit erfuhr ich, auf welche Weise sich diese beiden kennen- und schätzengelernt hatten.

Es war in der Nachkriegszeit, die bei jedem, der sie erlebte, Spuren hinterlassen hat. Zu einem Knäuel voller Gegensätze vermengten sich in Berlin die allgegenwärtige Not mit dem Kampf ums Überleben, Aufbruch in eine neue Zeit mit der schwerlastenden Hinterlassenschaft der Nazis, Antifaschismus mit dem Beginn des Kalten Krieges. Hans, der als Hitlergegner aktiv am Widerstand teilgenommen

hatte, war nach Kriegsende aus dem Zuchthaus Branden-
burg wieder in seine Heimatstadt Berlin gekommen und
für die Bekämpfung der Kriminalität zuständig; Mischa, als
polnischer Jude der Todesmaschine von Auschwitz und Bir-
kenau gerade entronnen, schuf mit rücksichtsloser Energie
und seinen vielleicht angeborenen Fähigkeiten eine Existenz als Geschäftsmann. Dabei gab es bei beiden auf sehr
unterschiedliche Weise Berührungspunkte zur Unterwelt.

Erst viel später, als wir uns schon nähergekommen
waren und in Erinnerungen kramten, orteten wir das kleine Büro im Berliner Stadtbezirk Pankow, in dem ich auf
einen kleinen Ableger dieser Mischa vertrauten Welt gestoßen war. Meinem Bruder Konrad war ein von uns gemeinsam erworbenes Motorrad abhanden gekommen,
und ich suchte einen Ersatz. Für die Verbindung von meiner damaligen Wohnung in Charlottenburg, dem Berliner
Westen, zu meinen in Pankow, im Ostteil der Stadt, lebenden Eltern war in der damaligen Verkehrssituation ein
fahrbarer Untersatz unverzichtbar. So kam ein etwas du-
bioses Geschäft zwischen mir und Geschäftspartnern des
»kleinen Mischa« zustande.

Mein Vater hatte bei einem geschäftstüchtigen Polen
eine Schreibmaschine gekauft. Mit diesem müsse man
zwar tüchtig handeln, sagte er, doch gäbe man sich als Hitlergegner zu erkennen, sei ein akzeptabler Preis zu erreichen.

Das Geschäftsbüro befand sich in der Straße der elter-
lichen Wohnung. Es war nicht mehr als ein kleines Zimmer mit Schreibtisch und ein paar einfachen Stühlen sowie
Regalen. Immerhin klingelte einige Male ein Telefon, damals noch ein seltenes und begehrtes Utensil. Der kleine
Mann hinter dem Schreibtisch, später stellte ich eine
frappierende äußere Ähnlichkeit mit Mischa fest, gab einigen herumstehenden Leuten kurze Weisungen, es war

offensichtlich der Chef. Eine Weile dauerte es, bis er mein Erscheinen zu bemerken geruhte. Als ich mein Anliegen vorgetragen hatte, sagte er nur: »Kommen Sie.«

Wir liefen ein paar Straßen weiter bis zu einem Hof mit mehreren Garagen. In einer, die offen stand, hantierte ein Handwerker an einem Motorrad. Dieses wurde mir als besonders gutes Stück offeriert, der Mann setzte die Maschine in Gang, drehte eine Runde im Hof, und das Geschäft kam zustande. Im Handumdrehen war ich mein Bargeld los.

Es war meine erste größere Anschaffung nach dem Krieg, bezahlt mit dem Ertrag meiner rechtschaffenen Arbeit des Rundfunkjournalisten. Ich zahlte natürlich einen viel zu hohen Preis, eine Folge meiner geschäftlichen Untüchtigkeit und Unkenntnis motorgetriebener Fahrzeuge. Erworben hatte ich eine museumsreife FN mit Keilriemenantrieb. Das Vehikel leistete seinen Dienst gerade noch von Pankow bis Charlottenburg, dann blieb es stumm. Alle Versuche, auch der Berufsfahrer der Fahrbereitschaft des Rundfunks, es noch einmal in Gang zu bringen, blieben ohne Erfolg. Natürlich weigerte sich mein Bruder, seinen Anteil zu bezahlen. Als ich Mischa diese Begebenheit schilderte, wußte er sofort, wovon ich sprach, nannte den Namen meines Gesprächspartners, bestritt aber vehement, jemals derart unlautere Geschäfte getätigt zu haben. Jahrzehnte danach erbot er sich, mir den Schaden in einer Größenordnung zu ersetzen, die seiner inzwischen zugelegten Kragenweite als Unternehmer entsprochen hätte. Wir einigten uns aber darauf, die Episode in die von uns gern beanspruchte Welt der Anekdoten einzureihen und es dabei bewenden zu lassen.

Was Anekdoten und Geschichten angeht, war unser Freund Hans, dem wir das Kennenlernen verdankten, nicht zu überbieten. Hans war ein echtes Berliner Original, wie es selbst am Prenzlauer Berg, seinem Heimatbezirk, nur noch selten anzutreffen ist. Eigentlich hätte er konserviert im Märkischen Museum, dem Berliner Heimatmuseum, als Rarität aufbewahrt werden müssen. Allein schon seine Erscheinung löste Schmunzeln aus. Am Steuer seines für DDR-Verhältnisse respektablen Volvo konnte er andere Verkehrsteilnehmer in Schrecken versetzen, denn der kleine General war hinter dem Lenkrad nicht auszumachen. Auch wir vermuteten manchesmal, wenn wir ihm auf der Autobahn begegneten, ein fahrerloses Geisterfahrzeug. An der sich ständig erweiternden Tafelrunde im Leipziger Astoria war er dagegen weder zu übersehen noch zu überhören. Bei dem ausgedehnten Abendmahl lieferte er fortwährende Kostproben seines Humors in dem unnachahmlichen Berliner Idiolekt. Der Anblick der von tiefen Falten zerfurchten Gesichtszüge verleitete seine Zuhörer noch vor der Pointe des gerade zum besten gegebenen Witzes zum Lachen. Hans sparte nicht mit sarkastischen Anmerkungen zu den an anderen VIP-Tischen vertretenen Honoratioren und deren Damen. Er war ein Lästermaul. Wer es ihm angetan hatte, mußte sein lockeres Mundwerk fürchten. Auch bei Vorgesetzten nahm Hans kein Blatt vor den Mund.

Es war schon merkwürdig, daß der in Leipzig zur Koordinierung aller Sicherheitskräfte und des Nachrichtendienstes eingesetzte General entgegen allen Klischees derart ungezwungen öffentlich tafelte und auch beim Auftauchen führender Persönlichkeiten nicht vor Ehrfurcht erstarrte. Seine antifaschistische Vergangenheit verlieh ihm diese lässige Nonchalance. Mancher, der eine Beziehung zu den von ihm verkörperten Diensten zu verbergen suchte, machte um seinen Tisch einen großen Bogen. Nicht so Mischa. Ihr enges Verhältnis war offenkundig. Auch in der Bar konnte man beide in wechselnder Gesellschaft zu später Stunde noch erleben. Beide waren lustig, schwangen das Tanzbein, waren aber nie betrunken. Sie bevorzugten trockenen Wein. Ihr Umgangston war der von Gleichen.

Nur mit Wehmut denke ich an Hans, den Lebenskünstler, zurück. Viele Jahre war er im Dienst mein Stellvertreter. Im Kreis der Generale war er einer der wenigen, mit dem es Spaß machte zu arbeiten. Eigentlich als Aufpasser an meine Seite gesetzt, hatten wir, so unterschiedlich unsere Anlagen waren, sehr bald einen guten Draht zueinander gefunden. Wir ließen nicht nur die Absicht unseres oberen Vorgesetzten ins Leere laufen, sondern ergänzten uns in der Arbeit glänzend. Zögerte ich zweifelnd vor bürokratischen Klippen, umschiffte er sie scheinbar spielend. Hindernisse in der nicht gerade problemfreien Zeit waren für ihn nur dafür da, weggeräumt zu werden. In schwierigen und manchesmal unangenehmen Situationen hat mir Hans in seiner unnachahmlich munteren Art und positiven Denkweise geholfen, mit bösartigen Intrigen der Chefetage fertig zu werden. Das Ende unseres Staates hat ihn genau so unvorbereitet getroffen wie uns alle; es hat sein Herz gebrochen. Als ich im Ausland von seinem Tod erfuhr, war dies einer der Schläge jener Jahre, die am schwersten zu verkraften waren.

Hans war ein treuer Freund. Seine Zuverlässigkeit war einige Male lebenswichtig auch für den kleinen Mischa in dieser doch recht ungleichen Freundschaft. Vom Beginn ihrer Beziehung wußte ich nur, daß der aus Polen stammende Jude beim Suchen seines Glücks im Westen mit den Gesetzen in Konflikt geraten war. Aus der Haft geflohen, sah er eine Chance im Osten und setzte da seinen Geschäftssinn auf dem einzigen ihm damals zugänglichen Feld des ertragreichen Handels mit Zigaretten, Alkohol und Nylonstrümpfen ein. Der pragmatisch denkende Hans muß in dem energischen und manchmal mit brutaler Hand einen ganzen Ring beherrschenden kleinen Mischa einen fähigen Partner erkannt haben. Die neue Beziehung beruhte auf gegenseitigem Vorteil. Hans versprach sich von diesem Kontakt nicht nur eine gewisse Kontrolle des schwer zu überwachenden Milieus, sondern darüber hinaus eine Möglichkeit, Partei und Staat Einnahmen aus privaten Quellen zu erschließen, die dem offiziellen Außenhandel verschlossen bleiben mußten.

Unter solcher Obhut entwickelte sich Mischa im Laufe der Jahre zu einem angesehenen privaten Außenhändler der DDR. Wer ihn aus den Anfangsjahren kannte, mochte kaum glauben, wie der kleine Händler der Nachkriegszeit, der immer noch Schwierigkeiten hatte, seinen Lebenslauf fehlerfrei zu schreiben, nunmehr, geschmackvoll gekleidet, in einer der von ihm beherrschten acht Sprachen souverän mit Vertretern der größten Konzerne der Welt verhandelte. Mischa war ein Gedächtnisphänomen. Mit nur wenigen Stichpunkten auf einem Notizzettel unterbreitete er sein Angebot, erfaßte sofort die Vorschläge der Verhandlungspartner, rechnete im Kopf Salden und Währungen um und traf in wenigen Minuten eine Entscheidung. Dabei ging es nicht mehr um die Tausender der Anfangsjahre, sondern oft um dreistellige Millionenbeträge.

So solide seine Firma auch inzwischen war, in dem administrativen Getriebe des Staates war er doch nicht groß genug, um bei Anfeindungen nicht unter die Räder mächtiger Apparate zu kommen. Ich muß hier meine Aussage wiederholen, die ich mit gutem Gewissen vor parlamentarischen Untersuchungsausschüssen und Gerichten des vereinigten Deutschlands gemacht habe. So seltsam es klingen mag, es gab diese privaten Außenhandelsfirmen in der DDR tatsächlich. Ihre Existenz wurde von den genannten Gremien in Zweifel gezogen und bestritten. Mit dem Ignorieren meiner und anderer gleichlautender Aussagen wurde Mischas Eigentum, als er schon schwerkrank war und strafverfolgt wurde, als vermeintliches Staatseigentum rechtswidrig eingezogen. Ich will hier nicht weiter auf dieses Kapitel der Vergeltung eingehen, der viele ausgesetzt waren, die in der DDR ihren rechtmäßigen Staat sahen. Ich erwähnte es deshalb, weil es auch in den Zeiten, als die DDR ein anerkannter Handelspartner war, in ihren Apparaten nicht wenige gab, denen individueller Erfolg des Privatunternehmers, seine Reisen und Kontakte in kapitalistische Länder, moderne Limousinen und relativer Reichtum ein Dorn im Auge waren. Argwohn und Mißgunst waren gefährlich. Mischa ahnte wahrscheinlich nicht, welches Damoklesschwert des öfteren über ihm schwebte und daß es der ganzen Autorität des Freundes bedurfte, eine akute Gefahr abzuwenden.

Dies mußte umsichtig geschehen, denn es konnte nicht jeder staatlichen Kontrollinstanz, dem Finanzamt und jedem Offizier der inneren Sicherheit auf die Nase gebunden werden, weshalb unkonventionelles Geschäftsgebaren und Reisen, manchmal auch mit Familienangehörigen, den staatlichen Interessen nicht zuwiderlaufen. Die Existenz privater Außenhändler war Schritt für Schritt dem Interesse des Staates angepaßt worden. Nicht nur, weil ein ideenreicher Mann, wie Mischa, einen bestimmten Bedarf schneller und operativer befriedigen konnte, als der an formale Genehmigungswege gebundene staatliche Außenhändler. Fehlten beispielsweise in Stahlwerken, zu denen Mischa als Mittler zu sowjetischen Partnern gute Beziehungen unterhielt, wichtige Ersatzteile, wäre vom Antrag an das zuständige Ministerium, seine Prüfung und Bestätigung bis zur Lieferung durch das zuständige Außenhandelsunternehmen wertvolle Zeit verflossen, verbunden mit teuren Produktionsausfällen. Bei Mischa genügte ein Anruf, und das benötigte Teil traf in kürzester Frist ein.

Auch bei Beschaffungen von Hightech oder von Maschinen und Geräten zu ihrer Herstellung unter Umgehung der schikanösen Embargobestimmungen des Kalten Krieges war er mit seinen Beziehungen von Nutzen.

Als zum Beispiel in den siebziger Jahren die DDR große Anstrengungen zur Installierung von Computern in Wirtschaft und Verwaltung unternahm und die Eigenproduktion im Kombinat Robotron beim Einkauf selbst kleinster Geräte und Materialien im Westen auf die Embargobarriere stieß, waren Vertretungen eines privaten Unternehmers von unschätzbarem Wert. Als dem Ministerium für Elektrotechnik und Elektronik die ersten Großrechner westlicher Herkunft als Pilotvorhaben dienten, fehlten bald die für ihren Betrieb erforderlichen Magnetbänder – im normalen Handel kein besonderes Objekt. Doch ohne die Bänder ging nichts mehr. Die beschaffte Mischa. Er hatte die Vertretung der einschlägigen französischen Firma und bestellte sie über seine Niederlassung in Vaduz. Von dort ging die Lieferung nach Westberlin, das weitere war dann kein Problem. Der uns vom Westen auf Betreiben der USA aufgezwungene Wirtschaftskrieg verhinderte nicht nur den Handel mit solch simpler Ware, er provozierte Erfindungsgabe und verlangte aberwitzige Umwege, er erzwang schließlich sogar die Eigenproduktion bei ORWO Wolfen.

Natürlich waren auch dabei die über Mischa erworbenen Muster und Kenntnisse wertvoll, ebenso wie später bei der Entwicklung der Farbfilme und des Farbdruckes in der DDR.

Selbst die Einrichtung der Krankenhäuser stieß auf die Barrieren des Embargos. In einem Fall lief der Erwerb der gesamten hochmodernen, computergesteuerten Einrichtung eines Operationssaales, der als Muster gedacht war, ebenfalls über seine Wege und Umwege.

Noch delikater war, daß Mischas Firma nicht schlechthin ihre Steuern bezahlte, sondern einen Teil ihres Gewinns für Zwecke der politischen Führung abzweigte. Darüber war nur ein sehr kleiner Personenkreis informiert. Einige Zeit war Hans derjenige, der die ordentliche Überführung dieser Gelder überwachte. Später war es auf seine Initiative ein besonderer Apparat, der sich »Kommerzielle Koordinierung« (Koko) nannte. Dessen Leiter waren die privaten Außenhändler rechenschaftspflichtig, ohne daß sich an ihrem privaten Status etwas geändert hätte.

Anfang der siebziger Jahre wurden meine Begegnungen mit Mischa häufiger. Dies hing damit zusammen, daß Hans sein Ausscheiden aus dem aktiven Dienst vorbereitete und zum anderen die zunehmenden Krankheitserscheinungen in unserem Wirtschaftssystem auch von einem so klugen Mann wie Mischa nicht mit Schweigen übergangen wurden. Er hatte mehr und mehr Fragen auf dem Herzen, die er zwar bei seinen Kontakten zu Ministern und Generaldirektoren offen zur Sprache brachte, aber seiner Ansicht nach keine befriedigenden Antworten fand. Es ging eben nicht mehr nur um das Ausräumen bürokratischer Hindernisse bei der Durchführung einzelner Geschäfte, es offenbarten sich Grundübel des in administrativen Verknöcherungen festgefahrenen Wirtschaftssystems. Hans war der Meinung, ich solle mir diese ungeduldigen Fragen ruhig auch anhören. Im Grund genommen drehten sie sich um dieselben Probleme, mit denen uns unsere Kontaktpartner aus Staat und Wirtschaft immer mehr bedrängten und die uns selbst auf der Seele brannten. Zwischen Hans und mir gab es keine Zurückhaltung in der Kritik dieser Zustände und an den Verantwortlichen in der damaligen Führung. Wir sahen das Übel, daß im engeren Zirkel des Politbüros, dem praktisch obersten Gremium des Landes, nur Selbstzufriedenheit herrschte, daß es dort keine offene Diskussion und Beratung alternativer Lösungsmöglichkeiten schwerwiegender Wirtschaftsprobleme gab. Die uns beiden aus persönlichen Gesprächen mit engeren Mitarbeitern dieser Handvoll Träger höchster Verantwortung bekannte subjektive Beschränktheit und Willkür bei wichtigen Entscheidungen blieb selbst einem »kleinen Mischa« nicht verborgen.

Für Aussprachen mit Freunden und engen Vertrauten stand Hans stets derselbe Tisch im 37. Stock des Hotels »Stadt Berlin« zur Verfügung. Gemeinsam mit meist einem anderen Gast genoß ich die vom Direktor des damals führenden Hotels empfohlenen Spezialitäten der hervorragenden Küche des Hauses und außerdem einen herrlichen Ausblick auf das werdende Zentrum der DDR-Hauptstadt. Auch bei schwierigen Gesprächen war eine lockere und angenehme Atmosphäre gegeben. Hans entsprach auch dort seinem Ruf des Lebenskünstlers, er verstand es, Nützliches mit Angenehmen unkompliziert zu verbinden.

In den Gesprächen mit Mischa spielte die große Politik stets eine Rolle. Er interessierte sich immer für die Vorgänge in aller Welt. Und wenn er über die Probleme der Wirtschaft sprach, über Querschüsse gegen seine Vermittlungstätigkeit beim Zustandekommen von Geschäften mit den Konzernen, die er mit allen Vollmachten vertrat, ging es nicht um Kleinigkeiten. Einmal stand das Röhrengeschäft zwischen den großen westdeutschen Konzernen, wie Krupp, Salzgitter oder Saarstahl, und der Sowjetunion im Mittelpunkt. Ein anderes Mal wetterte er gegen die geringe Neigung, ihm bestimmte »Bartergeschäfte« zu ermöglichen, beispielsweise solche, bei denen die DDR gegen Lieferung überschüssiger Düngemittel Kaffee und Kakao für den Bevölkerungsbedarf aus Staaten der dritten Welt erhalten konnte. Der offizielle Handel wollte nicht wahrhaben, daß Mischa dafür ungewöhnlich günstige Kreditbedingungen westeuropäischer Banken vorweisen konnte. Es war in der Tat erstaunlich, wie dieser »kleine« Geschäftsmann mit den Großen der Industrie und Banken verhandelte und Ergebnisse erreichte, an die niemand glauben wollte. Auf Du und Du verkehrte er mit führenden Persönlichkeiten Südamerikas und Afrikas.

So einleuchtend seine Vorstellungen auch waren, mehr als anhören konnte ich sie nicht. Sie lagen außerhalb meiner Entscheidungsgewalt. Dennoch schien es ihm gutzutun, seine Probleme und den Ärger bei einem Mann abgeladen zu haben, bei dem er Gehör fand und von dem er annahm, etwas in Richtung dringend notwendiger Veränderungen bewirkt zu haben. Dabei spielte sicher auch mein Nimbus eine Rolle, einen besonderen Draht zu Moskau zu haben.

Als Hans aus dem Dienst ausgeschieden war, beide unterhielten weiter freundschaftlichen Kontakt, setzte Mischa mit mir derartige Gespräche bei Einladungen zu sich nach Hause oder auf sein Wochenendgrundstück fort. Dabei lernte ich seine Familie kennen. Hier war er nicht mehr der Geschäftemacher mit harten Umgangsformen, wie sie von Leuten beschrieben wurden, die ihn von früher kannten. Er war stolzer Familienvater in gutbürgerlichem Ambiente. Mit den siebziger Jahren hatte sich bei ihm merklich der Wandel zum seriösen Außenhändler vollzogen. Haus und Wochenenddomizil waren geschmackvoll eingerichtet, auch die Getränke- und Speisefolge zeugten von Niveau und Stil. Ebenso die Bilder und Plastiken, ein Ergebnis des Kunstinteresses seiner jüngeren Frau Anita. Er brauchte sich nicht vor Einladungen von Ministern, Botschaftern oder anderen hochkarätigen Ausländern zu scheuen. Ich wußte von Hans, daß sich mit der Gründung der Familie und der Geburt der beiden Kinder Mitte der sechziger Jahre Wesen und Verhaltensweisen des Freundes grundlegend veränderten. Härte und Vokabular des Zigarettenhändlers bekamen zwar Mitarbeiter der Firma noch gelegentlich zu spüren und zu hören, nicht aber die Kinder. Ihnen galt seine ganze Fürsorge und Liebe.

Vermutlich ist dies eine Antwort auf die Frage, die wir uns in den letzten Jahren der DDR von Zeit zu Zeit stellten. Was hielt diesen Mann mit Millionenkonten im westlichen Ausland noch bei uns, als andere private Außenhändler unser Land einer nach dem anderen verließen? Mischa war nicht weniger Anfeindungen ausgesetzt, die Querelen waren eher mehr geworden. Und dennoch blieb er, als nach der 89er »Wende« das Ende abzusehen war. Anscheinend war es sein ehrgeiziges Ziel, den Kindern eine gute Bildung und ein hohes Ansehen in dem Land zu schaffen, das er sich als Heimat gewählt hatte. Es gab einmal Anfang der achtziger Jahre eine Phase, als er sich mit dem Gedanken trug, wieder nach Polen zu gehen, nicht in den Westen. Seine Gesinnung war offenbar nicht nur von Geld und Gewinn geprägt. Alles, was an Faschismus erinnerte, auch nur danach roch, war ihm verhaßt. Seinen Geburtstag feierte er konsequent am 8. Mai, dem Tag der Befreiung vom Hitlerfaschismus. Es war nicht herauszufinden, welches der in den verschiedenen nach dem Krieg benutzten Papiere eingetragene Datum dem tatsächlichen Tag der Geburt entsprach. Vielleicht wußte er es selbst nicht mehr so genau. Mir scheint, es war auch Treue, die ihn in unserer Nähe hielt, auch dann noch, als ihm geraten wurde, in einem sicheren Land der erwarteten Verfolgung zu entgehen. Die Möglichkeit dazu hätte er gewiß noch eine ganze Weile gehabt.

So wurde er mit Befragungen und drohender Haft noch in der DDR konfrontiert. Die erste Vernehmung nach der Vereinigung durch die berüchtigte Berliner Staatsanwaltschaft ZERV fiel mit der Feststellung seiner Erkrankung an

Krebs zusammen. Der Umgang dieser Behörde mit führenden Staatsmännern der DDR hatte Zeichen gesetzt. Mischa zog sich nach Israel zurück. Er hatte das Land schon öfter besucht, wußte dort Geschäftsfreunde und gute Bekannte. Ich weiß nicht, wann er die israelische Staatsbürgerschaft beantragt hat, er besaß sie aber, als ich ihn 1996 besuchte.

Es war ein merkwürdiger und trauriger Besuch. In der Zeit, als in Deutschland ein Prozeß hinter mir und ein zweiter vor mir lag, beschloß ich mit Andrea, der Einladung einer der größten israelischen Zeitungen zu folgen. Es war eine bemerkenswerte Reise. Bemerkenswert schon deshalb, weil mir zur selben Zeit vom amerikanischen Außenministerium die Einreise und Wahrnehmung einer Einladung meines amerikanischen Buchverlages verwehrt worden war. Die Begründung verwies ohne jeden Beweis auf eine angebliche Beteiligung an der Planung und Durchführung »terroristischer Aktivitäten.« Die Absurdität dieser Anschuldigung zeigte sich schon darin, daß ich trotz bekannter Kontakte meines Dienstes zur Palästinensischen Befreiungsorganisation unter Arafat in Israel mit großem Respekt empfangen wurde, auch bei Begegnungen mit dem ehemaligen Ministerpräsidenten Yitzhak Schamir und Leitern aller israelischen Geheimdienste. Die Andrea und mich lange beschäftigenden Eindrücke von Jerusalem, Tel Aviv, dem Kibbuz in der Nähe des Sees Genezareth, von der Rundreise durch das Land bis zu den Golanhöhen, bei den Begegnungen mit Menschen unterschiedlichen Glaubens und politischer Richtungen bestätigten die Erfahrung, daß zwischen angelesenem Wissen und der Wahrnehmung mit den eigenen Sinnen ein riesengroßer Unterschied besteht. Bewegend war der Gang zur Klagemauer. Manche Frage orthodoxer Begleiter jedoch, ob sich in meinem Innern Gefühle der jüdischen Herkunft regten, ließ ich ohne Antwort. Mein Israel müßte ich erst suchen, wenn die Wurzeln der Zwietracht und des schrecklichen Hasses in Palästina beseitigt sind.

In Berlin hatte ich mir die Telefonnummer von Mischas Wohnung in Tel Aviv geben lassen. Obwohl ich wußte, daß sich sein Zustand verschlechtert hatte und er häufig unter unerträglichen Schmerzen litt, hoffte ich, ihn vielleicht dort anzutreffen. Nach einigen vergeblichen Versuchen meldete sich sein Sohn René. Der Vater sei im Krankenhaus. Wir vereinbarten einen Besuch noch am selben Tag. Unser Betreuer, ein angesehener Journalist und Mitarbeiter des Mossad, wie wir sicher zu Recht vermuteten, riet dringend von dem Besuch ab. In meiner Situation halte er ihn nicht für zweckmäßig. Doch sowohl Andrea wie auch ich waren der Meinung, dem kleinen Mischa diesen Besuch schuldig zu sein. An der in der Nähe unseres Hotels vereinbarten Stelle bestiegen wir den Wagen von René. Niemand hat uns daran gehindert.

Mit dem unguten Gefühl, das einem beim Besuch schwerkranker Menschen begleitet, betraten wir zu dritt die Eingangshalle des großen modernen Krankenhauses. Andrea, die Emotionen ohnehin stets stärker ausgesetzt ist, hatte damit schwerer zu kämpfen als ich, der im längeren Leben häufiger todkranken Menschen begegnen mußte. Mischa machte es uns aber nicht zu schwer. In seiner unverändert lebhaften Art begrüßte er uns auf seinem Krankenlager, als ob Umstände und Ort normal und wie gehabt seien. Allerdings setzten die von seinem Arm zu dem Tropf neben seinem Bett führenden Anschlüsse ein deutliches Zeichen.

Lebhaft wie die Begrüßung verlief das Gespräch. Anders als andere Kranke in seiner Lage verlor Mischa kein Wort über sein Leiden. Die Lage in Deutschland, die Politik der Regierenden waren ein Thema, bei dem er mit Sarkasmus nicht sparte. Die Politiker und Verfolgungsbehörden des vereinigten Deutschland bedachte er mit ätzenden Worten. Am meisten erkundigte er sich nach dem Befinden und dem Schicksal gemeinsamer Bekannter. Natürlich gedachten wir des verstorbenen Freundes Hans.

Nach etwa einer Viertelstunde war ihm anzumerken, daß er für unseren Besuch seine ganze Energie zusammengenommen und ausgeschöpft hatte. Dennoch stand er zur Verabschiedung auf und begleitete uns, das Gestell mit dem Tropf neben sich herschiebend, bis zum Fahrstuhl.

Vor unserer Abreise ließen wir es uns nicht nehmen, den tapfer kämpfenden Mischa noch einmal zu besuchen. Es war uns klar, daß es die letzte Begegnung sein würde, auch bei dem von René mit seiner gerade in Tel Aviv eingetroffenen Mutter mit Anita arrangierten Treffen gab es daran keinen Zweifel. Ohne es auszusprechen, wußten wir es alle.

Als wir von seinem Tod erfuhren und seiner gedachten, sagte einer der gemeinsamen Bekannten: »Hätten wir hundert kleiner Mischas gehabt, wäre in unserer Wirtschaft vieles besser gelaufen.« So sehr diese Worte den Fähigkeiten des kleinen Mischa gerecht werden wollen, so hart ist die Wahrheit, daß natürlich auch hundert und mehr Männer seines Kalibers die DDR nicht gerettet hätten. Die Gebrechen unseres Landes und seiner Wirtschaft waren viel zu ernst und nicht vom Fehlen fähiger Frauen und Männer in allen Lebensbereichen verursacht. Abertausende waren bereit, sich mit ganzer Kraft dem Gedeihen der sozialistischen Gesellschaft zu widmen. Vergeblich, denn die Gebrechen der Gesellschaft waren tödlich, weil sich das herrschende System unendlich weit von den Idealen des Sozialismus entfernt hatte, weil entgegen den ursprünglichen und eigentlichen Wesenszügen des Sozialismus selbständiges Denken und Handeln nicht mehr gefragt waren.

Alle Entscheidungen blieben einer kleinen Runde starrsinniger Ignoranten vorbehalten. Die vielfach vorhandenen Energien, wichtige Initiativen versandeten vor der Schwelle dieses Gremiums. Und dennoch gaben Frauen und Männer wie Mischa nicht auf, um Veränderungen zu kämpfen. Sein Privileg des privaten Unternehmers war es allerdings, weitgehend von den Fesseln erstarrter Apparate in seinem Handeln frei zu sein.

Vielleicht kam etwas anderes hinzu: die Unbedingtheit mir bekannter Menschen jüdischer Herkunft. Ich kannte diesen Charakterzug bei meinem Vater. Er prägte sein Leben, bestimmte die Unbeirrbarkeit seines Handelns in schwierigen Situationen und beeinflußte mich in den jungen Jahren. Diese Unbedingtheit beobachtete ich bei anderen jüdischen Frauen und Männern im Umfeld unserer Familie.

Fast unvorstellbare Festigkeit bewies die zierliche Eva. Aus Deutschland geflohen, lernte sie als junge erlebnishungrige Touristin in der Sowjetunion den chinesischen kommunistischen Schriftsteller Emi Siao kennen und lieben. Seitdem verband Eva mit diesem Weggefährten Mao Tsedungs nicht nur der Lebensweg, sondern eine tiefe gemeinsame Überzeugung. Diese hielt vielen Prüfungen der unsäglich schwierigen Lebensumstände des Krieges, in den Höhlen von Sinkiang bis zu den sieben Jahren Einzelhaft in der schrecklichen Zeit der »Kulturrevolution« in China stand. Auch danach und nach dem Tod ihres Mannes blieb sie dem Land treu, der Heimat ihrer drei Söhne, die ihre zweite Heimat wurde. Es grenzte an ein Wunder, wie diese kaum mehr Nahrung aufnehmende kleine Frau in den letzten Jahren gegen die heimtückische Krankheit kämpfte. Familie und Freunde hatten sie schon aufgegeben, doch ihr unbändiger Lebenswille siegte immer wieder. Als ich damit begann, diese Geschichte aufzuschreiben, feierte sie im fernen Peking gerade ihren neunzigsten Geburtstag. Inzwischen, einige Monate später, hat sich auch Evas so besonderes Leben vollendet.

Auch Kurt, den deutsch-jüdischen Jungkommunisten, begleitete ein solcher Wille über die Stationen seines mehrmals vor der Schwelle des Todes stehenden Lebens. Im Spanischen Bürgerkrieg, als er in den Internationalen Brigaden gegen den Franco-Faschismus kämpfte, danach im französischen Internierungslager, wo er meinem Vater begegnete. Grausam hatte er den Tod vor Augen, als er wie der kleine Mischa in die Hölle von Auschwitz geriet. Dort half ihm die Unbedingtheit seiner Überzeugung nicht nur zu überleben, sondern auch anderen etwas von seinem Lebenswillen abzugeben. Seine Haltung brachte ihm selbst bei Wärtern den Beinamen »Judenkönig« ein. Sein Lebensziel, seine Erfahrungen versuchte er in den vermeintlich sozialistischen deutschen Staat einzubringen. Vom Untergang des Staates, den er für seinen hielt, genau so hart getroffen wie wir, tritt er politisch unbeirrt für seine antifaschistische Überzeugung und gegen den Rechtsextremismus in Deutschland ein. Staatliche Ehrungen hat er dafür nicht zu erwarten. Vom spanischen König wurde ihm allerdings die Ehrenbürgerschaft Spaniens verliehen.

Denke ich an die Unbedingtheit jüdischer Freunde muß ich unbedingt Rudolf erwähnen, den aus dem Rheinland stammenden jüdischen Lederarbeiter. Erst sehr spät haben wir uns bei Lesungen 1989 als Buchautoren kennengelernt. Rudolf stellte mit seiner treuen Gefährtin Rosemarie, die uns inzwischen genau so ans Herz gewachsenen ist, ihr gemeinsam verfaßtes Buch »Der gelbe Fleck« vor, ein wichtiges und immer noch hochaktuelles Werk über die Wurzeln des Antisemitismus in Europa. Die jedem Begreifen der Realität ferne und zu keinerlei Reform bereite Politik der DDR-Führung bereitete ihnen dieselbe Pein wie jedem unserer Freunde; die Verteufelung und Diffamierung aller Werte und Leistungen unseres Landes nach der Vereinigung löste bei diesem Paar denselben Widerspruch aus und bekräftigte die Haltung, die unser bisheriges Leben bestimmt hatte. Bei Rudolf, der inzwischen Bücher über die Zeit seiner Emigration in Palästina publizierte, geschah dies auf jene, von mir bei Juden beobachtete, unbeirrbare Art. Schon Mitte der Achtzig nahm er seine Passion als Gerichtsberichterstatter wieder auf, die eine weitere glänzend formulierte Reportage hervorbrachte, diesmal über den Markus-Wolf-Prozeß. Natürlich war sie nicht unparteiisch, sie spiegelte mit allem Sarkasmus gegenüber der von einer sehr parteiischen Justiz hervorgebrachten Anklage den unverwechselbaren Standpunkt des Verfassers wider.

Während mehrerer stundenlanger gemeinsamer Bahnfahrten von und nach Düsseldorf gab Rudolf mir nicht nur politische und juristische Ratschläge, er unterhielt unser Coupé unentwegt mit humorvollen Geschichten aus seinem reichen Leben, mit Erzählungen über das Leben in Palästina und mit einem Füllhorn jüdischer Witze. Die Beziehung des ungleichen Paares zu beobachten war rührend, so, wenn Rosemarie in die sicher schon mehrfach gehörten Geschichten Rudolfs ein vergessenes Detail wieder einfügte, oder wenn er beim Aussteigen aus dem Zug, ganz Kavalier der alten Schule, jede Hilfe der jüngeren Frau beim Heruntertragen der Reisetasche unwirsch zurückwies.

Ich weiß nicht, wie sich bei meinem Vater die Unbedingtheit dieser Sorte Juden in den Jahren des Niedergangs der DDR und zunehmender Konflikte mit der Führung ausgewirkt hätte. Er starb bereits im Herbst 1953, einer Zeit eigener Aktivität und noch großer Hoffnungen. Mit Kritik hielt er nie zurück und war bei subalternen Bürokraten des Parteiapparats als »Skandalist« gefürchtet. Hätte ihn in den letzten Jahren die auch von ihm in der Auseinandersetzung mit dem »Klassenfeind« für notwendig gehaltene Disziplin genau so wie mich und den Bruder vor dem offenen Konflikt mit der politischen Führung abgehalten? Ich weiß es nicht. Vielleicht habe ich zu wenig von seinem ungestümen Temperament des Unbedingten geerbt. Mit Sicherheit hätte er aber meine und die Haltung meiner Freunde in der Zeit der Verfolgung und Diffamierung nach der Vereinigung geteilt. Unseren Gegnern hätte er in der aktuellen Auseinandersetzung nichts geschenkt, sicher in der geschliffenen Form des Dichters, vermutlich wäre aber in manchem Forum, in mancher Talkshow auch sein »roter Zorn« ausgebrochen. An den Idealen, der Haltung, die sein Leben und das unserer Familie geprägt haben, hätte er zweifellos unbeirrbar festgehalten.

Mag die Geschichte des »kleinen Mischa« nicht unbedingt die Abschweifung zum Vater und den anderen zum Schluß erwähnten Juden rechtfertigen, in der Unbeirrbarkeit war er ihnen auf seine Weise ähnlich. Vermutlich geht diese Eigenschaft auf tiefe Wurzeln zurück, die uralte Geschichte dieses so schwer geprüften Volkes. So wenig es vorauszusehen war, so sinnvoll mag es sein, daß der kleine Jude aus Polen als Überlebender der Shoa seine letzte Ruhestätte im Land seiner Ahnen gefunden hat.

Jim und Sascha

In der Stille unseres Waldgrundstücks sind die Gedanken plötzlich da, die in der Stadt lange nicht kommen wollten. Ich lehne mich zurück, rufe die Erinnerung an unsere Begegnungen wach, beobachte den Zitronenfalter, der sich auf das noch unbeschriebene Blatt Papier gesetzt hat, und atme mit der Frühlingsluft die Kraft der Natur ein. Mit all ihren Knospen und ersten Blüten kämpft sie gegen den sich zurückziehenden Winter. Ich blicke auf den im Licht der Morgensonne glitzernden See, und die ersten Sätze fließen mir beinahe von allein aus der Feder.

Mir ist, als ob Jim jeden Moment durch das Gartentor kommen könnte, wie er das oft tat. Er hatte dieses Fleckchen märkisches Land genauso in sein Herz geschlossen wie Andrea und ich. Kaum zu glauben, daß zwischen seiner tödlichen Krankheit und unserem ersten Kennenlernen bei Sascha, dem anderen Freund, nicht einmal acht Jahre vergangen sind. Unzählige Bilder haben sich auf Dauer eingeprägt, so intensiv haben wir gelebt. In der ersten Zeit waren es die Aufregungen jener extremen Vorgänge des Herbstes 1989 und seiner Folgen für unser Leben, in den letzten Jahren überwiegen die harmonischen Begegnungen und Spaziergänge in dieser vertrauten Landschaft. War es schon die herannahende Krankheit, die Jim immer häufiger lange Gespräche über den Sinn des Lebens führen ließ?

Ohne Sascha und jenen Herbst wären wir vermutlich nie zusammengetroffen. Den sympathischen Russen kannte ich schon von früher. Als Mitarbeiter der für Deutschland zuständigen Abteilung des sowjetischen Dienstes war er bei Besuchen in Moskau hin und wieder in mein Blickfeld geraten. Zwar hatten wir nicht viel miteinander zu tun, aber der Unterschied zu anderen Kollegen seiner Rangordnung fiel mir auf. Bei aller Wahrung der Form, die sich aus seiner Stellung ergab, strahlte er eine ungezwungene Freundlichkeit aus, und der Schalk schien ihm ständig im Nacken zu sitzen.

In jenem Herbst bedrängten mich die Journalisten beinahe pausenlos mit ihren Wünschen nach Interviews, und unablässig klingelte das Telefon. Einmal, Andrea hatte abgenommen, wollte mich ein russischer Bekannter sprechen. Andrea gab den Hörer an mich weiter. Sascha war unverwechselbar geblieben. Obwohl wir uns nur flüchtig kannten, war mir seine Stimme sofort vertraut. Er nannte seinen Familiennamen und bat um ein Interview für Radio Moskau. Wir verabredeten das Treffen in seiner Wohnung in der Nähe der sowjetischen Botschaft Unter den Linden.

Sascha war damals Anfang Vierzig. Als ich ihn wiedersah, erkannte ich ihn an seinem offenen Gesicht sofort. Er hatte volles braunes Haar, einen kleinen Schnauzbart und war von kräftiger Statur – ein russisches Mannsbild wie aus dem Bilderbuch. Mir fiel ein anderer Russe ein, der mich zwanzig Jahre zuvor, Kundschafter in zweifachem Sinne, in der sibirischen Taiga begleitet hatte und der sein Fahrtenmesser mit derselben Sicherheit zu nutzen verstand wie das Jagdgewehr oder die Angel. Ein paar Jagdtrophäen an den Wänden von Saschas Wohnung zeugten davon, daß auch er über ähnliche Fertigkeiten verfügen mußte.

Saschas Umgangsformen waren wie immer korrekt, er verstand es jedoch, eine von vornherein ungezwungene Atmosphäre zu schaffen, die Vertrauen zuließ. In gewisser Weise hatte er diese Kontaktfreudigkeit mit Jim gemein. Bei mir bedurfte es keiner förmlichen Vorrede, und wir hatten auch nicht viel Zeit. Ohne Umschweife führte Sascha deshalb ein doppeltes Interview. Der erste Teil galt dem sowjetischen Partner, der eigenartigerweise seit meinem Ausscheiden aus dem Dienst die Verbindung zu mir eingestellt hatte. Zu meiner Einschätzung der diffusen Lage der aus ihren Fugen geratenden DDR und der Hilflosigkeit ihrer Führung machte Sascha sich kurze Notizen. Die auf Recorder aufgezeichneten Fragen und Antworten für das Rundfunkinterview waren rasch erledigt. Bei Sascha saß jeder Handgriff.

Sein handwerkliches Geschick bewies er in anderer Weise, als er uns kurze Zeit danach auf unserem Waldgrundstück besuchte. Er hatte ein Stück Wildbret mitgebracht, wovon Andrea als Gegnerin der Jagd weniger begeistert war als von der Möglichkeit, die praktischen Fertigkeiten des Russen beobachten zu können. Monate später war Sascha für sie ein zuverlässiger und umsichtiger Helfer bei der Vorbereitung auf zu erwartende Hausdurchsuchungen. Ohne ein Wort zu verlieren agierte er umsichtig und professionell. Andrea ist noch heute dankbar dafür, während meiner Abwesenheit im Frühjahr 1990, aber auch später, in seiner Nähe stets das Gefühl wirklicher Geborgenheit gehabt zu haben.

Irgendwann im Herbst 1989 erzählte Sascha von einem Amerikaner, den wir unbedingt kennenlernen sollten. Wir brauchten keine Bedenken zu haben, der Mann sei ehrlich und vertrauenswürdig. So kam die ersten Begegnung mit Jim und seiner Frau Inge in Saschas Wohnung zustande.

Als die Gäste eintrafen, erwartete sie eine reich mit verschiedenen Sakuska-Vorspeisen bedeckte russische Tafel. Galina, Saschas Frau, hatte alles geschmackvoll hergerichtet. Die Begrüßung war unkompliziert. Jim machte auf mich einen sympathischen Eindruck. Er war leger gekleidet, ein ansehnlicher Mann, groß, mit schon etwas gelichtetem dunklem Haar. Auf Fotos älteren Datums, die ihn in Uniform zeigten und die wir später sahen, ähnelte er fast ein wenig einem Hollywood-Filmhelden. Irgendwie war er ebensosehr der typische Amerikaner, wie Sascha als ein Russe schlechthin bezeichnet werden konnte. Jims Frau Inge hingegen, blond, Andrea nicht unähnlich, verriet mit ihrem ersten Begrüßungssatz die gebürtige Berlinerin.

Das Gespräch kam ohne überflüssige Floskeln in Gang. Jim sprach recht gut deutsch, ohne sich um grammatikalische Feinheiten zu kümmern. Meine damaligen Aktivitäten hatte er genau mitverfolgt. Während mich seine Augen aufmerksam und freundlich beobachteten, galten seine Fragen Andrea und mir und wie wir die massiven Angriffe aus der Öffentlichkeit gemeinsam meisterten. Er fragte mich nach meiner Meinung zur aktuellen politischen Situation, zu möglichen Perspektiven der Deutschen im allgemeinen und von uns beiden im besonderen. Nach dem reichlichen, von Pelmeni gekrönten Mahl, wir waren beim Dessert angelangt, faßte Jim unser Gespräch mit den Worten zusammen, das Wichtigste im Leben seien Freiheit und Freundschaft.

Freedom and friendship, ich weiß nicht mehr, ob er diese Worte in Englisch oder auf Deutsch sagte. Damals habe ich den etwas pathetischen Begriffen nicht die Bedeutung beigemessen, die ihnen als häufig wiederholter Maxime im Leben des Amerikaners zukam. In späteren Briefen erinnerte er manchmal an diese Worte und die Bedeutung, die sie für ihn bei unserer ersten Begegnung hatten.

Jim hatte nichts von jenem Gehabe an sich, das man einem amerikanischen Erfolgsmenschen gelegentlich unterstellt, der er offenkundig war. Er sprach ohne Arroganz und Selbstgefälligkeit über seine Geschäfte, denen er seine Freiheit verdanke.

Als amerikanischer Armeeangehöriger in Deutschland hatte er mit dem Sammeln von Dolchen der unterschiedlichsten Gattungen begonnen, welche die Naziherrlichkeit reichlich hinterließ. Statt es, wie andere Soldaten, bei Einzelstücken zu belassen und sich im übrigen den leichten Vergnügungen der Besatzungszeit hinzugeben, machte er aus seinem Hobby ein Geschäft. Sein Wissen um die in Solingen verbliebenen Restmengen von kalten Waffen verschiedener Naziorganisationen und Wehrmachtsverbände war der Schlüssel zur Gründung seines florierenden Handels. Er besaß dazu Talent, Instinkt, Fleiß und Gründlichkeit, wovon ich mich später immer wieder überzeugte.

Eines Tages schenkte er mir die Prachtausgabe seines Buchs »The Daggers and Edged Weapons of Hitler's Germany«, ein Werk über Dolche und Säbel der Nazizeit, wofür ich mich sonst niemals interessiert hätte. Natürlich hatte er das Buch mit einer Widmung versehen und dazu ein Napoleon zugeschriebenes Zitat gesetzt, in dem es sinngemäß heißt, es gäbe nur zwei Mächte in der Welt – das Schwert und den Geist ... »doch auf lange Sicht wird das Schwert immer vom Geist besiegt«.

Der erfolgreiche Anfang bestimmte Jims Weg in die Welt der Waffensammler und Militariahändler. Ich hatte öfter Gelegenheit, zu beobachten, wie ein Objekt seine Aufmerksamkeit fand und er es taxierte. Das geschah wie im Vorübergehen, über Preis und Bezahlung sprach er nur nebenbei. Vermutlich zählten diese lässige Art und seine natürliche Freundlichkeit mit zu den Ursachen für Jims geschäftliche Erfolge.

Vor unserer ersten Begegnung, auf dem Weg zu Saschas Wohnung, war Andrea eine kranke Straßentaube aufgefallen. Gleich nach unserer Ankunft wurde das Tier zum Hauptgesprächsthema. Als die Taube sich, nachdem wir Saschas Wohnung zu später Stunde gemeinsam verlassen

hatten, immer noch hilflos fast an derselben Stelle bewegte, war die Aufregung groß. Nur mit dem heiligen Verspre-
chen, er werde die Taube in seine Wohnung nehmen und
sich um sie kümmern, konnte Sascha unsere Frauen bewegen, den Ort des Leidens zu verlassen. Durch die Taube
war zwischen Andrea und Inge der Funke einer gemeinsamen Tierliebe übergesprungen, und trotz aller aufregenden Ereignisse sollten besonders die unseren Frauen im
Wesen so verwandten Katzen in der Folgezeit einen be-
stimmenden Anteil aller Gespräche, Telefonate und Briefe
ausmachen.

Jims Interesse am Kontakt zu mir hielt an. Dabei mögen
Neugier und die Passion des Sammlers und Geschäfts-
mannes zunächst im Vordergrund gestanden haben. Ihn
interessierten meine Generalsuniform, der dazugehörige
Dolch und meine Jagdwaffen. Bei einer der ersten Begegnungen zeigte ich ihm die Stücke, und er »taxierte« sie
unbefangen. Das war ohne Peinlichkeit. Einen unangenehmen Beigeschmack empfand ich erst, als Jim bei dieser
Gelegenheit über seine Gespräche mit Albert Speer berichtete, den seiner Meinung nach in Nürnberg zu Unrecht
verurteilten Leibarchitekten Hitlers. Auch sein starkes
Interesse an meinem Wissen über die Geschichte von Rudolf Heß, Hitlers Stellvertreter, befremdete mich. Da hatte
ich ein Gefühl, das Interesse des Amerikaners für materielle
Requisiten deutscher Geschichte rücke mich unwillkürlich
in eine gewisse Nähe zu diesen Gestalten. Mein Unbeha-
gen legte sich jedoch, als unsere Beziehung freundschaft-
licher wurde, und ich verstand das beinahe naive Interesse
Jims für Persönlichkeiten der Geschichte und insbesondere für Gegenstände und Zeugnisse, die Vergangenes wieder
ins Leben zurückholen konnten, immer besser.

Als wir schon Nachbarn in der Schorfheide waren, begleitete ich Jim einmal zu den Überresten des ehemals

pompösen Jagdsitzes von Hermann Göring, nach Karinhall. Ich war vorher selbst nie dort gewesen und beobachtete ungläubig lächelnd, wie der Amerikaner, seiner seltsamen Vorliebe folgend, in zerfallene Keller kroch und aus Ruinenresten zerbeulte Becher und andere Fundstücke barg. Sein unbefangenes, typisch amerikanisches Interesse für Nazigrößen hatte auch zur Folge, daß ich mit dem letzten britischen Kommandanten der Festung Spandau bekannt wurde, der authentisch über das unspektakuläre Ende des dort inhaftierten Hitlerstellvertreters zu erzählen wußte.

Zum Markstein unserer Beziehung wurde nach meiner mehrere Monate dauernden Abwesenheit die Begegnung im Mai 1990. Andrea hat sich diesen in mehrfacher Hinsicht bemerkenswerten Tag eingeprägt. Es war Wahlsonntag, zum letzten Male in der DDR. Wir mußten deshalb von unserem Grundstück im Wald zu unserem Wahllokal nach Berlin fahren. Ich war erst vor kurzem aus Moskau zurückgekehrt, wohin ich mich wegen der in Deutschland herrschenden politischen Hysterie und den zahlreichen persönlichen Diffamierungen zurückgezogen hatte.

Bei der Abfahrt nach Berlin wurden wir von Dorfjungen angehalten, die uns auf einen Schwan aufmerksam machten, dem eine Angelschnur aus dem Schnabel hing. Das Einfangen des Schwans, die Odyssee durch mehrere Tierkliniken, dazwischen eingeschoben die Stimmabgabe im Wahllokal, die Rückkehr mit dem operierten Schwan, alles zusammen beanspruchte den ganzen Sonntag.

Als wir am Abend mit dem in einem Wäschekorb unter Narkose schlafenden Vogel unser Grundstück endlich wieder erreichten, stand an unserem Gartentor ein Quartett nicht erwarteter Gäste. Sascha, Galina, Jim und Inge hatten beschlossen, uns gerade an diesem Sonntag zu besuchen. Die Überraschung war ihnen gelungen. Zunächst galt die Aufmerksamkeit aller natürlich dem Schwan. Liebevoll bereitete ihm Andrea ein Lager in der Garage, von irgendwoher hatte sie Stroh aufgetrieben, und sie stellte eine Schüssel Wasser daneben.

Die Gäste bemerkten sofort, daß uns eigentlich gar nicht nach Besuch zumute war. Obwohl es deshalb zuerst nicht danach aussah, verbrachten wir dann doch einen ausgedehnten, stimmungsvollen Abend. Die freundlich entspannte Atmosphäre ließ uns die belastenden Anfeindungen in Berlin nahezu vergessen. Der Abend markierte den Anfang einer Freundschaft, die manchen Prüfungen standhielt und die sich mit jedem Jahr festigte. Andrea und ich hatten ein sicheres Gefühl, daß von diesem Amerikaner nichts Böses ausgehen würde.

Dieses Gefühl wurde auch nicht beeinträchtigt, als kurz nach jener Begegnung ein hochrangiger Beauftragter des CIA-Direktors in Begleitung eines anderen CIA-Beamten am selben Gartentor auftauchte, um mir in einem mehrstündigen Gespräch eine amerikanische Option anzubieten, wie ich der mir im vereinigten Deutschland drohenden Verhaftung entgehen könne. Die Besuche wiederholten sich mit ähnlichen Versprechungen, bis das Datum der Vereinigung und damit die Vollstreckung des gegen mich erwirkten Haftbefehls unmittelbar bevorstanden.

In diesen hektischen Wochen, als wir den Entschluß gefaßt hatten, uns dem absehbaren Medienschauspiel meiner Festnahme in Richtung Österreich zu entziehen, gab es bis zuletzt auch Begegnungen mit Jim. Auf mein Befragen sagte er, ich könne den im Namen des CIA-Direktors abgegebenen Offerten glauben, solle aber nach eigenem Ermessen entscheiden. Freiheit sei ein hohes Gut. Später zollte er meiner Entscheidung seinen Respekt, mir meine persönliche Freiheit nicht in den USA gesichert, sondern sie, entsprechend meinen Wertvorstellungen, in der Heimat und bei meiner Familie wiedergewonnen zu haben, als ich in eine unklare Situation zurückkehrte und in Deutschland durchhielt.

Unabhängig von dem Maße, mit dem er möglicherweise in die Operation des amerikanischen Dienstes einbezogen oder zumindest in sie eingeweiht war, hat sein Verhalten unserer Freundschaft keinen Abbruch getan.

Die gegenseitige Sympathie hatte sich schon so gefestigt, daß wir bei unserer, dem amerikanischen Angebot folgenden »Flucht« während unruhiger Reisemanöver in Österreich Lebenszeichen auch an Jim und Inge sandten. Einmal riefen wir von einer Telefonzelle in St. Gilgen an, dem Urlaubsort von Bundeskanzler Kohl, um mitzuteilen, daß es uns gut gehe.

Der geographische Abstand zwischen uns wurde für einige Monate größer. Wir verlegten unseren Standort nach Moskau, wo mein erstes Buch seine russische Premiere hatte und ich zuverlässige Freunde wußte. Jim und Inge hingegen waren auf ihre Insel in Georgia zurückgekehrt. Ab und zu gab es über den noch immer in Berlin wohnenden Sascha Lebenszeichen, auch ein paar Briefe gingen hin und her, der Kontakt riß trotz widriger Umstände nie ganz ab.

In einem der Briefe, der uns in Moskau erreichte, schrieb Jim: »Freiheit ist ohne Zweifel das einfachste, wichtigste Lebenselement. Jeden Tag werde ich daran erinnert, und je älter und weiser ich werde, um so stärker empfinde ich dies. Niemand hat das Recht, einen anderen seiner Freiheit zu berauben, solange der seinen Mitmenschen kein Leid zufügt. Es ist schon seltsam, daß Dein Vater vor vielen Jahren aus diesem Land fliehen mußte, und nun das Leben Dich gezwungen hat, in seine Fußstapfen zu treten ... Heute fuhr ich an Eurer Wohnung an der Spree vorbei und sah, wie ein schöner weißer Schwan majestätisch über die Brücke flog und direkt vor Eurem Haus auf dem Wasser landete. Seine Freiheit und einsame Unabhängigkeit ließen mich an Dich denken, lieber Freund.«

Sicher spielte Jim mit seinem Bericht von dem fliegenden Schwan in Berlins Stadtmitte auf das andere Schwanen-Erlebnis bei unserer Begegnung im Mai an. Jim beendete seinen Brief mit den Sätzen: »Ich will nur Dein Freund sein, und als Freund wünsche ich Dir alles Gute. Ich denke an Dich in dieser schwierigen Zeit. Ich respektiere und bewundere Deine Überzeugungen und Deine Lebensgrundsätze. Möge Dich Gottes Lächeln in den folgenden Jahren begleiten. Immer Dein Freund Jim.«

Als Andrea Weihnachten 1990 ohne mich nach Berlin fuhr, um nach unseren Kindern und den Katzen zu sehen, besuchte sie zusammen mit ihrer Tochter Claudia auch Jims Frau Inge, die inzwischen wieder nach Deutschland gekommen war. Beide Frauen sprachen davon, Moskau zusammen mit Jim zu besuchen und sich von mir durch die russische Metropole führen zu lassen.

Im August 1991, Andrea war schon wieder bei mir, trafen Jim und Inge in der Stadt meiner Jugend ein. Wir holten die beiden am Flughafen Scheremetjewo ab und brachten sie zu ihrem Hotel. Aber das vorher gebuchte Hotel gefiel ihnen nicht, und es lag außerdem fern vom Stadtkern. Deshalb empfahl ich den beiden das renovierte alte »Metropol«. Das liegt mitten im Zentrum am Theaterplatz, fünf Minuten Fußweg vom Roten Platz entfernt.

Es gab zwar noch »Dollar-Schnupperpreise«, doch auch die waren gepfeffert: Moskau befand sich längst auf dem Weg in eine Marktwirtschaft frühkapitalistischen Zuschnitts. Aber Jim wollte sich gerade in Moskau nicht lumpen lassen.

Ich erzählte ihm, noch bevor das Gepäck eintraf, von meiner Moskauer Diplomatenzeit. In diesem Hotel hatten wir unmittelbar nach Gründung der DDR residiert, hier hatte ich mein Wohn- und Arbeitszimmer samt denkmalgeschütztem Himmelbett gehabt.

Beim Essen – auch das Restaurant des »Metropol« strahlte wieder im alten Glanz – erzählte ich den Amerikanern von einem Erlebnis an gleicher Stelle, das mich jungen Diplomaten 1950 tief beeindruckt hatte. Auf einem Empfang des chinesischen Botschafters hatte ich als Geschäftsträger a. i. den DDR-Botschafter zu vertreten, und mir war, als hätte ich damals den berühmten Mantel der Geschichte an mir vorbeirauschen hören. Im Abstand von nur wenigen Metern hatte ich den beiden denkmalgleichen Staatsmännern Josif Wissarionowitsch Stalin und Mao Tsedung gegenübergestanden. Beim anschließenden Dinner versuchte ich mir jedes Wort der Halbgötter fest ins Gedächtnis einzuprägen.

Unsere Gäste brauchten in kein Museum zu gehen. Jeder Platz im Zentrum, den wir betraten, jede Gasse, durch die wir in den heißen Sommertagen schlenderten, weckte persönliche Erinnerungen. Auf dem Weg zur Wohnung meiner Schwester im berühmten »Haus am Ufer« gingen wir über die Steinbrücke – »Kamenny most« – mit dem phantastischen Blick auf das Ensemble des Kreml. Ich erzählte, wie ich hier mit meinen Eltern und dem Schulfreund Alik in einer unübersehbaren Menschenmenge im Mai 1945 den Siegessalut erlebt hatte. Für Jim war dies ein Eindruck, der in einem späteren Gespräch seine Gedanken über den Krieg und Erinnerungen an den erlebten Tod in unmittelbarer Nähe auslöste. Er kam noch öfter darauf zurück.

Das »Haus am Ufer«, in dem in den dreißiger Jahren viele hohe Regierungsfunktionäre und Militärs wohnten, lieferte mit den unzähligen Gedenktafeln an seiner Stirnseite zusätzlichen Gesprächsstoff. Über die meisten der auf diesen Tafeln verewigten Männer und Frauen wußte ich etwas zu berichten. Besonders aufmerksam betrachtete Jim das Bildnis des aus einer Adelsfamilie stammenden Sowjetmarschalls Michail Tuchatschewski, Held unserer Kindheit, der 1937 als eines der prominentesten Opfer des Stalinschen Terrors willkürlich hingerichtet wurde.

Wir gingen zu meiner noch immer in diesem Haus wohnenden Halbschwester und besuchten Saja, enge Freundin unserer Familie und Witwe eines bekannten russischen Schriftstellers.

Inge und Jim waren von Saja, der damals schon in der Mitte der Achtziger stehenden Dame, ihrer Erscheinung und ihrem Geschmack sehr beeindruckt, dem die gediegene Einrichtung ihrer Wohnung, die Möbel und wertvollen Gemälde ebenso entsprachen wie ihre Kleidung. Ihr ganzes Auftreten war das einer Aristokratin, aufmerksam und gleichzeitig herzlich, wie man sich gegenüber Freunden der eigenen engsten Freunde verhält. Es kam zu einem angeregten Gespräch. Saja sprach offen und sarkastisch über die im Land herrschenden Zustände und die tonangebenden Politiker. Aus den Fenstern ihrer Wohnung konnte man sich nicht satt sehen am Blick auf den Moskauer Kreml.

Vom Haus am Moskwa-Ufer ist es nur ein Katzensprung zu unserem früheren Wohnhaus. Ich versuchte, den Amerikanern etwas von jenen Gefühlen zu vermitteln, die ein alter Moskauer in der Gegend des Arbat empfindet. Natürlich ist der Arbat jetzt kultivierter als in der Zeit meiner Jugend, und mit seinen Straßenhändlern und den zahlreichen Kneipen bildet er eine Touristenattraktion, doch das Kolorit von Kultur und Geschichte vermag nur der zu vermitteln, der den alten Arbat tief in sich aufgenommen hat. In aller Bescheidenheit rechne auch ich mich zu diesen Menschen.

Vom Arbatplatz bogen wir in jene Gasse ein, in der »unser« Wohnhaus steht. Es war neu verputzt und hatte an der Außenwand einen Fahrstuhl, den es zu meiner Zeit, als ich die Stufen zu unserer Wohnung im fünften Stock im Laufschritt nahm, noch nicht gab.

Neben dem Eingang befindet sich seit 1988 eine Gedenktafel mit den Reliefs der Köpfe des Vaters und des Bruders. Ich mußte mich zügeln, meinen Erinnerungen nicht allzu freien Lauf zu lassen. Immerhin spürten die Amerikaner etwas von der Wertschätzung, die unsere Familie in Rußland immer noch genießt. Trotz des sich damals schon deutlich abzeichnenden Verrats der politischen Führung im Kreml an den Freunden in der DDR und fehlender Bereitschaft, sich gegen meine Strafverfolgung in Deutschland zu engagieren, blieb Jim die andauernde Freundschaft zu früheren Kollegen meines Dienstes nicht verborgen.

Größere Entfernungen legten wir mit der Moskauer Metro zurück, eine gute Gelegenheit, mit den Einwohnern der Stadt in »Tuchfühlung« zu kommen. Trotz der palastähnlichen U-Bahn-Stationen aus der Stalinzeit und großzügigstem Ausbaus dieses unverzichtbaren weltstädtischen Verkehrsmittels, ist der Andrang dort manchmal beängstigend.

Wir fuhren nach Ismailowo am Stadtrand von Moskau. Dort hatte sich zwischen der Endstation der Metro und dem großen Park ein besuchenswerter Trödelmarkt etabliert. Im angrenzenden Stadion konnte ein buntes Gemisch von Malerei, Kunstgewerbe und allerlei Kitsch besichtigt und erworben werden. Dieser Kunstmarkt war auch deshalb interessant, weil er auf eine Tradition zurückging: Als das unter Chrustschow einsetzende »Tauwetter« in Literatur und Kunst von einer neuen Eiszeit abgelöst worden war, veranstalteten die Schöpfer der vom Staat nicht tolerierten alternativen Kunstformen hier, am Stadtrand, eigene »wilde« Ausstellungen. Das wurde nur für kurze Zeit geduldet, bis eine engstirnige Politik schließlich meinte, dem »Spektakel« ein Ende bereiten zu müssen, und die Ausstellungen kurzerhand verbot.

Natürlich hatte das einen Aufschrei der Empörung zur Folge, der in der ganzen Welt widerhallte, und es machte die Künstler zu populären Märtyrern. Inzwischen hatten sie längst Platz in den großen Ausstellungshallen der Stadt gefunden, und der Kunstmarkt im Stadion von Ismailowo war eher mit den Märkten am Seineufer oder in Piccadilly zu vergleichen.

Die Besuche in Ismailowo waren Teil unserer bevorzugten Wochenendfreuden während des halbjährigen Moskauer Aufenthalts gewesen, wir entdeckten preiswerte Bilder, die unserem Geschmack zusagten, wir entspannten uns von den Anstrengungen des Exils und der Arbeit an meinem neuen Manuskript.

Nun führten wir Inge und Jim zielstrebig durch die langen Bilderreihen hin zu den von uns favorisierten jungen Künstlern. Jim interessierte sich auch intensiv für den Trödelmarkt selbst. Ich war überrascht, mit welcher Sicherheit er zwischen den Angeboten an alten Samowaren, halbverrostetem Handwerkszeug, Hausrat und jungen Hunden hin zu jenen Ständen fand, die Militaria, Uniformstücke, Orden, Ehrenzeichen und Schulterstücke unterschiedlichster Provenienz und Preislage feilboten. Wenige Brocken Deutsch oder Englisch reichten aus, um sich mit den Anbietern zu verständigen, die meist selbst am Krieg teilgenommen hatten und denen ihre jetzige Notlage anzusehen war. An einem Tisch mit unansehnlichen Achselstücken blieb Jim längere Zeit stehen, dann zog er mich hinzu, damit ich ihm helfen sollte, den an sich lächerlichen Preis herunterzuhandeln.

Das Geschäft kam zustande, aber Jim zahlte am Ende sogar mehr als den ursprünglich geforderten Preis. Auf meine Frage, warum gerade diese Stücke sein besonderes Interesse gefunden hätten, erklärte er mir, er habe zwar beim Ausverkauf des Fundus der DDR-Filmgesellschaft DEFA sämtliche Uniformstücke günstig erworben, aber gerade die hier entdeckten Achselstücke an Feuerwehruniformen aus der Zeit vor dem Ersten Weltkrieg würden ihm fehlen.

Diese Episode fällt mir immer wieder ein, wenn ich an Jim denke. Sie zeugt von seinem Instinkt, mit dem er den richtigen Gegenstand aus einer großen Fülle herauszufinden vermochte. Sie illustriert auch seine Passion für das Verhandeln über den Preis, ganz gleich, ob es sich wie hier um ein Dutzend alter Schulterstücke für ein paar Dollar handelte oder um sein Interesse für ausgesonderte Panzer oder U-Boote. Diese Passion hatte mit Jims Großzügigkeit gegenüber bedürftigen Menschen gar nichts zu tun.

Wir hatten viel Spaß in diesen Tagen und bedauerten immer wieder, den lustigen Sascha nicht bei uns zu haben. Er fehlte auch in einer Situation, als Jim dringend Rubel benötigte und an keiner der offiziellen Umtauschstellen in der Nähe welche zu haben waren. Ich wußte, daß man in den Markthallen günstig Devisen gegen Rubel eintauschen konnte. Also gingen wir zu einem großen Markt. Wir kauften an einem der von dunkelhaarigen Südländern beherrschten Stände etwas Obst. Als wir mit Dollars bezahlen wollten, was an sich verboten war, dauerte es nicht lange, bis uns ein finster dreinblickender älterer Mann, vermutlich ein Tschetschene, in ein winziges Verlies schob, wo wir uns von einigen anderen dunklen Gestalten umgeben wiederfanden. Die Frauen mußten draußen bleiben. Es kam zu einer hochdramatischen Prozedur. Beim Schachern über den Umtauschkurs waren die Dollars plötzlich verschwunden, und wir sahen uns der Mafia auf Gedeih und Verderb ausgeliefert. Glücklicherweise nahm unser Abenteuer ein gutes Ende, wir bekamen die entsprechende Menge Rubel, aber es hätte auch anders ausgehen können. Zum Spaß wurde diese Affäre erst, als wir den Ort des schwarzen Handels heil verlassen hatten und wieder bei unseren Frauen waren, die inzwischen tausend Ängste ausgestanden hatten.

Ansonsten trafen wir eher auf die gepflegtere Mafia, die damals schon als »neue Russen«, als Neureiche, das Bild in den Restaurants und Geschäften zu bestimmen begann. Das georgische Nobelrestaurant »Aragwi«, in das schon unser Vater meinen Bruder und mich nach seiner Rückkehr aus dem französischen Internierungslager ausgeführt hatte, mußte ich den Amerikanern natürlich zeigen. In den Jahren vor dem Krieg war es von gediegenem Niveau, und ich erinnerte mich, wie uns der Vater auf den britischen Botschafter Sir Stafford Cripps hingewiesen hatte, der an einem Tisch in unserer Nachbarschaft speiste. Das war kurz vor jenem 22. Juni 1941 gewesen, als der Krieg die Sowjetunion einholte.

Zur Zeit unseres Besuchs mit Inge und Jim mußte man sich den Zutritt mit einem gehörigen Obolus in harten Devisen beschaffen, um sich dann in dem ehrwürdigen Kellergewölbe in bunter Gesellschaft von betuchten Herren wiederzufinden, mit grellgeschminkten Damen an ihrer Seite, die sich unzweideutig dem ältesten Gewerbe zuordnen ließen. Das Essen war teuer, reichte aber, außer was den Kaviar betraf, lange nicht mehr an die erlesene Qualität der Vorkriegszeit heran. Die bekamen wir an ganz anderer Stelle in einem kleinen Zimmerrestaurant geboten, in dem man allerdings vorher angemeldet sein mußte und wohinein man sich nur durch eine diskret angebrachte Klingel Zutritt verschaffen konnte. Dafür sorgte der Sohn unserer Freunde Lena und Jascha, der sich in der Welt des neuen Business gut eingerichtet hatte.

In der ebenfalls nahe des Arbat gelegenen Wohnung dieser beiden sympathischen russisch-jüdischen Intellektuellen lernten die Amerikaner dann noch etwas von der Seele des alten Moskau kennen. In den langen Monaten der Trennung von der Familie und von Zuhause hat die Gastfreundschaft dieser Freunde vor allem auch Andrea gutgetan und sie die unsichere Zeit nicht nur als Last erleben lassen.

Die gemeinsam mit dem Besuch verbrachten Stunden gaben immer wieder Anlaß und Stoff, mehr aus dem Leben des einen wie des anderen Paares zu erzählen.

Mit der Situation unserer »Flucht«, deren Ursachen wir als unnormal und rechtswidrig empfanden, wollten wir uns nicht abfinden. Nachdem wir die vom amerikanischen Dienst gebotene Option verworfen und unsere Heimkehr auch bei drohender Strafverfolgung fest ins Auge gefaßt hatten, gab Jim mir Hinweise auf Amerikaner, die in unserem Sinne auf die öffentliche Meinung wirken und für die Veröffentlichung meines Buches wichtig sein könnten.

Zunächst hatte ich Jim rein intuitiv vertraut, inzwischen war ich mir ziemlich sicher, es mit einem zuverlässigen Partner zu tun zu haben.

Die renommierte amerikanische Fernsehsendung »Sixty minutes« bemühte sich schon seit längerem um meine Teilnahme. Jim riet mir unbedingt zu und tat alles, mir die Scheu wegen meiner mangelhaften Sprachkenntnisse zu nehmen. So saßen wir mehrmals einige Stunden vor einem kleinen Recorder in seinem Hotelzimmer und übten das Interview. Er stellte die zu erwartenden Fragen, hakte auf die hartnäckige und forsche Art amerikanischer Moderatoren nach, bis ich halbwegs befriedigende Antworten gegeben hatte.

Bei der Schilderung wichtiger Schnittpunkte meiner Biographie fragte er mehrfach nach, wenn ich von prägenden Kriegserlebnissen berichtete. Er wollte Einzelheiten wissen. Ich erzählte ihm, wie sich mein Bruder als Siebzehnjähriger freiwillig zur Roten Armee gemeldet hatte und – kurz nachdem er an die Kaukasusfront gekommen war – bei einem Luftangriff seinen ersten Kriegstoten erlebte. Ein Soldat, der ihm eben noch zugerufen hatte, sich unter einen Waggon zu werfen, lag plötzlich zerfetzt nicht weit neben ihm. Mehr als zwei Jahre lang war von da an der Tod Konis Begleiter gewesen.

Jim war sehr ergriffen. Er hielt das Aufnahmegerät an und erzählte, daß er als junger amerikanischer Offizier während des Koreakrieges dem Tod auf ganz ähnliche Weise begegnet sei. Einmal, als er seinen Jeep gerade verlassen hatte, schlug eine Granate direkt neben dem Fahrzeug ein, und der blutjunge Fahrer war auf der Stelle tot. Das sei zu einem Schlüsselereignis in seinem Leben geworden.

Von einem anderen Geschehnis berichtete er bei einer späteren Gelegenheit: Jims Einheit hatte den Sturm einer vom Gegner besetzten Anhöhe versucht und war dabei in so starkes Feuer geraten, daß links und rechts von ihm alle tot oder verwundet zu Boden fielen. Jim selbst war leicht verwundet, konnte aber keinem anderen helfen: Scharfschützen nahmen jede Bewegung ins Visier. Er hat nur deshalb überlebt, weil er sich den ganzen Tag über totstellte und auf das Stöhnen eines schwer verwundeten Kameraden nicht reagierte. Erst in der Nacht habe man ihn forttragen können.

Die Endgültigkeit des Sterbens in einem sinnlosen Krieg ließ Jim nicht mehr los. Zunächst sei er damals in Korea ein vorbildlicher Soldat gewesen, denn er habe seine ganze Entwicklung und auch alle Bildung allein der Armee zu verdanken. Mit sechzehn sei er von zu Hause fortgegangen, um bei seinem Armee-Eintritt ein höheres Alter vorzutäuschen.

Sein Interesse galt in Moskau nicht nur Waffen, er besuchte auch die Grabstätten der Gefallenen. Er nahm Kontakt zu ehrenamtlich tätigen russischen Gemeinschaften auf, die sich um die über das ganze Land verstreuten Gräber deutscher Soldaten kümmerten. Er spendete dafür und sammelte die bei exhumierten Toten gefundenen Erkennungsmarken persönlich ein. Wenn die vollständig, das heißt nicht zerbrochen waren, mußte man annehmen, daß den Angehörigen der Ort der Bestattung nicht bekannt war. Jim nahm mit der deutschen Kriegsgräberfürsorge Kontakt auf, um überlebende Angehörige zu verständigen.

Während unserer Interview-Übungen erzählte Jim manches aus seinem Leben. Er berichtete auch von seiner Flucht vor einem Strafverfahren in den USA. Mehrere Jahre hatte er sich zusammen mit seiner Frau Inge in Lateinamerika herumgetrieben und dort an seinen Geschäftsverbindungen weitergebaut. Immer wieder war sein Resümee: Das Wichtigste im Leben sind Freiheit und Freundschaft.

Über seine Waffengeschäfte hat er mit anderen anders gesprochen als mit mir. Er habe seinen Ruf als den eines nicht gerade unbedeutenden Waffenhändlers als moralische Belastung empfunden, sei aber überzeugt gewesen, damit nicht nur einfach ein Geschäft betrieben, sondern seinem Land genutzt zu haben.

Mit seinen Erinnerungen steuerte er eine interessante Episode zu einem Kapitel meines Buchs bei, das sich mit dem Mauerbau in Berlin befaßt. Als nach dem August 1961 die Krise schon ausgestanden schien, war es im Oktober noch einmal zu einer Zuspitzung am Berliner Check Point Charlie gekommen. Amerikanische und russische Panzer standen sich Rohr gegen Rohr gegenüber. Jim hielt sich in diesen kritischen Tagen im amerikanischen Führungsbunker an der Seite des kampfeslüsternen Haudegens General Lucius Clay auf und war für die Verbindungslinie des Generals zum Präsidenten zuständig. Als informierter

Zeitzeuge konnte er mein internes Wissen über dieses historische Ereignis lebendig ergänzen.

Von anderen habe ich allerdings später erfahren, daß er die Ansicht Clays teilte, man habe der sowjetischen Führung gegenüber Härte zeigen müssen, um die Westberliner Stellung um jeden Preis zu halten. – Das hatte er mir gegenüber so nicht zum Ausdruck gebracht.

Unsere Gespräche über die Erfahrungen unseres Lebens erhoben sich weit über solche geschichtliche Begebenheiten. Da uns beiden große Worte im Gespräch fremd waren, schrieb mir Jim zwei Tage vor der Abreise aus Moskau einen Brief: »Ich möchte Dir für all die Zeit, Energie und Anstrengung danken, die ihr beide, Du und Andrea, in den vergangenen Wochen aufgewandt habt, um uns unseren Besuch in Moskau so angenehm zu machen. Es war wirklich etwas Besonderes, und es ist ein großes Glück, solch herzliche Freunde zu haben, die sich die Zeit nahmen, uns mit einem Teil der liebenswerten russischen Lebensart bekannt zu machen. Ohne Deine persönliche und spezielle Aufmerksamkeit wäre es uns niemals gelungen, auch nur ein Zehntel dessen zu sehen, was wir gesehen haben.

Ich hoffe, Euch bald als unsere Gäste und lieben Freunde in meinem Haus in Savannah begrüßen zu können. Es wäre ein großes Vergnügen, Euch nicht nur eine wunderbare Stadt zu zeigen, sondern gemeinsam und in Freundschaft eine schöne Zeit zu verbringen.

Laßt uns hoffen, daß Eure Probleme bald hinter Euch liegen und Du rasch bessere Tage in Deinem Leben erreichen kannst. Ohne Zweifel sind wir beide von Glück gesegnet, zwei Schätze an unserer Seite zu haben, die uns durch die rauhe See und alle von uns selbst geschaffenen Schwierigkeiten steuern. Unsere Frauen sind das Beste, was uns widerfahren konnte, ohne sie wären wir beide verloren.

Wenn ich Dir in irgendeiner Weise helfen soll und Dich

unterstützen kann, zögere bitte nicht, mich als Freund anzurufen. Die Freundschaft empfinde ich neben der Freiheit als wichtigsten Faktor im Leben. Ich habe das Zitat gefunden, das ich gestern Dir gegenüber erwähnt habe. Es ist von Robert Burns und lautet: ›Ich denke, es ist großartig, daß wir Brüder sein werden. Brüder müssen einander nicht lieben. Brüder müssen einander kennen und sich umeinander kümmern. Das ist alles.‹

Nochmals vielen Dank für alles, am meisten für die herzliche Freundschaft. Jim.«

Ungewollt wurde Jim in Moskau nach unserem Abschied noch Zeuge eines Ereignisses, in dem, wie so oft in der Geschichte, Großes und Lächerliches ganz dicht beieinander waren und das den seltsamen Tod der einst mächtigen Sowjetunion endgültig einleitete. Es geschah am 21. August 1991, dem Tag des von unseren Gästen gebuchten Abflugs. Ausgerechnet an diesem Tag unternahm mein früherer, inzwischen zum Chef des KGB avancierter Kollege im sowjetischen Dienst gemeinsam mit einigen anderen Mächtigen in der Regierung den Versuch, die Auflösung der Sowjetunion aufzuhalten. Es war ein dilettantisches Unterfangen und kann mit Fug und Recht als Putsch bezeichnet werden. Doch zunächst war der Ausnahmezustand verhängt, und das Ganze sah nach einem militärisch exakt organisierten Unternehmen aus.

Andrea verordnete mir Hausarrest und beschloß, Jim und Inge allein zum Flugplatz zu begleiten. Nach ihrer Rückkehr berichtete sie, auf der Fahrt seien sie Truppentransporten begegnet und überall wären Panzersperren gewesen. Der sonst stets zu Späßen aufgelegte Jim habe angespannt geschwiegen. Erst als die beiden Amerikaner die Paßkontrolle auf dem Flugplatz hinter sich hatten, im Transitraum waren und Jim ihr noch einmal zugewinkt habe, sei ihm die Erleichterung anzusehen gewesen.

Während der gemeinsam in Moskau verbrachten Tage war aus Sympathie ein Gefühl der Freundschaft geworden. Die Freunde wußten, daß unsere Tage in Moskau zu Ende gingen und wir einer ungewissen Zukunft im vereinigten Deutschland entgegensahen.

Einen Beweis seiner Freundschaft gab Jim, als ich bei der Rückkehr nach Deutschland im September 1991 verhaftet und in das Gefängnis von Karlsruhe eingeliefert wurde. In einem aus den USA mit Andrea geführten Telefonat sagte er ohne Zögern Hilfe und Unterstützung zu. Er sei bereit, jede Kaution zu stellen, damit ich wieder in Freiheit käme. Bei jedem Gedanken an Jim denkt Andrea heute an dieses Telefonat zurück, und sie wird ihm dafür ewig dankbar sein.

Mit strengen Auflagen und gegen eine hohe Kaution, für die ich allerdings Jims Hilfe nicht beanspruchte, kam ich frei. Die Auflagen beschränkten mich in meiner Bewegungsfreiheit für einige Jahre erheblich. Als mir nach mehreren Anträgen auch der ständige Aufenthalt auf unserem Waldgrundstück genehmigt wurde, besuchte uns dort zunächst Sascha. Die Freude war groß.

Irgendwie spürte ich in jener schweren Zeit gleichermaßen den Herzschlag des Amerikaners und den des Russen an meiner Seite. Die als Wende bezeichnete Zeit bildete einen tiefen Einschnitt in unserem Leben. Allerdings verdanke ich den turbulenten Umständen jener Monate auch die ungewollte Rolle des Mittelpferdes in unserem ungewöhnlichen Dreigespann. Obwohl wir zu dritt nicht mehr zusammen kamen, spürten wir weiterhin den Gleichklang einer Troika.

In jener Zeit erfuhren wir vieles über das Leben und das Innenleben des anderen, was uns unter normalen Umständen sicher verborgen geblieben wäre. So war uns Sascha bislang als ein besonders zupackender Mann der Praxis erschienen. Bei einem Besuch lernten wir jedoch eine ungewöhnliche Passion des Russen kennen. Er stellte uns eine Bekannte als medizinisch ausgebildete Wissenschaftlerin vor, die sich aufgrund ihrer Erfahrungen übersinnlichen Heilpraktiken zugewandt hatte. Von dieser Frau wurden wir reihum untersucht, wobei die Besucherin mir gegenüber meinte, ich sei als Medium kaum geeignet, da ich angeblich selbst über suggestive Heilkräfte verfüge. Sie erzählte von ihrer Tätigkeit als wissenschaftlicher Sekretär einer Kommission der Akademie der Wissenschaften, die speziell zur Untersuchung übernatürlicher Phänomene eingesetzt war. Ihr gehörten neben Mitarbeitern der Akademie Vertreter der Armee, der Kosmosbehörde und des KGB an. Manches hörte sich recht okkult an, wir hatten aber schon öfter von Dingen »zwischen Himmel und Erde« gehört, die sich unserem rationalen Verstand verschließen. – Vorschnelle Urteile in diesem Zusammenhang habe ich mir im Laufe meines langen Lebens abgewöhnt.

Sascha hatte durch diese Frau Fähigkeiten als Naturheiler bei sich entdeckt und einige ihrer Praktiken angenommen. Sie hatte ihn zwar gewarnt, er sei nicht geschult und dürfe seine Kräfte nicht überschätzen, aber Sascha versuchte, davon unbeirrt, sein Können bei Freunden und Bekannten immer aufs neue anzuwenden. Und das mit nicht zu übersehendem Erfolg. Kurz nach Saschas Besuch bei uns im Wald nahm Andrea die unter Migräne leidende Claudia mit zu ihm, und er erzielte auch bei ihr eine erstaunliche Wirkung: Claudias Migräne ist seitdem verschwunden. Andrea beschrieb sein Vorgehen wie eine Übertragung von Energie. Nach der intensiven Behandlung sei er total erschöpft gewesen, und auch Claudia war in einen langen, tiefen Schlaf gefallen.

Als Inge und Jim erneut nach Berlin kamen und sich um ein Grundstück ganz in unserer Nähe bemühten, waren Sascha und Galja mit ihrem Töchterchen schon wieder in Moskau. Das brachte Jim auf die Idee, Andrea zu einem Besuch zu dritt nach Moskau einzuladen. Mir war wegen der Auflagen des Bundesgerichtshofs und der Prozeßtermine ein Verlassen meines Wohnorts untersagt worden. So kam die Reise ohne mich zustande, und die Amerikaner lernten mit Sascha weitere Facetten des Lebens in Moskau kennen.

Jim wurde es möglich, über die unzähligen Bekanntschaften des russischen Freundes neue Geschäftsbeziehungen zu erschließen, die er in der Folgezeit weiter ausbaute. Abhörgeräte und anderes technisches Zubehör, ursprünglich zur Ausrüstung des KGB gehörend, waren nun mehr oder weniger legal dem Markt zugeführt worden und wurden zu Objekten von Jims geschäftlichen Aktivitäten.

Während einer der folgenden Reisen brachte ihn Sascha zusammen mit seinem deutschen Begleiter privat bei einem berühmten Chirurgen unter, dem Leiter einer großen Klinik. Zur Überraschung der Gäste erwies sich nicht nur der Professor als streng orthodox, auch Sascha bekannte sich überzeugt zur russisch-rechtgläubigen Kirche. Es sei ihm zum Bedürfnis geworden, mehrmals in der Woche in die Kirche zu gehen und deren Regeln einzuhalten. Wie der Professor trank auch Sascha nur Wasser aus einem geweihten Brunnen. Die Kirche gebe ihm die Kraft weiterzuleben, und auch die Freunde würden, seiner Ansicht nach, noch zu dieser Erkenntnis gelangen. Jim, selbst kein Freund der Kirche, nahm dieses Bekenntnis nicht sehr ernst, respektierte es aber und gab der Kirche beim gemeinsamen Besuch eine Spende.

Andrea war in dieser Zeit von Saschas Aufmerksamkeit und der Sorge um mein Schicksal umgeben. Gemeinsam bemühten sie sich, alte Beziehungen zu aktivieren, um die Absurdität meiner Strafverfolgung öffentlich zu machen. Auch Andrea wurde von Saschas Nähe zu einem Priester der russisch-orthodoxen Kirche überrascht. Bei ihrem Kirchenbesuch sagte man ihr, der dort predigende Vater Gennadi habe während meines Prozesses für mich gebetet. Der Gottesdiener segnete sie und sprach von seiner sicheren Überzeugung, die Sache werde gut für mich ausgehen.

Jahre danach habe ich die kleine Kirche zusammen mit Andrea aufgesucht, in der sie Sascha mit Vater Gennadi bekannt gemacht hatte. Der Gottesdienst fand im hellblau und weiß gestrichenen Glockenturm statt, das Kirchenschiff selbst harrte noch der Restaurierung.

Der große Kirchenzulauf gehört zu den Folgen des Scheiterns des »realen Sozialismus« in Rußland. Aber das Eigentümliche daran ist, daß gerade auch große Teile der »Eliten« des vergangenen Systems zu den neuen Kirchgängern gehören. Andrea und ich wurden in der Kirche von Offizieren und von Saschas Freunden herzlich begrüßt.

Zeichen der Verbundenheit kamen auch von Jim und Inge, den amerikanischen Freunden. Inge schickte am Tage des Prozeßbeginns im Jahre 1993 eine Katzenkarte, deren Zeilen die Freundin aufmuntern sollten: »Ich kann nur hoffen, daß diese schrecklichen Wochen schnell vorbei sind und Mischa fair behandelt wird. Ich glaube schon irgendwie an Gerechtigkeit in seiner Angelegenheit, da ja die ganze Welt zuschaut. Ich mache mir mehr Sorgen um Eure Gesundheit, dieses zerrissene Familienleben und immer neue Herzeleid. Doch weiß ich auch, daß Du stark bist und Dir somit nicht der Glaube an das Gute genommen werden kann. Richte Deinen Zorn gegen denjenigen, der Dich angreift oder Dir Unrecht zufügt. Stelle Dir den Staatsanwalt in Unterhosen vor! Werde nicht bitter! Verzweifle weder am Leben noch an der Menschheit. Denke an all die guten Menschen, die Du im Leben kennengelernt hast, an die Blumen, die Bäume, das Meer, die Sonne, den Mond und auch an uns.«

Unter den Moskauer Kollegen und den in Berlin tätigen Verbindungsoffizieren des sowjetischen Dienstes hatte ich mehrere enge und alte Freunde, in den schweren Monaten der Prüfung war es aber Saschas Freundschaft, die ich jederzeit gespürt habe. Sascha rief mich mehrmals an und erkundigte sich nach dem Prozeßverlauf. Einmal vereinbarte er mit mir eine genaue Zeit für eine Séance, während der ich mich entspannt in Richtung Osten orientieren sollte. Da ich abends eine Ruhepause gebrauchen konnte und wie andere Ungläubige dem Grundsatz huldige: weshalb nicht probieren, schaden kann es nicht! setzte ich mich zur vereinbarten Stunde im verdunkelten Zimmer in einen Sessel und entspannte mich. Ich richtete meine Handflächen in Richtung Osten und dachte an Sascha, der sich vermutlich in Moskau darauf konzentrierte, Kraft und Energie auf mich zu übertragen.

An innerer Kraft hat es mir während des gesamten Prozesses nicht gefehlt. Ob das auch an Sascha lag, vermag ich nicht zu sagen.

Gegen Ende des Prozesses ereignete sich ein Vorfall, den ich nur zögernd schildere. Es war am Tag, als die Vertreter des Generalbundesanwalts plädierten. Sascha hatte sich nach dem Zeitpunkt der Plädoyers erkundigt. Der Bundesanwalt hatte gerade mit seiner Anklagerede begonnen, als in dem besonders gesicherten Saal des Oberlandesgerichts in Düsseldorf plötzlich das Licht erlosch. – Es war das einzige Mal, daß es zu einem solchen Vorfall kam.

Überraschend und schmerzlich traf uns dann die Nachricht von Saschas unverhofftem Tod. Wir hatten nie Anzeichen einer Krankheit an ihm bemerkt. Von seinen beruflichen Verpflichtungen mehr als beansprucht, hastete er von einer Verabredung zur nächsten. Der priesterliche Freund führt die Überbeanspruchung des schon kranken Herzens auf Saschas Bedürfnis zurück, mit seinen spirituellen Kräften anderen Menschen zu helfen. Im Unterschied zu Priestern, die ausgebildet werden, bei geistigem Beistand fremdes Leid nicht in sich hinein zu lassen, habe sich Sascha neben seinen dienstlichen Verpflichtungen bei seinen Séancen total verausgabt. Und das konnte sein Herz auf Dauer nicht aushalten. Nach einer Behandlung war er gerade mit dem Auto losgefahren, als sein Herz versagte. Er konnte noch bremsen und die Alarmlichter einschalten, dann rollte der Wagen gegen einen Zaun. Sascha war gerade fünfundvierzig geworden.

Gleich nachdem ich wieder reisen konnte, besuchten wir Galja und mit ihr zusammen Saschas Grab auf dem Wostrjakowski-Friedhof am Autobahnring im Westen von Moskau. Wir mußten einen ziemlich weiten Weg durch Schlamm und Reste des tauenden Schnees zu dem noch wenig erschlossenen Teil zurücklegen, auf dem sich die neueren Grabstätten befinden. Saschas sterbliche Hülle ruht unter einem orthodoxen Kreuz. Darüber hat eine Birke ihre Äste ausgebreitet. Galja bekreuzigte sich und entzündete vor Saschas Bild eine Kerze. Ich gestehe, daß mich Kreuz und religiöses Ritual zunächst befremdeten. Ich wußte natürlich von der Beziehung zu Vater Gennadi, fand aber Grab und religiöse Zeremonie nicht meiner Vorstellung von dem toten Freund entsprechend. Erst später erfuhr ich in Gesprächen mit Galja, mit Saschas engsten Freunden und mit Vater Gennadi, wie intensiv Sascha sich in seinen letzten Lebensjahren der rechtgläubigen Kirche zugewandt hatte.

All meine Gespräche in den Jahren danach ergeben kein einheitliches Bild des Freundes.

Von seinen Eltern hatte Sascha manche Gaben und Charaktereigenschaften übernommen. Den aus Sibirien stammenden Vater hatten harte Prüfungen des Lebens als Kraftfahrer vom Kaukasus bis in den hohen Norden von

Tschukotka geworfen. Sascha schilderte ihn mir als fröhlichen und gleichzeitig harten Menschen, der wegen seiner prinzipienfesten Geradlinigkeit oft in große Schwierigkeiten geriet. Dem Vater wurde eine nie trügende Intuition nachgesagt, die ihn mehrfach vor dem sicheren Tod bewahrt haben soll. Des Vaters Sensibilität, verbunden mit einem festem Willen, hatte der Sohn ebenso geerbt wie dessen goldene Hände. Mit diesen Händen konnte der Sibirier ein Haus samt Ofen bauen, er war leidenschaftlicher Jäger und Angler, wußte, wo im Wald die besten Stellen mit Pilzen und Beeren zu finden waren. Er wetteiferte mit seiner Frau im Gemüsegarten um die ertragreichsten Beete.

Die in einem Kosakendorf am Don geborene Mutter war in der Schlacht von Stalingrad an die heiß umkämpfte Front geraten, war dann mit der Roten Armee bis nach Berlin gezogen und hatte ihren Namenszug an den Mauern des Reichstags hinterlassen. Sie war eine starke Persönlichkeit, auch gegenüber dem Vater, von ihr hatte Sascha vermutlich die Neigung, sich schnell für ganz verschiedene Dinge zu begeistern, für Geschichte und Geschichten ebenso wie für Kräuter und Naturheilkunde.

Der Junge wuchs an der Schwarzmeerküste und den Ausläufern des Kaukasus auf. Immer hatte er diese Gegend als seine eigentliche Heimat betrachtet und das Meer und vor allem die Berge über alles geliebt. Schon als Junge zeigte er, stärker als seine Altersgenossen, eine Vorliebe für Waffen. Als man bei ihm eine selbstgebastelte Pistole fand, bat die beunruhigte Mutter ihren Sohn aus erster Ehe, sich des jüngeren Bruders anzunehmen. Diesem gelang es zwar, Saschas Passion mehr in die Richtung von des Vaters Jagdliebe zu lenken, doch Sascha blieb ein Waffennarr. Diese Leidenschaft führte ihn schließlich in Berlin in einem besonderen Lokal in der Nähe des Europacenters mit Jim zusammen.

Da sich Saschas Liebe zum Waffenhandwerk schon in der Jugend herausgestellt hatte, fiel es dem älteren Bruder sicher nicht besonders schwer, Sascha nach Abschluß der Mittelschule zum Besuch einer Ausbildungsstätte der Grenztruppen zu überreden. Die militärische Ordnung widersprach zwar Saschas Naturell, er hielt sie aber für den Dienst eines künftigen Grenzers für erforderlich. Seinen Dienst hoffte er nach der Ausbildung an einem abgelegenen Grenzabschnitt irgendwo im Gebirge tun zu können.

Wie oft im Leben kam es anders, und Sascha landete eines Tages bei der dem KGB unterstehenden Grenzkontrolle am Moskauer Auslandsflughafen Scheremetjewo. Und wie das Schicksal spielt, hatte der spätere Priester Gennadi, damals noch offizieller Mitarbeiter des russischen Patriarchats, ausländische Gäste der orthodoxen Kirche auf dem Flughafen zu betreuen. Da Probleme der Grenzpassage und Zollkontrollen am besten einvernehmlich zu lösen sind, machten sich die beiden miteinander bekannt. Daraus erwuchs Sympathie und Jahre später eine ungewöhnliche Freundschaft. Allerdings gab es dann einige Jahrzehnte, in denen die Verbindung zwischen dem Mann der Kirche und dem des Sicherheitsdienstes unterbrochen war.

Warum erneuerten die beiden ihre Beziehung wieder, und wie wurde der langjährige Offizier des kommunistischen Nachrichtendienstes, der eher den Eindruck eines Haudegens und Frauenlieblings machte, zum geistigen Heiler und orthodoxen Gläubigen?

Vater Gennadi war inzwischen zum Priester geweiht worden. Er berichtet, daß der Freund mitten im Gottesdienst auf ihn zugestürzt sei und ihn, ohne die Andacht der Gemeinde zu beachten, umarmt und geküßt habe. Die Religiosität sei schon in Sascha gewesen, er habe sie lediglich noch mit seinem Interesse für Volksmedizin und Naturheilmethoden verbinden müssen.

Vater Gennadi, der wie andere von Saschas Patienten an starken Kopfschmerzen litt, sei »aus Spaß« auf das Angebot des Freundes eingegangen, sich behandeln zu lassen. – Auch Vater Gennadis Kopfschmerzen verschwanden.

Obwohl der Beginn seiner Passion als Heiler und seine Hinwendung zur Religion zeitlich ungefähr zusammenfielen, ignorierte Sascha das Gebot der orthodoxen Kirche, derart obskure Heilmethoden, wie er sie praktizierte, als teuflisch abzulehnen. Allerdings belastete ihn die negative Haltung der Kirche zu seinen Heilmethoden bis zu seinem Tode. Er konnte dennoch nicht von ihnen lassen und sagte immer wieder, er dürfe doch Menschen seine Hilfe nicht verweigern, wenn sie ihn darum bäten.

Für die Zeit nach seinem Ausscheiden aus dem Dienst fühlte er sich dazu berufen, in einer eigenen Praxis, einem Haus irgendwo im Gebirge, an dem er schon mit Liebe hing, Menschen zu heilen, die Naturheilkunde zu studieren und darüber zu schreiben.

Vermutlich sind Neugier und Begeisterungsfähigkeit die Schlüssel zu Saschas Wesen. So wie er sich von Kindheit an für Kräuter, Volksmedizin und Naturphänomene, die Arbeit mit verschiedenen Hölzern und Leder interessierte, beschäftigten ihn später Sprachen und die unterschiedlichen Glaubensrichtungen fremder Völker. Galina bewahrt Kisten mit Saschas Büchern auf, darunter sind solche über den Buddhismus und den Islam. Sascha hatte eine Phase, in der er den von reaktionären Kräften in Rußland verbreiteten Ansichten über angebliche Gefahren des Zionismus und der Freimaurerei auf den Grund zu gehen versuchte. Als er in Berlin einem von Jims Bekannten begegnete, von dem er erfuhr, daß er zu den Freimaurern gehörte, war der das besondere Objekt seiner Wißbegier.

Seine Vorliebe für Messer und Waffen aller Art, seine Jagdleidenschaft und die Liebe zur Natur hinderten Sascha nicht daran, sich immer wieder mit paranormalen Erscheinungen zu beschäftigen. Familienangehörige und Freunde hatten sich im Krankheitsfalle seinen Heilpraktiken zu unterziehen, und sein Panzerschrank duftete stets nach chinesischem Jasmin, im Kaukasus gesammelten Hagebutten und zahlreichen anderen getrockneten Heilkräutern.

Obwohl sich Sascha laut Vater Gennadi schon frühzeitig für die sogenannten »sakralen Seiten des Lebens« interessierte und die Lehren der Propheten kannte, lag der Beginn seiner echten Religiosität erst in den neunziger Jahren, genau in der Zeit unserer letzten Begegnungen. Sie kam in unseren Gesprächen nicht vor.

Im Unterschied zu seinem geistlichen Vater und zu seiner Frau Galina vermute ich, daß weniger eine »innere Erleuchtung«, als vielmehr ernste gesundheitliche Probleme sein überraschendes Handeln bestimmten. Einerseits mit der Physis eines sibirischen Jägers versehen, litt er andererseits schon in jungen Jahren, wahrscheinlich als Folge körperlicher Überanstrengung während der harten Ausbildung bei den Grenztruppen, an Schlaflosigkeit und einer Hörschwäche. In Berlin wurden Durchblutungsstörungen des Gehirns festgestellt. Einmal wurde er für mehrere Monate in einer Klinik der sowjetischen Streitkräfte untersucht und behandelt. Danach schwor er, sich nie mehr in die Obhut von Ärzten zu begeben.

Irgendwann danach kreuzte jene Bekannte seinen Weg, die seine gesundheitlichen Probleme erkannte, ihn mit ihren sensitiven Praktiken behandelte und bei ihm selbst die Berufung zum Heiler weckte. Obwohl diese Frau ihn gewarnt hatte, selbst zu praktizieren, ließen ihm Wissensdrang und Neugier keine Ruhe. Nun beschäftigte er sich intensiver mit Parapsychologie. Er besorgte sich entsprechende Literatur und suchte Kontakt zu Menschen, die etwas darüber wußten.

Andrea und ich haben Schwierigkeiten, uns Saschas Weg zum orthodoxen Glauben und hinein in die rechtgläubige Kirche zu erklären, von der er behauptete, allein sie sei in der Lage, den Menschen Glück zu bringen.

Während unseres längeren Aufenthalts in Moskau 1990/1991 gingen wir regelmäßig in eine kleine Kirche in der Nähe unseres Quartiers, und wir konnten die Inbrunst der Gläubigen beim Gebet beobachten. Es fiel uns zu dieser Zeit nicht schwer nachzufühlen, daß die Gläubigen, meist waren es Frauen, im Gottesdienst Trost und Segen suchten. Wir wissen natürlich, daß einfache und hochgebildete Menschen auf unterschiedlichen Wegen zu Wallfahrtsorten pilgern oder zu Gott finden.

So sympathisch uns der kluge Vater Gennadi war und bleibt, so fremd sind und bleiben uns die Rituale der Kirche. Der äußere Glanz, der Prunk, auch jener der Gewänder von einfachen Priestern oder gar Kirchenfürsten, all dies scheint uns eher dem Mittelalter zugehörig und im Widerspruch zu den gepredigten Glaubenssätzen der Bibel zu stehen.

Ich bin traurig, daß ich mit Sascha selbst nicht mehr über seine Gedankenwelt sprechen konnte, über all das erst nach seinem frühen Tod Erfahrene. Jedesmal, wenn wir in Moskau sind und zusammen mit Galja sein Grab aufsuchen, denke ich über die unergründlichen Wege menschlicher Schicksale und menschlichen Geistes nach.

Über esoterische Phänomene kann man unterschiedlicher Meinung sein. Was Saschas Berufung zum Heilen angeht, so hatte sie mit Scharlatanerie bestimmt nicht das geringste zu tun. Dafür gibt es die unterschiedlichen Zeugnisse. Sein Bedürfnis, anderen Menschen zu helfen, kam aus seinem Inneren. Über die Möglichkeiten der Übertragung von Gedanken oder Energien von einem Menschen zu anderen, über das Wirken von Suggestion wissen wir noch viel zu wenig. Wir sprechen von »Charisma« im Sinne von besonderer Ausstrahlung, über die ein Mensch verfügt, und versuchen eine solche mehr oder weniger unerklärliche Wirkung mit »Strahlung« zu erklären.

Ich möchte nicht, daß der Leser von Sascha ein anderes Bild erhält, als wir es haben. Und deshalb sage ich: Sascha war ein das Leben bejahender, immer zu Späßen aufgelegter Mensch. Auch nach Vater Gennadis Urteil war er keineswegs ein Asket, der etwa sein Interesse am Leben und an schönen Frauen verloren hatte. Der Geistliche bezeichnet ihn im Gegenteil als Ritter und Liebling der Frauen. Und so haben ihn auch Inge und Jim erlebt.

Sascha war ein disziplinierter und erfolgreicher Offizier, der Konflikten mit Vorgesetzten nicht aus dem Wege ging. Gleich Jim war er eine Spielernatur und suchte Abenteuer, manche dieser Abenteuer hätten ihn, wären sie bekannt geworden, seine Karriere kosten können. Persönliche Unabhängigkeit und Freiheit galten ihm mehr, und ihnen zuliebe schlug er fällige Beförderungen aus.

Frei und unabhängig war er auch in seinem politischen Urteil, und den Amerikanern gegenüber machte er keinen Hehl daraus, wie sehr er den Präsidenten Gorbatschow und dessen Politik ablehnte. Seinem Land aber war er treu ergeben, er verabscheute Verrat und Verräter. Und so hörten wir nie ein abfälliges Wort über Rußland von ihm.

Er liebte die Einsamkeit in der Natur. In seiner ursprünglichen Heimat nahe dem Meer und den Bergen wollte er seinen Lebensabend verbringen. Unweit eines Auls, eines Gebirgsdorfes, hatte er ein Grundstück erworben und dort damit begonnen, ein Haus zu bauen. Als er aus Berlin wegging, nahm er allen möglichen Hausrat und die verschiedensten Werkzeuge mit, die ihm dabei von Nutzen sein konnten.

Sascha war in der Lage, lange Tage allein in einer einsamen Hütte zuzubringen, aber er brauchte ebenso die Geselligkeit, er suchte und fand, wo er auch war, sofort Kontakt zu Menschen. In seiner Gesellschaft vergaßen die Männer der verschiedenen Völkerstämme des Kaukasus, Tschetschenen, Tscherkessen, Armenier oder Aserbaidshaner, ihre angestammten Feindseligkeiten, in seiner Gesellschaft herrschten Frieden und Freundschaft.

Sascha liebte seine Tochter über alles, er half, wo er konnte, nie legte er die Hände in den Schoß. Er hatte zuletzt einen tiefen Glauben an Gott, aber gottesfürchtig war er nicht.

In unserer Beziehung zu Jim und Inge war die Erinnerung an Sascha in den Jahren nach seinem plötzlichen Tod immer gegenwärtig.

Jim und Inge hatten in der Nachbarschaft unseres Sommerhauses ein Grundstück erworben und waren dabei, es sich ihren Vorstellungen entsprechend einzurichten. Jim bestückte es mit amerikanischem Hausrat und füllte die zahlreichen Nebenräume allmählich mit unzähligen Anschaffungen des Militaria-Händlers.

Als er hörte, daß während des Zweiten Weltkrieges in der näheren und weiteren Umgebung mehrere Fliegende Festungen der US-Luftwaffe abgestürzt waren, gab er nicht eher Ruhe, als bis er mit Hilfe eines alten Bauern und eines Försters einen jener Äcker gefunden hatte, von dem damals die Trümmer eines solchen Bombers weggeräumt worden waren. Nicht nur, daß sich auf seinem Grundstück immer mehr bizarre Aluminiumteile türmten, seine Intuition ließ ihn mit Hilfe des Bauern den Acker so lange umpflügen, bis er das Teil mit der Plakette des Herstellerwerks gefunden hatte. Dann dauerte es nur ein paar Tage, bis er über sein Office vom US-Verteidigungsministerium den Tag des

Abschusses der Maschine und die Namen der Besatzungs-
mitglieder erfahren hatte. Seine engen Beziehungen zu
einem Filmproduzenten, den er mir später vorstellte, und
ein eigenes Filmteam machten es ihm möglich, für ein Projekt zur amerikanischen Kriegsgeschichte Interviews mit
Zeitzeugen zu führen.

Unsere Nachbarschaft vertiefte die Freundschaft. Als
Verfasser eines Buchs über die Geheimnisse der russischen
Küche mußte ich den kulinarischen Höhepunkt der
Einstandsfeier in Jims neuem Anwesen mit einer dreifa-
chen »Ucha«, der sibirischen Fischsuppe, übernehmen.
Dabei lernten wir einige von Jims Freunden aus der Berliner Zeit vor dem Fall der Mauer kennen. Umgekehrt
zählten Inge und Jim von nun an zu den ständigen Gästen
unserer Familienfeiern, und sie machten Bekanntschaft
mit unserer verzweigten Familie und einigen unserer engsten Freunde.

Es war nicht selten, daß Jim, wenn unsere Frauen in Berlin unterwegs waren, unangemeldet bei mir auftauchte,
und wir bei einem Glas Rotwein über das Leben philoso-
phierten, bis wir uns auf der Eckcouch in verschiedenen
Richtungen ausstreckten und unsere Frauen uns dann
schlafend vorfanden. Harmonie wurde zum Kennzeichen
unserer Beziehung.

Jim nahm großen Anteil an meiner Strafverfolgung im
vereinten Deutschland und dem Fortgang meines Buch-
projekts bei dem amerikanischen Verlag, der die Exklusiv-
rechte erworben hatte. Er machte mich mit einigen seiner
Freunde aus den USA bekannt, von denen er meinte, sie
könnten dazu beitragen, dort Ressentiments zu überwinden, für meine Verteidigung nützliche Argumente zu be-
sorgen und für die Publicity brauchbare Verbindungen
herzustellen. Immer wieder schmiedete er Pläne für eine
Reise quer durch die USA, bei der ich sein Gast sein sollte.

Er liebte sein Land, so wie Sascha seine Heimat geliebt hatte. Wir hätten sicher mehr als ein Jahr gebraucht, um alle Freunde und Sehenswürdigkeiten zu besuchen, von denen Jim schwärmte.

Ständig suchte Jim nach Gegenständen und Erinnerungsstücken für ein Spionagemuseum, das er am früheren Check Point Charlie in der Mitte von Berlin einrichten wollte, und in dieser Zeit hatte er auch die Idee, mit seinem aus den USA angereisten Filmteam ein Interview mit mir ohne zeitliche Begrenzung aufzunehmen. Wir setzten uns vor die Kamera und führten eine zwanglose Unterhaltung über alles, was »auch noch meine Enkel interessieren« könnte. So kam es zu Video-Aufnahmen, von denen ich mehrere Stunden mit Jims Fragen und meinen Antworten in meinem damals noch mehr als bescheidenen Englisch besitze. Im Unterschied zu vielen anderen Filmdokumentaristen gelang es Jim, mit seiner beinahe naiven Neugier und zurückhaltenden Teilnahme, mir den vielleicht aufrichtigsten authentischen Lebensbericht zu entlocken. Für ihn war ich Zeitzeuge und ein Stück Geschichte zum Anfassen. Sympathie und Freundschaft ließen unsere Beziehung jedoch über gegenseitige Neugier weit hinauswachsen.

Ich meine, Jim in unseren langen Gesprächen nicht nur meine eigene Haltung, sondern auch unsere historischen Vorbilder und die Motive des Handelns von Kundschaftern an meiner Seite nahegebracht zu haben.

Einmal war Jim nach London gereist, um bei einer Auktion für das von ihm geplante Spionagemuseum persönliche Gegenstände aus dem Nachlaß von Kim Philby zu erwerben. Er brachte mir von dort ein von Philbys Witwe handsigniertes Foto mit, auf dem ich neben ihrem weltbekannten Mann zu sehen bin. Jim sprach über den Engländer mit Respekt, und nicht, wie in dessen Heimat üblich, als einen Verräter. Wenn Jim in den USA während meiner Strafverfolgung Schritte zu meinen Gunsten unternahm, die seinen geschäftlichen Beziehungen möglicherweise nicht gerade zuträglich waren, so sehe ich darin nicht einfach einen Beweis persönlicher Sympathie. Er sah in mir wie in Sascha, aber auch in jenen, für die wir einmal im Dienst verantwortlich waren, hochmotivierte Soldaten. Und er verstand sehr wohl und respektierte auch, daß ich mich, selbst von Gefängnis bedroht, von dieser Verantwortung nicht frei fühlte und mich für das Ende der einseitigen Strafverfolgungen dieser »Soldaten an der unsichtbaren Front« einsetzte, so gut ich konnte.

Was ist Vertrauen, wie gewinnt man es? Gewiß bedarf es einer Zeit der Prüfung und Erfahrung. Und dennoch verließ ich mich auch im Nachrichtendienst sehr stark auf meine Intuition, das Gefühl. Nicht selten ergaben sich Fragen, wenn es um die Zuverlässigkeit eines Kontaktes ging. Dann fragte ich den zweifelnden Mitarbeiter: Stell dir vor, es ist Krieg, und du erhältst einen Kundschafterauftrag hinter der Frontlinie. Würdest du allein mit dem Mann gehen? – Auch in Bezug auf Mitarbeiter im eigenen Nachrichtendienst, selbst wenn es um hohe Offiziere des zentralen Apparats ging, habe ich mir diese Frage gestellt. Und ich habe sie nicht immer bejaht.

Natürlich konnte ich nicht darauf vertrauen, alles über Jims Tätigkeit im Dienst für sein Land zu wissen oder von ihm zu erfahren. Aus seinen Erzählungen konnte ich schließen, daß er dem amerikanischen Geheimdienst nicht so fern stand, viele Geschäfte hätte er ohne den Segen der CIA gar nicht abschließen können.

Bei der Schilderung seiner Schwierigkeiten mit der Justiz erwähnte er beiläufig den Namen von Oliver North, jenes durch spektakuläre Waffengeschäfte in die Medien geratenen Oberstleutnants, dem er bei dessen Verteidigung unter die Arme gegriffen habe. Seine abfälligen Anmerkungen über Bürokraten, die es in allen Apparaten in Ost wie West gebe, ließen unliebsame Erfahrungen ahnen. Darüber sprach er nie detaillierter.

Ebensowenig konnte Jim natürlich von mir erwarten, daß ich ihm Geheimnisse aus meinem Dienst enthüllen würde. Unsere Freundschaft, das gegenseitige Vertrauen waren in den wenigen bewegten Jahren auf einem von unserer früheren Tätigkeit entfernten, sehr persönlichen Fundament entstanden. Bei Jim hatte ich das sichere Gefühl gewonnen, daß er mich niemals verraten und in keiner Situation im Stich lassen würde. – Von Sascha ganz zu schweigen. Mit ihm wäre ich ohne zu zögern durchs Feuer gegangen.

Jim wohnte in seinen letzten Lebensjahren sehr gern auf dem Grundstück in unserer Nachbarschaft. Er hatte es sich in den Kopf gesetzt, im Wohnraum einen Kamin von amerikanischer Größe zu haben, und die Granitquader dazu sollten unbedingt aus den Trümmern von Karinhall stammen. Er begann unverzüglich damit, dieses für einen Amerikaner typische Vorhaben für sich zu verwirklichen. Ein aus den USA eingeflogener Handwerker, der ihm wegen humanitären Beistands in der Zeit eines Drogenentzugs verpflichtet war, führte den Bau aus, und Jim legte bei der Errichtung des Schornsteins selbst mit Hand an. Die schweren Granitsteine müssen seine Kräfte über Gebühr beansprucht haben. Doch seine Augen leuchteten, als das Feuer entzündet war und wir auf sein eigenwilliges Werk und sein Wohl tranken.

Es war das einzige Mal, daß Jim an dem brennenden Kamin saß. Er klagte jetzt öfter über Müdigkeit und lag an manchem Tag bis zum Mittag im Bett. Er hatte begonnen, seine Erinnerungen aufzuschreiben, kam aber nicht recht voran. Manches las er mir vor, auch früher verfaßte Gedichte, gefühlvolle Verse. In ihnen reflektierte er seine Gedanken über den Sinn des Lebens, oft mit Vergleichen aus der Natur, häufig kam in ihnen der Flug der Vögel vor. Es gab auch Gedanken über den Tod, aber keine Todesahnung. Eine gründliche Überprüfung seiner Gesundheit hat er immer wieder aufgeschoben, er wollte sie bei der nächsten Reise in die USA in seiner angestammten Klinik vornehmen lassen.

Unmittelbar nach Ende meines zweiten Prozesses und mit dem Erscheinen meiner Memoiren in Deutschland und in den USA, es war im Juni 1997, erreichte uns die Nachricht, Jim sei mit der Diagnose eines Gehirntumors in ein Krankenhaus eingeliefert worden. Sofort schrieb ich ihm: »Nach einer aufregenden Woche sind wir für einen Tag auf dem Waldgrundstück. Wie sehr Ihr uns fehlt! Immer erinnern wir uns Deiner Worte über die Freundschaft. Die Nachricht über Deine Erkrankung gibt ihnen noch mehr Gewicht. Andrea sagt mehrmals am Tag, Jim wird es schaffen, er ist stark, wir brauchen ihn hier. Dies um so mehr, als mir noch einmal das Visum für die USA verweigert wurde. Ein Beamter des State Department hat dazu öffentlich eine so dumme Erklärung abgegeben, daß ich von mehreren empörten amerikanischen Journalisten angerufen wurde. Auf die Frage, warum ich gerade jetzt die USA besuchen wolle, antwortete ich, Familienangehörige und Freunde warteten auf mich, darunter mein guter Freund Jim in Savannah.

Während der vergangenen Wochen der Buchpromotion haben wir an den verschiedenen Orten Eurer gedacht. Mir fiel ein, wie Du in unserem letzten Telefonat von dem Schabernack berichtet hast, mit dem Du den Arzt bei der Katheteruntersuchung überraschtest. Wie herzlich haben wir gelacht! Laß uns noch oft dazu die Gelegenheit haben, gemeinsam mit unseren lieben Frauen. Sie haben es nicht leicht mit uns. Aber gerade dann, wenn wir sie am meisten brauchen, erfahren wir auch ihre Liebe.

Inge wird Dir diesen Brief vorlesen. Wir wissen sie an Deiner Seite. Es ist ein großes Glück, daß Du sie hast. Doch das weißt Du selbst am besten.

Jim, wir umarmen Dich. Werde bald gesund. Wir wollen noch in diesem Jahr hier draußen eine ordentliche Party feiern, mit Fischsuppe und Grillen.

Tausend Küsse auch für die tapfere Inge.«

Aus der Party wurde nichts mehr. Die schlechten Nachrichten kamen immer dichter. Jim hatte eine Operation, doch sein Zustand wurde immer besorgniserregender. Einige Male erreichte ich ihn noch per Telefon im Krankenhaus. Seine immer matter werdende Stimme versuchte, zuversichtlich zu klingen. Er sprach über ein gemeinsames Filmprojekt, wollte mir einen Vertrag schicken und gab den Hörer dem Kameramann, der ihn gerade besuchte und den ich von Jims Interview mit mir kannte.

Per Fax schickte er mir ein gezeichnetes Mondgesicht, das seinen Kopf darstellen sollte. An einer Seite war eine große Narbe zu sehen, daneben hatte er mit Druckbuchstaben geschrieben: »Meine Kopf ist kaput! Aber ich bin sehr stark!« Auf der anderen Seite stand: »Hope to see you in Savannah!« Und unten: »For Mischa und Andrea. Thank you for being my friend! I need you and your support. I miss you very much. You are both very special to me.« Dazu deutsch: »Freiheit und Freundschaft. Viele Kussen und Liebe von Jim.«

Ich schickte der US-Außenministerin ein Gesuch, mir für drei Tage ein Visum zum Besuch des kranken Freundes zu gewähren. Ich fügte sämtliche medizinischen Befunde mit einem Schreiben des behandelnden Arztes bei. Ich bekam keine Antwort. Die Befunde zeigte ich meinem Professor, der Jim auch kannte. Er konnte nichts Positives sagen, gab lediglich aus der amerikanischen Literatur stammende Hinweise auf Medikamente mit tumorbremsender Wirkung.

In solcher Situation versucht der Mensch, aus jeder Möglichkeit und jedem Mittel einen Fingerhut Hoffnung zu schöpfen. Inge schrieb, Jim erinnere sich an den Professor, den er über Sascha kennengelernt habe. Vielleicht sei man dort bei der Behandlung derartiger Tumore weiter. Gleich Jim dachte sie gewiß an Saschas Heilungen und bat, ich möge mich doch dringend nach einem Heiler erkundigen. »Ich kämpfe für und um ihn und versuche mich daran zu klammern, daß es manchmal Situationen gibt, wo noch Wunder geschehen.«

In den Wochen, ausgefüllt mit der Vorstellung meines Buchs auch im Ausland, war ich bemüht, alles zu tun, um diese Möglichkeit nicht auszulassen. Ich telefonierte mit Moskau und San Francisco, wo uns ein russischer Wunderheiler empfohlen war. Der war zwar bereit, unseren Freund zu behandeln, sah sich aber nicht in der Lage, zu Jim zu reisen. Schließlich nahmen mehrere Gespräche mit einer renommierten »geistigen Heilerin« in St. Petersburg, einer promovierten Ärztin, solche Formen an, daß alle für die Behandlung und die Visa erforderlichen Papiere im Juli ausgetauscht waren. Am 20. Juli kam jedoch die Nachricht von dem Unabwendbaren. Jim war siebenundsechzig Jahre alt geworden.

Zwei Jahre nach seinem Tode wurde Jim auf dem Heldenfriedhof in Arlington beigesetzt. Er erfuhr eine Beerdigung mit allen Ehrungen, die sonst nur Generälen oder Armeeangehörigen mit besonderen Verdiensten zukommt. Es war eine imposante Auffahrt vieler Trauergäste, darunter einiger Generäle, die Jim die Letzte Ehre gaben. Eine Militärkapelle spielte, mehrere Militäreinheiten begleiteten den Trauerzug und feuerten einen Ehrensalut. Wie es sich gehört, bedeckte das Sternenbanner den Sarg, und es wurde nach der Beisetzung getreu dem festgelegten Zeremoniell zusammengefaltet und an Inge überreicht. Ein General ermöglichte der Familie und den auch aus Deutschland angereisten zahlreichen Gästen eine Sonderbesichtigung des Weißen Hauses. Jims Grabstelle befindet sich nicht mehr als hundertfünfzig Meter vom Grab John F. Kennedys entfernt.

Berücksichtige ich die mir von Jim selbst geschilderten Schwierigkeiten, die zu seiner Entlassung aus dem Armeedienst im Range eines Oberstleutnants führten, bleibt diese Ehrung ungewöhnlich. Hatte Jim Verdienste, die für mich ein Geheimnis blieben?

Es fiel mir nicht leicht, die Erinnerungen an Jim und Sascha zu Papier zu bringen. Zu viele eigene Erlebnisse und Emotionen sind mit den Jahren unserer Beziehung verbunden. Nun habe ich diese Geschichte einer Freundschaft zu dritt jedoch beendet, und der Hochsommer zeigt sich in unserem Waldhaus am See von seiner schönsten Seite. Wie im Frühling schweift der Blick durch die Bäume zu dem vom Sonnenlicht überfluteten See. Zwischen den Wasserrosen ziehen inzwischen die Schwäne mit den Jungen ihre Bahn. Und wieder ist das Gefühl da, Jim könne jeden Augenblick durch das offene Tor kommen und wie selbstverständlich sein leises »Hallo« rufen.

Vieles erinnert uns an Jim, er ist aus unserem Leben in jenen Jahren genau so wenig wegzudenken wie Sascha. In besonderen Situationen taucht der eine auf oder der andere. Ihre Leuchtspuren sind nach Jahren nicht erloschen und machen es schwer, zu glauben, daß uns beide so früh, viel zu früh verlassen haben, erst der jüngere Sascha, danach der ältere Jim.

Beide sind uns noch immer so nah, daß Andrea öfter meint, Sascha habe den älteren Freund vielleicht einfach zu sich geholt, damit er sich nicht so langweile. Beide würden nun unser Tun aus der »anderen Welt« beobachten und wie zu Lebzeiten ihre freundlichen Späße mit uns treiben.

Johanna

Während meines Prozesses vor dem Oberlandesgericht in Düsseldorf trat eines Tages eine dezent gekleidete, fast weißhaarige Frau in den Zeugenstand. Natürlich habe ich Johanna sofort wiedererkannt und ihr würdevolles Auftreten nicht vergessen.

Das merkwürdige juristische Konstrukt des damaligen Verfahrens sollte den Schein wahren, daß ich nicht wegen meiner Gesamtverantwortung als Leiter des Nachrichtendienstes der DDR verurteilt würde, sondern ausschließlich wegen mir persönlich anzulastender Anstiftung und Anleitung von Agenten zu Spionage und Landesverrat. Diese Absicht der Anklagebehörde erwies sich als verfehlt. Unfreiwillig widerlegte die Staatsanwaltschaft durch die Ladung von Zeugen, mit denen ich persönlichen Kontakt gehabt hatte, die in der Öffentlichkeit weitverbreiteten Klischees. Vor dem meist vollbesetzten Saal bestätigte kein einziger der Zeugen die Behauptung der Ankläger, die Mehrzahl unserer Agenten hätte unter Druck oder aus niedrigen Beweggründen gehandelt. Eine Zeugin, ein Zeuge nach dem anderen, zum Teil aus Gefängnissen vorgeführt, zeigten bei ihren Aussagen eine Haltung, auf die ich stolz sein konnte. So auch Johanna. Ihr Denken und Handeln mag hier stellvertretend für die nicht erzählten Geschichten all der anderen stehen. Jede dieser Geschichten ist am Beginn und im Verlauf der Lebenswege unterschieden, den Motiven des Handelns nach aber ganz ähnlich.

Im Vergleich zu anderen Zeugen wirkte Johanna bei ihren Antworten besonders ruhig und trotz vorangegangener Haft und eigenem Strafverfahren beinahe gelassen. Ihre Erscheinung, ihr Auftreten, die feinen Gesichtszüge einer nicht mehr ganz jungen Frau mögen die Anwesenden an eine promovierte Studienrätin für die Fächer Literatur und Geschichte erinnert haben. Und ein solcher Eindruck wäre, gemessen an der früheren Lebensgeschichte Johannas, gar nicht falsch gewesen. Denn tatsächlich hätte sie auch Lehrerin werden können.

Schon gleich am Beginn ihrer Aussage, als der Vorsitzende die üblichen formalen Fragen stellte, spielte die ursprünglich angestrebte pädagogische Laufbahn eine Rolle. Als Schülerin einer Lehrerbildungsanstalt erlebte Johanna das Kriegsende bei Kattowitz, ein paar hundert Kilometer von ihrem Heimatort in Oberschlesien entfernt. Sie war achtzehn, sollte ihr Abitur ablegen, um danach mit ihren Mitschülerinnen und Mitschülern auf einen Einsatz in den eroberten Ostgebieten vorbereitet zu werden. Es war Ende Januar 1945, die Front kam immer näher, andauernd war Fliegeralarm, alle Abiturienten wollten zu ihren Familien in die Heimatorte und warteten ungeduldig auf die Evakuierung. Im Gerichtssaal war es still, als Johanna von einem Erlebnis bei Kriegsende berichtete, das ihr weiteres Leben und Handeln bestimmen sollte.

Unweit der auf einer Anhöhe liegenden Unterkunft führte am Horizont eine Chaussee entlang, auf der SS-Begleitmannschaften Häftlinge aus Auschwitz vor sich hertrieben, ein unendliches Band von Resten von Menschen, wie sie sagte. Als die Lehrer einige Tage später Pferdefuhrwerke aufgetrieben hatten, um die Schule zu evakuieren – es war ständig Fliegeralarm gewesen – bewegte sich auch ihr Treck über diese Chaussee, immer hinter dem Häftlingszug her. Die Schülerinnen und Schüler sahen mehrere Tage lang das unbeschreibliche Leiden der meist nur in Lumpen gekleideten Häftlinge aus der Nähe. Es war ein harter Winter. Mit letzter Kraft schleppten sich die Gefangenen bei starkem Frost in ihren gestreiften Fetzen barfuß oder mit Holzpantinen an den Füßen durch Schnee und Eis. Die SS hetzte sie, immer wieder lagen Tote zu beiden Seiten der Straße, dazwischen sah man liegengebliebene Kochgeschirre, Reste von Decken, überall lag Kot. Das zog sich viele Kilometer hin.

Nach acht Tagen war Johanna in der Nähe der Neiße fast schon zu Hause. Zuerst traf sie die Mutter, die Freude war groß. Aber sofort überfielen sie die allgegenwärtigen Sorgen und Nöte: das Haus voller Flüchtlinge, der Vater todkrank, die Schwester schwanger. Allein das energische Auftreten des Vaters, er war Eisenbahner, ermöglichte der Familie die Flucht mit dem letzten Zug. So gelangten sie übers Riesengebirge und quer durch Tschechien in die Oberpfalz, um schließlich im Vogtland anzukommen. Im Gerichtssaal erzählte sie, daß ihr während dieser ganzen Zeit das Bild des schrecklichen Todesmarsches der Auschwitz-Häftlinge nicht aus dem Gedächtnis gewichen sei.

Erst später erkannte sie den Zusammenhang ihres Erlebnisses mit der Hitlerherrschaft und dem Krieg. Sie nahm sich vor, so etwas in der Welt nimmermehr zuzulassen. Sie begriff allmählich, daß es galt, die Menschen davon zu überzeugen, daß der Frieden ungleich wichtiger sei als diese dummen Naziparolen, die ihr eingetrichtert worden waren. Es mußte vorbei sein mit dem arroganten Spruch vom »deutschen Wesen, an dem die Welt genesen« sollte. Menschen hatten einfach Menschen zu sein. Und das sei letzten Endes auch ihr Leitsatz, ihr Motiv gewesen, weshalb sie sich bereit erklärte, für den Nachrichtendienst der DDR zu arbeiten.

Diese mit schlichten Worten vorgetragene Schilderung hatte eine solche Betroffenheit im Gerichtssaal ausgelöst, daß der Bundesanwalt die Beherrschung verlor. Ihm fiel nichts besseres ein, als die Zeugin zu fragen, warum sie sich, statt an Auschwitz zu denken, nicht um Waldheim, Bautzen, den Mauerbau und die Opfer an der innerdeutschen Grenze gekümmert habe. Johanna ließ sich jedoch von dieser Frage nicht provozieren und reagierte darauf ganz ruhig: »Herr Vorsitzender, muß ich darauf antworten?«

Später erinnerte sie sich an diese Situation und an ihren eigenen Prozeß, der 1992 im selben Saal und unter demselben Vorsitzenden stattgefunden hatte: »Merkwürdigerweise hatte ich ständig das Gefühl innerer Überlegenheit. Gerichtssenat und Bundesanwälte hatten keine Ahnung von dem, was wir gewollt, gedacht, erlebt haben. Worum es uns ging, war ihnen fremd. Sie konnten meine Motive einfach nicht begreifen, denn sie waren Gefangene ihrer Vorurteile. Im Grunde genommen ging sie das alles auch gar nichts an. Mir half das Bewußtsein, etwas Richtiges und Wichtiges getan zu haben. Was die darüber dachten, war nicht bedeutsam. Deshalb war ich nicht aufgeregt und verfolgte eigentlich nur mit Neugier, wie so etwas funktioniert. Und ich nahm die Freundlichkeit und Hilfsbereitschaft der subalternen Beamten wahr.«

Ihr beruflicher Werdegang macht das Motiv ihres Handelns deutlich: In der sowjetisch besetzten Zone findet im Schulwesen eine große Umwälzung statt. Anstelle vieler mit der Nazi-Ideologie belasteter Lehrer werden im Schnellverfahren ausgebildete Neulehrer eingesetzt. So wird Johanna, die sich eigentlich erst gründlich weiterbilden wollte, sehr bald Neulehrerin in Sachsen. Sie weiß zwar die ihr bei ihrer Einstellung gestellte Frage, was Sozialismus sei, nur mit dem ihr bekannten Begriff »Sozius« in Zusammenhang zu bringen, es wird aber für gut befunden, daß sie dieses Wort mit ihren Vorstellungen von einem Zusammenleben in der Gemeinschaft verbindet. Nach kurzer

Zeit besteht sie die Zweite Lehrerprüfung, bleibt aber weiterhin die lernende Lehrerin.

Ihre Fähigkeiten erregen Aufmerksamkeit, so daß sie 1960 an das Ministerium für Volksbildung nach Berlin berufen wird. Mit ihrer inzwischen gefestigten politischen Einstellung und ihrer persönlichen Ausstrahlung steht ihr eine akademische Laufbahn offen. Sie wird nach dem Besuch eines politischen Lehrgangs für eine außerplanmäßige Aspirantur vorgeschlagen.

Doch da nimmt ihr Leben eine unerwartete, vielleicht aber doch folgerichtige Wendung. Im Rückblick könnte dieser Schritt so dargestellt werden, als ob Johanna den Weg in den Nachrichtendienst, der von uns Aufklärung genannt wurde, zielstrebig gesucht hätte, und zwar, um reinen Herzens gegen jede Form reaktionärer Politik in Deutschland anzugehen, die unser Land im zwanzigsten Jahrhundert schon zweimal in die schlimmsten Kriege geführt hatte. – In Wirklichkeit beginnt dieses andere Leben für sie, wie für die meisten anderen aus der DDR in den Westen geschickten Kundschafter auch, fast unmerklich und recht prosaisch.

Ein Freund hatte der Staatssicherheit für Treffen mit geheimen Informanten seine Wohnung zur Verfügung gestellt. Dieser Mann will nun eine Frau mit vier Kindern heiraten, da wird ihm die Doppelnutzung seiner Wohnung hinderlich. Er schlägt Johanna als seine Nachfolgerin vor. Sie, dieser Dinge völlig unkundig, sagt zu, weil ihre Wohnung während der Schulstunden ohnehin leersteht. Der nun für sie zuständige Offizier stellt bei der Wohnungsinhaberin Eigenschaften fest, die schließlich zu einem Gespräch mit einem Mitarbeiter des von mir geleiteten Dienstes führen. Am Schluß des Gespräches wird die direkte Frage an sie gerichtet, ob sie bereit sei, für die Auslandsaufklärung der DDR in den Westen zu gehen und dort für diese Dienststelle zu arbeiten. Damit nimmt ihr Leben eine schicksalsschwere Wendung.

Die erste Begegnung findet im Berliner Palais am Festungsgraben Unter den Linden hinter der Neuen Wache statt, dem damaligen »Haus der deutsch-sowjetischen Freundschaft«.

Inzwischen sind mehr als dreißig Jahre vergangen, ich sitze mit Johanna im selben Haus in der Tadshikischen Teestube, und sie erzählt mir von damals. Obwohl wir beide nicht zu denen gehören, die vergangenen Zeiten allzu lange nachhängen: in diesem Haus, das sich äußerlich kaum verändert hat, erinnert vieles an teuer Gebliebenes und Wertvolles. Die Veranstaltungen und Ausstellungen im Haus sind bescheidener geworden, aber es gibt sie noch oder wieder. Zwischen Firmenniederlassungen und Bankbüros lebt in ein paar Räumen noch ein Stück der inzwischen vergangenen Kultur. Im kleinen »Theater im Palais« treten dem DDR-Publikum bekannte Schauspieler auf, der Künstlerklub »Die Möwe« hat ein neues Domizil im Haus gefunden. Es ist viel kleiner als jene legendäre »Möwe« aus der Nachkriegszeit, die sich in dem wunderbaren, inzwischen völlig verfallenen Bülowschen Palais in der Luisenstraße befand. Der Klub lebt wieder als geselliger Treffpunkt engagierter und interessierter Menschen, die an dem verlorengehenden Gefühl einer ideellen Gemeinschaft festhalten wollen. In der Tadshikischen Teestube bleibt für Johanna die in diesem Haus erlebte, ehrlich empfundene Freundschaft zu den Völkern der Sowjetunion lebendig, und sie erinnert sich an den Beginn ihres Weges als Kundschafterin.

Johanna bittet damals um eine Bedenkzeit und denkt darüber nach, ob sie überhaupt für die Aufklärungsarbeit geeignet sei. Als Lehrerin vermittelt sie ihren Schülern, daß es sich lohnt, im Frieden zu leben und zu arbeiten. Hinzu

/ 235

kommt, daß sie weder Familie noch Kinder hat, die von ihr abhängig sind. Nach einiger Zeit gibt sie ihre Zustimmung unter der Voraussetzung, daß geprüft würde, ob sie für diese Tätigkeit auch geeignet sei. Johanna stellt keinerlei Bedingungen, weder was die Dauer des Einsatzes angeht noch in materieller Hinsicht. Die Weiterzahlung ihres Gehalts wird ihr zugesichert.

Während sie die politische Schule besucht, finden ein paar Probeeinsätze statt. Es ist nicht einfach, Johannas Abwesenheit gegenüber den anderen Lehrgangsteilnehmern glaubhaft abzudecken. Als erstes muß sie nach Westberlin gehen, ein Haus beobachten und feststellen, wer dort und in welcher Etage wohnt. Sie muß eine Brille kaufen und andere simple Aufträge erfüllen. Das ganze soll dazu dienen, Johanna an die Atmosphäre des Westens zu gewöhnen. Auch eine Fahrt nach Wien hat ähnliche Gründe, obwohl sie auf diese Reise bereits mit gefälschten westdeutschen Papieren geht und ein Treffen mit einer stillgelegten Quelle vorgesehen ist. Sie muß zu diesem Zweck die andere Identität ihrer Person für die benutzten Papiere beherrschen. Über die Grenzkontrollen und andere Wahrnehmungen soll sie ausführlich berichten. Im Zug hat sie sich die in ihren Papieren eingetragenen Daten noch einmal fest eingeprägt und sich auf die bevorstehende Kontrolle vorbereitet.

Lächelnd berichtet sie darüber, daß sie das alles zwar als spannend empfunden habe, doch aufgeregt sei sie nicht gewesen. Sie sei halt ein ausgesprochen neugieriger Mensch. Es sei bei ihr oft so, daß Sachen, die neu sind, solche Aufmerksamkeit verlangen, daß es zum Aufgeregtsein oder gar zur Angst gar nicht komme. Auf der Reise nach Wien hat sie noch vor der Grenze der Schlaf übermannt. Als sie aufwacht, ist sie bereits in Österreich. Die Grenzkontrolle hat sie glatt verschlafen.

Bei der Ankunft in Berlin gibt es dann doch noch einen von jener Sorte Zwischenfälle, die bei Kundschaftern Herzklopfen verursachen. Bei Verlassen der DDR-Kontrolle am Bahnhof Friedrichstraße wird sie von einer Bekannten erkannt und mit lautem Hallo begrüßt. Da sei sie wirklich aufgeregt gewesen. Damals kann sie noch nicht wissen, daß ihr Papiere mit anderer Identität, an die sie sich perfekt gewöhnt hatte, viele Jahre später einen bösen Streich spielen würden.

Nach diesen Probeeinsätzen wird es ernst. Der Führungsoffizier hat inzwischen intensiv an der Aufgabe gearbeitet, für Johanna eine glaubhafte Identität zur Übersiedlung nach Westdeutschland aufzubauen. Von einer eigens dafür geschaffenen Abteilung hat er den Hinweis auf eine Frau erhalten, die lange Zeit im Westen als Friseuse gearbeitet hatte, unheilbar psychisch erkrankt und in einer Pflegeanstalt der DDR untergebracht worden war. Die Abteilung, von der dieser Hinweis kam, hatte alle wichtigen Daten aus dem Leben dieser Frau ermittelt, die erforderlichen Papiere besorgt, nachgefertigt und sich zur regelmäßigen Kontrolle des Aufenthalts der Originalperson verpflichtet. Für Johanna beginnen nun die gründliche Ausbildung für ihren Einsatz und die für diese Form der Einschleusung von Kundschaftern in den Westen meist recht langwierigen Vorbereitungen.

Nach der Freistellung von dem Lehrgang wird ihre Ausbildung zunächst in ihrer Wohnung durchgeführt. Der Führungsoffizier bringt ihr das kleine ABC des Nachrichtendienstes bei, die Vorbereitung, Absicherung und Durchführung von Treffs, das Anlegen von »Toten Briefkästen« zur Ablage von Materialien, verbunden mit praktischen Übungen. Verschiedene, ihr nicht näher bekannte Mitarbeiter lehren sie das Funken, Fotografieren, die Benutzung von Geheimschreibmitteln und manches andere. Parallel dazu belegt sie an der Volkshochschule Kurse in Stenographie und Schreibmaschine; schließlich soll sie im Westen nicht als Friseuse arbeiten. Der Aufbau des neuen, für die nachrichtendienstliche Karriere geeigneten Pseudonyms erfordert mehrere Reisen ins Ausland.

Die mit Unterbrechungen jeweils mehrwöchigen Aufenthalte in London, im Elsaß, in Schweden, das Studium der Einreise- und Anmeldeformalitäten, der Arbeitsbedingungen, die Suche nach einer geeigneten Wohngegend dauern annähernd zwei Jahre und sind verbunden mit der ständig fortgesetzten Ausbildung und mit der Abwicklung offener persönlicher Angelegenheiten, die im Zusammenhang mit der Originalperson in Westberlin zu klären sind. Mitte der sechziger Jahre ist es dann so weit.

Nach meinem Ausscheiden aus dem Dienst habe ich mich manchmal gefragt, was es für einen Menschen wie Johanna bedeutet haben mag, einen pädagogischen Beruf und eine mögliche wissenschaftliche Karriere aufzugeben und sich dem heimlichen Anlegen von »Toten Briefkästen« in Parkanlagen und ähnlich profanen Vorgängen für einen zunächst noch im Nebel der Ungewißheit liegenden Zweck zu widmen.

Ich weiß, daß sich in unserem zentralen Apparat insbesondere Naturwissenschaftler schwer taten, ihren neuen, oft fern vom angestrebten Beruf liegenden mühseligen Pflichten nachzukommen. In diesem Job erleben nur wenige den großen Erfolg, einen Agenten an jener Stelle plaziert zu haben, wo die wirklichen Geheimnisse gehütet werden. Von hundert ins Rennen Geschickten bleiben viele auf der Strecke, und nur einer oder eine geht als Sieger durchs Ziel. Auch von unseren im Westen eingesetzten Agenten litten viele unter dem Widerspruch zwischen Lebensziel und Realität, weniger willensstarke Personen gaben auf. Haben wir von zu vielen zuviel abverlangt? –

Um so bewundernswerter ist angesichts dieser Frage die Haltung jener, die wie selbstverständlich eine leicht mögliche Karriere aufgaben und den neuen Weg einschlugen, so wie es auch Johanna tat.

Ganz selbstverständlich konnte die neue Identität für Johanna allerdings nicht sein. Wußte sie doch von der Existenz einer Doppelgängerin. Über die damit verbundenen Unwägbarkeiten dachte sie bewußt nicht nach. Mehr beschäftigen sie anfänglich andere Dinge aus deren früherem Leben. Zum Beispiel das Frisieren, das ihr überhaupt nicht liegt. Johanna erfindet mehrere glaubhafte Gründe, dazu gehört eine Allergie, weshalb sie sich von »ihrem« Beruf hatte verabschieden müssen. Gemeinsam mit dem Führungsoffizier werden unzählige Probleme erörtert, mit denen sie sich möglicherweise auseinanderzusetzen haben würde. Es gilt, bei der Benutzung des neuen Lebenslaufes auf jeden Zwischenfall vorbereitet zu sein. Das meiste von dem, was ihr beigebracht worden war, muß Johanna nie einsetzen, und auch den sorgfältig einstudierten und immer wieder geübten neuen Lebenslauf muß sie niemals jemandem erzählen. So wie sie niemals ein Funkgerät zu Gesicht bekommt, wird sie auch niemals nach einzelnen Stationen ihres Lebens befragt. Zu verdanken hat sie das wohl ihrem stets freundlichen und sicheren Auftreten.

Wie jeder Eingeschleuste soll sie sich zunächst unauffällig und ohne jede nachrichtendienstliche Aufgabe eine gesicherte Existenz aufbauen. In einer hessischen Kleinstadt bewirbt sie sich als Angestellte bei einer Versicherungsanstalt und wird mit recht bescheidenem Gehalt eingestellt. Nach angemessener Zeit der Eingewöhnung nutzt sie in Absprache mit der Berliner Zentrale ein Angebot der Firma zum Wechsel nach Hamburg. Die für ihre Anleitung zuständige Abteilung des Dienstes hat das Eindringen in die Führungen der im Bundestag vertretenen westdeutschen Parteien zum Ziel. Deshalb heißt der angestrebte Einsatzort natürlich Bonn. Also bewirbt sie sich, nachdem ein weiteres Jahr in Hamburg vergangen ist, mittels eines Inserats im »Bonner Generalanzeiger« um eine Stellung in der Bundeshauptstadt.

Unter mehreren Briefen, die sie erhält, befindet sich auch der eines angesehenen Politikers und Bundestagsabgeordneten. Freudig empfiehlt ihr der Führungsoffizier, sofort zuzugreifen. Er weiß allerdings nicht, daß es sich bei diesem Abgeordneten um den bereits unter meiner persönlichen Obhut stehenden Politiker handelte, dem ein anderes Kapitel dieses Buchs, das über »Sir William«, gewidmet ist.

Trotz strengster Leitungshierarchie und der sorgfältigen Erfassungen aller Vorgänge in Karteien geschieht es in konspirativ tätigen Diensten gar nicht so selten, daß die eine Abteilung von der anderen nichts weiß. Daraus können sich gelegentlich erhebliche Komplikationen ergeben. In ihrem Fall ist William natürlich genau so wenig in die Beziehung Johannas zu uns eingeweiht, wie umgekehrt Johanna erst lange nach dem Tode ihres ersten operativ interessanten Arbeitgebers von diesem Zusammenhang erfuhr.

In der politisch besonders interessanten Zeit der Vorbereitung der Ostverträge mit Moskau und Warschau unter der Kanzlerschaft Willy Brandts erhielten wir durch William und Johanna doppelten Zugang zu Interna aus den Innerdeutschen und Auswärtigen Ausschüssen des Bundestages und der Führung einer der Regierungsparteien. Beide Quellen leisteten einen wichtigen Beitrag zum Wissen unserer Regierung über die Vorschläge zu dem gerade zur Verhandlung stehenden neuen Transitabkommen oder zu dem nur mit beträchtlichen Schwierigkeiten auszuhandelnden Grundlagenvertrag zwischen der Bundesrepublik und der DDR. Über die Positionen der verschiedenen Parteien in

Bonn zu diesen außenpolitischen Aktivitäten waren wir stets auf dem laufenden.

Die Bedeutung der Informationen beider Quellen und die nicht unproblematische Verquickung der beiden waren der Grund dafür, daß ich selbst an einem Treff mit Johanna in Berlin teilnahm und sie dabei persönlich kennenlernte. In meiner Erinnerung ist sie mir damals genau so ungezwungen und natürlich gegenübergetreten, wie wir heute miteinander umgehen. Erst jetzt erfuhr ich von ihr, wie sie von ihrem Führungsoffizier auf die Begegnung mit mir, dem General, vorbereitet wurde. Vor Gericht hatte sie darüber nichts ausgesagt. Mir war peinlich zu hören, daß sie gebrieft worden war, Etikette und Form zu wahren, nur auf Fragen zu antworten und mich keinesfalls zu duzen. Das hatte sie überhaupt nicht verstehen können, sah sie doch in mir den Genossen, den zu duzen normal gewesen wäre. Also beschloß sie, jede direkte Anrede zu vermeiden. Unser Gespräch hatte aber vom ersten Moment an überhaupt nichts Förmliches. Lampenfieber hätten die anderen gehabt, sie nicht, sagte mir Johanna später.

Dieses erste Gespräch damals wurde ganz von allein zu einer politischen Unterhaltung zweier Gleichgesinnter über den so außerordentlich mühsam in Gang kommenden Prozeß der Entspannung, die dabei innerhalb der bundesdeutschen Parteien auftretenden Widersprüche und die Haltungen von Personen aus Johannas Umgebung zu diesen ungewöhnlichen Vorgängen. Zwanglos sprachen wir über Johannas persönlich Lage, auch über mein Leben.

Die Befragung über diese Begegnung sollte das Kernstück der Ladung Johannas als Zeugin in meinem Prozeß sein. Was da besprochen worden sei, wollte der Vorsitzende wissen. Und welche Aufträge die Zeugin von mir erhalten habe.

Die Antwort Johannas klingt wie eine Anekdote. Es sei ein sehr angenehmes Gespräch gewesen. »Aufträge habe ich von ihm nicht bekommen. Wir haben über das Leben im allgemeinen und in Bonn im besonderen gesprochen, über Literatur, auch über Kochen. Wir sprachen über die Schwäbische Alb, über seinen Vater Friedrich Wolf, seinen Bruder Konrad, den Regisseur, auch über Spätzle und Rezepte.« Das war die reine Wahrheit, aber ich konnte mir auf der Anklagebank ein Lächeln nicht verkneifen.

Obwohl unser Wunsch nach Lösung von ihrem Arbeitgeber bei dem Treffen nicht behandelt werden konnte, wird ein Weg zur Entwirrung dieser direkten Bindung zweier Quellen gesucht. William hätte sie sehr gern behalten. Eine Veränderung seiner Position, in der er sie nur privat weiter hätte bezahlen können, macht es jedoch möglich, eine glaubwürdige Trennung beider Quellen herbeizuführen. Er empfiehlt seine Mitarbeiterin dem Generalsekretär seiner Partei, bis zu dem hatte sich ihre Tüchtigkeit herumgesprochen. So kommt Johanna in eine Stellung, die sie, verbunden mit ihrer klugen Anpassungsfähigkeit und Zielstrebigkeit, in wenigen Jahren zu einer unserer Spitzenquellen macht.

Für Johanna ist es wichtig, einfach gut zu sein, um zu einem solchen Ziel zu gelangen. Zuerst muß sie sich in einen neuen Bereich richtig hineinfinden, feststellen, was dort geschieht, wer wichtig ist, wer nicht, welche Strömungen und Befindlichkeiten dort herrschen. Das geht nicht in erster Linie über den Chef, sondern über ihre Kolleginnen und Kollegen. Sie muß also intensive Kontakte zu ihnen haben und den guten Ruf, den sie bereits hat, durch Interesse, Ausgeglichenheit und Hilfsbereitschaft festigen. Das ist mitunter aufwendig und bedeutet ständig vollen Einsatz. Einladungen zu Festen oder Veranstaltungen muß Johanna auch dann wahrnehmen, wenn sie nicht unbedingt den eigenen Neigungen oder Stimmungen entsprechen. Als besonders schwer empfindet es Johanna, Vertrauen zu erlangen und sogar Freundschaft angeboten zu bekommen für eine Person, die man ist, und eigentlich doch nicht ist. Es gibt Zuneigungen, und man muß sich trotzdem immer bedeckt halten. Man kann eine Freundschaft nicht so weit führen und sich nicht so offenbaren, wie man das gerne möchte.

Der Kundschafteralltag ist nach der Eingewöhnung harte Arbeit. Um Zugang zu Informationen zu erhalten, nimmt Johanna Arbeiten an, die sie sonst nie gemacht hätte, meldet sich etwa zum Schreiben von Protokollen wichtiger Sitzungen, auch in Überstunden. Aus Gesprächen erlangte Informationen müssen nach der offiziellen Dienstzeit am Abend oder in der halben Nacht geschrieben und zur Beförderung vorbereitet werden.

Mit der Zeit erarbeitet sich Johanna auch Gelegenheiten, wichtige Papiere, die nicht in die Wohnung mitgenommen werden können, während der Arbeitszeit auf den zugänglichen Kopiergeräten abzulichten. Dies kann natürlich nur geschehen, wenn andere nicht in der Nähe sind. Zum Fotografieren der mitgenommenen Dokumente und ihrer eigenen Berichte besitzt Johanna eine kleine Spezialkamera, sie benutzt jedoch überwiegend handelsübliches Gerät.

Einige Jahre lang kann sie ihr Material Vertretern der Zentrale oder Kurieren im Westen übergeben. Als dies aus Sicherheitsgründen nicht mehr möglich ist, muß sie die Mühe und das Risiko des Verstauens in Zugcontainern auf sich nehmen. Das bedeutet, einen über Köln in Richtung Berlin fahrenden Zug zu besteigen und nach Auffinden eines vereinbarten Zeichens den kleinen Behälter mit den Filmrollen in dem von der Zentrale benannten Versteck in der Toilette unterzubringen. Die Instruktion lautet, den Zug mindestens bis Düsseldorf zu benutzen, um nicht aufzufallen. Johanna bekannte mir lächelnd, die Sache oft schneller erledigt und sich diese Reisezeit erspart zu haben.

Ein Schwierigkeit des Doppellebens ergibt sich während des Urlaubs. Einen Teil dieser Zeit benötigt sie für Beratungen mit der Zentrale, einen anderen Teil nutzt sie, um sich mit ihren Angehörigen in Polen oder in der DDR zu treffen. Es ist natürlich nicht einfach, sich für die Familie immer neue Geschichten auszudenken, die glaubhaft erklären, wo sie während ihrer Abwesenheit war und was sie die ganze Zeit über gemacht hat. Für ihre Mutter und die Schwester lebt und arbeitet sie ja weiterhin in der DDR. Besonders schwierig ist, wenn die Führungsoffiziere, die für sie Briefe beantworten, sich selbst Geschichten ausgedacht hatten, die sie gar nicht kannte. Gut gemeint, aber nicht gerade professionell war es, wenn sie in meinem für operative Zwecke genutzten Mercedes »unauffällig« in dem kleinen polnischen Ort abgesetzt wurde. Aber ihre Abstecher in den Osten sind nie jemandem aufgefallen. Allerdings muß Johanna jenen dritten Teil ihres Urlaubs sehr intensiv für »Bildungsreisen« in andere Teile der Welt nutzen, um von möglichst vielen Orten Karten nach Westdeutschland zu schreiben und Andenken zu sammeln.

Die Stellung Johannas beim Generalsekretär der kleineren Regierungspartei ist inzwischen so gefestigt, ihr Ansehen so gestiegen, daß sie nach dessen Tod auch von seinem Nachfolger übernommen wird. Wer Johannas Auftreten als Zeugin vor Gericht erlebt hat, kann sich sehr gut vorstellen, daß sie nicht schlechthin als Angestellte, sondern dank ihrer Ausstrahlung als wertvolle Mitarbeiterin und Vertrauensperson, als Persönlichkeit geschätzt wird. Es ist deshalb gut zu verstehen, daß der neue Generalsekretär, als er bei der Europäischen Union in Brüssel eine andere hohe Position übertragen bekommt, großen Wert darauf legt, daß seine Assistentin ihn begleitet. Da er ein Büro in Bonn behält und wir daran interessiert waren, die Position in Bonn nicht ganz zu verlieren, ergibt sich für Johanna nun eine mehrfache Belastung. Sie pendelt tageweise zwischen den Büros und Wohnungen in der Bundeshauptstadt und Brüssel hin und her, bemüht, weder die Interessen ihres Chefs noch die unsrigen zu vernachlässigen.

Wie gut das Verhältnis zwischen Chef und Mitarbeiterin ist, zeigt sich, als der Johanna bei einer Reise mit seiner Familie auf einer Segeljacht durch griechische Gewässer das Du anbietet. Es bleibt dann dabei, auch mit dessen Frau und den Kindern. Dieses Du gehörte zu den inneren Schwierigkeiten, die Johanna meint, wenn sie von der Unmöglichkeit spricht, sich bei engeren Beziehungen und Freundschaften zu offenbaren.

In meinem eigenen Prozeß wollte sich der Vorsitzende diesen moralischen Aspekt nicht entgehen lassen, um die für seine Begriffe zu selbstbewußte Zeugin zu verunsichern. »Wie fühlt man sich in einer solchen Situation?« fragte er fast freundlich. »Sie haben diesen Mann doch hintergangen.«

Johanna antwortete ruhig: »Ich habe versucht, Ihnen meine Motive zu erläutern. Sie sind für mich umfassender, als es persönliche Beziehungen sein können. Natürlich bedauere ich, daß Menschen, mit denen ich in Bonn und in Brüssel freundschaftlich verkehrt habe, das nicht verstehen können.«

»Das war doch aber Vertrauensmißbrauch?«

»Man kann das, wenn man auf der anderen Seite steht, so auffassen«, beendete Johanna diesen Dialog, bei dem gegenseitiges Verstehen auszuschließen war.

Für Johanna sind die im Kundschafterleben entstandenen persönlichen Beziehungen heute durchaus nicht einfach erledigt. Nach der Wende und nachdem ihr Doppelleben öffentlich bekannt geworden war, gab ihr diese, für sie inzwischen vergangene Lebenssituation keine Ruhe. Es galt etwas abzutragen, als sie zu ihrer eigentlichen Identität zurückgekehrt war. Sie hatte Scheu davor, aber es war ihr zu einem Bedürfnis geworden. Jene Bekannten im Westen, auf deren Freundschaft sie den meisten Wert legte, empfanden überraschenderweise ihr gegenüber gar keine Ressentiments. Manche der für mehrere Jahre unterbrochenen Beziehungen wurden problemlos wieder aufgenommen und fortgesetzt. Zu ihrem damaligen Chef allerdings nahm sie keinen Kontakt wieder auf.

Die Kundschaftertätigkeit Johannas nimmt ausgerechnet zu der Zeit ein jähes Ende, als ihr Chef als Minister noch einmal nach Bonn berufen wird. Es war keine Zeit, mit uns zu beraten, ob Brüssel oder Bonn wichtiger sei. Sie entscheidet aber richtig und geht mit dem Minister.

Bei uns klangen allerdings keine Sektgläser, denn es war eine Zeit, in der jede Materialübernahme und jede neugeknüpfte Verbindung mit einem zunehmenden Risiko verbunden war. Wir hofften jedoch in der wichtigen Phase der Normalisierung der Beziehungen unter der Regierung des neuen christdemokratischen Kanzlers auf zuverlässige Informationen. Im Sommer des auf diese Veränderung folgenden Jahres widmet Johanna wie immer einen Teil ihres Urlaubs dem Besuch der Familie und dem Treffen mit uns in Berlin. Dabei werden die politische Lage und jene künftigen Aufgaben behandelt, die auf Johanna zukommen würden. Besonders gründlich berieten wir alle Sicherheitsprobleme.

Es hätte noch Jahre gut gehen können ...

Über Westberlin tritt Johanna mit einem fiktiven BRD-Ausweis die Rückreise an. In Athen trifft sie den Mitarbeiter, der sie bis Rom begleiten soll. Von Rom aus ist der Rückflug mit ihrem »richtigen« Pseudonym nach Bonn vorgesehen. Die Papiere hat sie im Koffer. Auf der Fahrt vom Flughafen ins Hotel läßt sie ihre Handtasche mit dem fiktiven Ausweis im Taxi liegen. Die Tasche ist nicht mehr auffindbar. Was tun?

Unser Mitarbeiter und Johanna beraten die Lage. In der Tasche hatten sich fünftausend DM befunden. Es ist davon auszugehen, daß der Finder das Geld an sich nimmt und die Tasche samt Ausweis wegwirft, jedenfalls nicht auf dem Fundbüro abgibt. Das Foto im Ausweis ist die einzige Gefahrenquelle, sonst enthält er keine für die Abwehr verwertbaren Hinweise. Johanna hat das Gefühl, es könne nichts passieren.

Der Mitarbeiter fährt zur DDR-Botschaft in Rom, um der Zentrale zu berichten, kommt aber ohne Weisung zurück. Johanna fliegt nach Bonn.

Vor meinem Schreibtisch dampften die Köpfe all jener Mitarbeiter, die von Johannas Auftrag Kenntnis hatten. Das Gefühl, die Gefahr sei gering, war nicht unbegründet. Aber der Rest eines Risikos blieb. Die Meinungen schwankten hin und her. Es war nicht das erste Mal, daß eine Entscheidung in solcher Situation zu treffen war. In früheren Jahren hätte ich vermutlich die Verantwortung für das Risiko übernommen. Es war damals fast immer gut gegangen. Aber nun lagen Jahre hinter uns, es hatte eine Reihe von Verhaftungen gegeben, wir hatten manches Lehrgeld bezahlt. Einige von unseren Frauen und Männer saßen in Gefängnissen. Hatte es Johanna verdient, nach zwanzig Jahren aufopferungsvoller Tätigkeit quasi »verheizt« zu werden? Wir entschieden uns für den Rückzug.

Noch am selben Abend klingelt in Johannas Wohnung das Telefon. Das unverfängliche Gespräch enthält das vereinbarte Codewort und den Hinweis auf ein Treffen am folgenden Tag in Lübeck. Diszipliniert säubert sie die Wohnung und verläßt sie mit einfachem Gepäck. In Lübeck trifft sie auf einen ihr bekannten Kurier. Beide machen sich auf den Weg. Der Abschluß ihres bis zu dem Verlust der Handtasche in Rom kaum von äußerer Dramatik begleiteten Einsatzes im Westen wird noch richtig spannend.

Ein Boot soll Johanna und ihren Begleiter zu einer von uns vorbereiteten »Schleuse« über die grüne Grenze bringen. Beide warten an einem Waldrand irgendwo in einer verlassenen Gegend im Gewitterregen, nur von einem Regenschirm geschützt. Kein Boot weit und breit, nur ein einsamer Angler steht »unauffällig« in einigem Abstand. Dann kommt das Boot in Sicht. Nun geht alles in Windeseile: die Überfahrt, das Schleusen durch den Grenzzaun, das Verschwinden im Gebüsch, um die Kleidung gegen eine Uniform zu tauschen, und die Fahrt im offenen Jeep zu der Stelle, wo sie von ihrem Führungsoffizier in die Arme geschlossen wird. Nach kurzer Begrüßung teilt er Johanna die Entscheidung mit, daß sie nicht mehr zurückgehen werde.

In einer Wohnung nahe des Berliner Fernsehturms wird dieser tiefe Einschnitt in Johannas Leben mit einem Glas Kognak gemildert, die nächsten Schritte werden beraten. Johanna selbst nennt die folgende Zeit ihre Quarantäne. Ihr Verschwinden fällt zufällig mit dem Rückzug zweier anderer Kundschafter, eines Ehepaars, zusammen, und es soll die Reaktion im Westen abgewartet werden. Johannas Aufenthaltsort soll geheim bleiben. Sich Johanna mit Perücke und Hut vorzustellen, ist nicht so leicht, aber auf diese Art soll ihr Geheimnis bewahrt werden, wenn sie ihr Quartier verläßt.

Erst nach einem Jahr kann sie mit ihren richtigen Papieren in die eigene Wohnung in einer märkischen Kleinstadt in der Nähe Berlins einziehen. Ein Angebot, in einem Berliner Plattenbau-Bezirk eine Hochhauswohnung zu beziehen, schlägt sie aus und bereut es nicht. Ihre Wohngegend nahe dem Marktplatz des Städtchens ist anheimelnd, die Nachbarn kennen sich und das ganze Umfeld.

Johanna hatte nicht die Schwierigkeiten der Anpassung und Eingewöhnung, wie ein anderer, großer Teil jener zurückgekehrten oder überhaupt zum erstenmal in die DDR kommenden Frauen und Männer. Johanna war von Neugier und Interesse an allem beherrscht. Sicher gab es Probleme. Schon beim Einkauf der Einrichtung für die hübsche Zweizimmerwohnung im ersten Stock des Mehrfamilienhauses war bei der Frage an den Verkäufer zu überlegen, ob sie »Ich möchte bitte« oder »Haben Sie?« fragt. Zwei Sessel zu einer Couchgarnitur zu kaufen, die ihr gefiel, erwies sich als unmöglich, weil vier dazu gehörten. Wegen passender Auslegware lief sie durch sämtliche Berliner Geschäfte. Doch sie wäre nicht Johanna, wenn sie sich bei solchen Dingen zu lange aufgehalten hätte. Sie versteht es sehr gut, ihre Ansprüche den Gegebenheiten anzupassen.

Seit dem Einzug in die Wohnung beteiligte sie sich am politischen Leben so, als wäre sie nicht zwei Jahrzehnte weg gewesen. Berlin ist mit der S-Bahn leicht zu erreichen und bietet kulturelle Abwechslung in Fülle. Selbst in der Kleinstadt gibt es interessante Veranstaltungen, die Johanna zusammen mit befreundeten ehemaligen Kundschaftern, die in ihrer Nähe wohnen, oder mit neuen Bekannten besucht.

Die Rückkehr öffnete die Möglichkeit, den Kontakt zur Familie wieder regelmäßig zu pflegen. Ihre Rente erlaubt ihr zwar keine großen Sprünge, doch in Polen sind die Verhältnisse oft noch immer ziemlich bedauernswert. So ist Johannas Auto stets vollgepackt, wenn sie bei Görlitz die Grenze überquert. 1989 stirbt ihre schwerkranke Mutter, die sie mit Hilfe der Mitarbeiter unseres Dienstes noch zu sich geholt hatte. Zweimal im Jahr wird sie von der Schwester besucht, manchmal kommen auch die halbwüchsigen Netten.

Es hat sich eher zufällig ergeben, daß es von Johannas Wohnung zu unserem Sommerdomizil im Wald mit dem

Auto nur ein Katzensprung ist, und so zählt Johanna zu jenen ehemaligen Mitstreitern, mit denen ein Kontakt erhalten geblieben ist. Zwischen Andrea und ihr hatte sich von Anfang an eine Sympathie eingestellt, aus der sich mit den Jahren eine innige Freundschaft entwickelte. Ganz zu schweigen von unseren Katzen, die sich freuen, wenn Johanna kommt und Leckerbissen von ihrem polnischen Fleischer mitbringt. Und so hat sich ergeben, daß Johanna während unserer häufigen Abwesenheit unsere Katzen betreut. Sogar unsere zickige Prinzessin Auguste mit ihren verschiedenfarbigen Augen verkehrt mit ihr auf Du und Du, und die scheue, inzwischen leider schon gestorbene Bonny hat sich von ihr streicheln lassen. Johanna kennt alle unsere Katzen beim Namen, und sie weiß von deren sehr unterschiedlichen Charakteren. Überhaupt: die Gefühle von Frauen und speziell zu den Katzen ... Doch das ist eine Geschichte für sich.

Die Ereignisse vom Herbst 1989 überraschten Johanna in China, wo sie sich mit einer Reisegruppe befand. Informationen beschaffte sie sich aus den Botschaften der DDR und der BRD. Obwohl sie vielen Gesprächen und Beobachtungen entnehmen mußte, daß irgend etwas in der Luft lag, hatte sie die Veränderungen so nicht erwartet. Sie wußte, wie die Unzufriedenheit in allen Schichten gewachsen war und die Situation immer kritischer wurde. Mit dem Ende der DDR hat sie jedoch nicht gerechnet.

In der Zeit bis zu ihrer Zeugenaussage vor meinem Prozeß haben wir uns nur selten gesehen. Zu viel hatten wir mit uns selbst zu tun. 1991 waren Andrea und ich im Ausland, da war Johanna kurzzeitig verhaftet. In ihrem Haus hatte das niemand bemerkt. Als dann durch die Presse doch etwas bekannt wurde und sie gegen Kaution entlassen war, begrüßte sie eine Mitbewohnerin, von der sie das am wenigsten erwartet hätte, mit einem Blumenstrauß. Als mein Prozeß vorbei war und wir trotz allem, was rund um uns vorging, im folgenden Sommer wie immer im Wald wohnten, gehörten die Begegnungen mit Johanna wieder zu unserem Leben. Die Gespräche waren aber nicht die in einer heilen, sondern die in einer anderen, der realen Welt. Johanna gehört zu den Menschen, mit denen wir über alles reden können, was uns beschäftigt, uns belastet, nicht losläßt.

Über ihr Verfahren und ihre Verurteilung zu zwei Jahren und sechs Monaten wußte ich Bescheid, auch daß während meines Prozesses ihre Berufung noch lief. Die Bestätigung des Urteils hätte die Vollstreckung im Gefängnis bedeutet. Konnte ich das ihr einstmals abverlangte Opfer immer noch rechtfertigen?

Johanna hat diese Zeit selbst während der Dauer ihrer Verfolgung nie als eine Zeit der Opfer empfunden. Es war für sie nach ihren Worten eine interessante Zeit, in der sie viele Menschen von der anderen Seite kennen und achten gelernt hat. Einen Verlust an Privatleben habe sie niemals empfunden, sagt sie. Weder in der DDR noch im Westen sei ein Partner fürs Leben aufgetaucht. Kinder hätte sie gerne gehabt. Sie sei nie ein einsamer Mensch gewesen, habe immer einen Kreis guter Freunde, interessanter Menschen um sich gehabt.

Die Anfeindungen in den Prozessen, die Angriffe und Diffamierungen gegen uns waren hart und bösartig. Das Schicksal der Originalperson, deren Identität Johanna während ihres Lebens im Westen benutzt hat, gehörte zu den von den Medien benutzten »großen Enthüllungen« unserer vermeintlichen Schandtaten, die auch mir persönlich angelastet wurden. Als eines der Beispiele des angeblichen Mißbrauchs der Psychiatrie für unsere Ziele kam es in die Schlagzeilen. Nachdem die auch gegenüber den Ärzten bösartige Erfindung einer Zwangsbehandlung ihren

Zweck erfüllt hatte, war davon wie von vielem anderen nichts mehr zu hören. Keine Untersuchung, nichts.

Johanna sagt, danach befragt, die Benutzung des Namens dieser Frau habe sie in keiner Weise belastet. Sie wußte durch ihre eigenen Ermittlungen in Westberlin, auch durch ehemalige Nachbarn, von der Schwere der Krankheit dieser Frau. Johanna erfuhr, daß die Frau auf eigenen Wunsch in den Osten gegangen war, daß sich niemand aus der Familie um sie kümmerte und hörte von ihrem Führungsoffizier, daß dieser Frau in der Pflegeanstalt eine Fürsorge zuteil wurde, die sie ohne unser Interesse vermutlich nicht erfahren hätte. Johanna hatte keinen Grund, daran zu zweifeln.

Natürlich ließen uns derartige Anfeindungen nicht kalt. Doch wir brauchten uns unserer Überzeugung und unseres Handelns nicht zu schämen. Wir bewahrten unsere Haltung mit gutem Gewissen. Nicht in den herrschenden Medien, aber von den meisten Menschen, die uns begegnen, wird das respektiert. Johanna gegenüber waren alle Leute, die sie kannten, freundlich und höflich. Auch ich stelle immer wieder fest, daß mir gegenüber, der ich durch die Medien viel bekannter bin und häufig erkannt werde, freundliche Grüße die Regel, Feindseligkeiten die seltene Ausnahme sind.

Eine mögliche Gefängnisstrafe hing weiter als Damoklesschwert über uns. Nie werden Andrea und ich jenen Nachmittag vergessen, als Johanna anrief, sie müsse uns sprechen. Auf der Veranda vor unserem Häuschen teilte sie uns mit, in eine Haftanstalt einrücken zu müssen. Ort und Zeit waren in dem Bescheid genau angegeben. Obwohl ja ein Gefängnisaufenthalt von Anfang an nicht auszuschließen war, hatte sie die Aussicht darauf nun doch sichtbar beeindruckt. Es ist eben eine Unterschied, mit der Möglichkeit eines bösen Ereignisses zu rechnen oder mit dem unmittelbaren Eintreffen konfrontiert zu sein.

Andrea sagte sofort, ich solle meinen Hamburger Rechtsanwalt anrufen, dem Johanna seit ihrer Zeugenaussage bekannt war und den ihr Auftreten sehr beeindruckt hatte. Er ist ein angesehener Anwalt, der sich auch während meiner Verfahren als Kenner aller Rechtsnormen und gesetzlichen Möglichkeiten hervorragend bewährt hat. Der Anwalt reagierte ohne zu zögern und erreichte tatsächlich innerhalb kürzester Frist, daß Johanna die Haft nicht anzutreten brauchte.

Inzwischen liegen diese Aufregungen weit hinter uns. Das Leben hat sich normalisiert, die Besuche sind wieder regelmäßig. Die Katzen werden weiterhin mit erstklassigem Fleisch aus Polen versorgt, und Johanna genießt die Natur. Sie scheut im Unterschied zu Andrea nicht die Abgelegenheit unseres Grundstücks, sie genießt die Ruhe der einsamen Spaziergänge rund um den See. Sie kennt jeden Pfad, die Brücke und den Bach, »unsere« Schwäne und die anderen Bewohner dieses schönen Fleckchens Erde. Zugleich ist sie aber ein geselliger Mensch, und wir freuen uns auf die Begegnungen mit ihr.

Andrea und Johanna haben seit dem Ende meiner Querelen mit der Justiz viel mehr Zeit, sich jenen Themen zuzuwenden, über die Frauen viel lieber reden. Und ich habe Zeit, mich mit dem Garten zu beschäftigen oder mich schreibend am Computer zu quälen.

Wir drei gehören nicht zu der Sorte Menschen, die über Schwierigkeiten oder Wehwehchen an Leib und Seele lamentieren. Andrea und ich sind besonders gern mit Johanna zusammen, weil sie immer Freundlichkeit ausstrahlt. Das tut gut in dieser Zeit, in der die Lage in der Welt und vieles in unserem Land wenig Anlaß zur Freude gibt. Wir tragen unsere Befindlichkeiten nicht ständig offen vor uns her. Gerade deshalb stellte ich auch Johanna die Frage: »Haben wir umsonst gelebt?«

Nein, sie habe ein erfülltes Leben gehabt, meint sie. Sicher sei sie traurig über die Fehler, die wir gemacht haben und die mit der Realität der DDR und deren Untergang vertane Chance. Die Oberen hätten nicht an die dem Unternehmen DDR innewohnende Kraft geglaubt. Jede Initiative sei eingeengt und Mißtrauen gesät worden, statt den Menschen zu vertrauen. Johanna ist traurig, daß wir jetzt so ohnmächtig geworden sind, so wenig gegen Unrecht und die drohenden Gefahren ausrichten können. Doch die DDR war in der Welt, und das Gute an ihr läßt sich nicht auslöschen. So, wie die Bauernaufstände des Mittelalters trotz ihrer Niederlagen reichliche Spuren hinterlassen haben, meint sie, werden auch von unserem Wirken Spuren bleiben.

Wenn sie Beethovens Neunte Symphonie höre, habe sie ein gleichzeitiges Gefühl von Trauer und Glück. Glück empfinde sie bei dieser wunderbaren Musik, wie auch beim Lesen und wenn gute Schauspieler unsere deutsche Sprache sprechen. Glück genieße sie in der Landschaft und mit vielen Menschen in ihrer Umgebung. Sie reist viel, trifft dabei gute Freunde, und es gibt viele Bekannte, die Hilfe brauchen. Noch gebraucht zu werden, ist ein gutes Gefühl.

Dieses Lebensgefühl von Johanna trifft sehr genau das meine. Es steht im Gegensatz zu jener Bilanz der Enttäuschung, die nicht wenige meiner Freunde gezogen haben. Mit einigen waren viel längere Abschnitte unseres Lebens verbunden als mit der fast gleichaltrigen Kundschafterin.

Mag sein, daß wir uns vor Sonnenuntergang gerade deshalb so nahegekommen sind, weil wir das Leben nach wie vor bejahen und uns die Freiheit bewahrt haben, weiterhin nach unseren Wertvorstellungen zu leben. Gewiß empfinde ich, wie auch Johanna, neben Glück oft Trauer. Trauer über die verpaßten Chancen in der Gesellschaft, der wir unsere Fähigkeiten und Energien gaben. Trauer über die gegenwärtig geringen Möglichkeiten, auf den unheilvollen Lauf der Entwicklung in der Welt einzuwirken. Beide genießen wir aber das Privileg, bei halbwegs guter Gesundheit doch noch etwas zu tun, unsere Tage sinnvoll auszufüllen und sie mit jenen Menschen, die uns lieb und teuer sind, zu teilen. Allein schon die Familien der Kinder, die Schar der Enkelkinder und der erste Urenkel lassen in mir die Frage verblassen, ob mein Leben einen Sinn gehabt habe.

»Freedom and friendship – Freiheit und Freundschaft« – das waren für meinen späten amerikanischen Freund Jim die wichtigsten Werte. Das Glück echter Freundschaft habe ich in hohem Maße erfahren. Viele meiner engsten Freunde sind vor mir gegangen. Ich denke manchmal darüber nach, weshalb gerade mir das Glück widerfahren ist, das Lebensalter meiner Eltern um so viele Jahre zu übertreffen und auch das des jüngeren Bruders schon um mehr als zwei Dezennien. Der frühe, meist unerwartete Tod vieler Altersgefährten hat schmerzliche Lücken hinterlassen. Er hat in mir ein Bedürfnis geweckt, diese Lücken durch das im Gedächtnis bewahrte Andenken zu schließen. Ich fühle mich den toten Freunden verpflichtet, ich möchte ihre Gestalten und ihre Gedanken festhalten. Mögen unsere Spuren nicht zu schnell verwehen.

ISBN 3-360-00983-5

© 2002 Das Neue Berlin Verlagsgesellschaft mbH
Rosa-Luxemburg-Str. 39, 10178 Berlin
Lektorat: Günther Drommer
Umschlagentwurf: Peperoni Werbeagentur, Berlin
Druck und Bindung: Ebner & Spiegel, Ulm
Die Bücher des Verlags Das Neue Berlin erscheinen
in der Eulenspiegel Verlagsgruppe.
www.eulenspiegel-verlag.de